ROTTEN MOVIES WE L*VE

映画批評サイト「Rotten Tomatoes」がおすすめする 名作カルト、過小評価された傑作、 ひどすぎてイケてる映画たち

《ロッテントマト》編集部
序文／ポール・フェイグ

訳／有澤真庭

CULT CLASSICS, UNDERRATED GEMS, AND FILMS SO BAD THEY'RE GOOD

The Editors of Rotten Tomatoes
Foreword by Paul Feig

Rotten Movies We Love
Cult Classics, Underrated Gems, and Films So Bad They're Good
by
The Editors of Rotten Tomatoes
Foreword by Paul Feig

Copyright © 2019 by Fandango Media, LLC.

Japanese translation rights arrangement with
Fandango Media, LLC
through Japan Tuttle-Mori Agency Inc., Tokyo Japan

All images courtesy of Everett Collection.
Print book cover and interior design by Josh McDonnell.
Infographics pages 56-57, 112-113, and 174-175 by Courtney Kawata,
Yerania Sanchez, and Francis Navarro.

日本語版翻訳権独占
竹 書 房

CONTENTS 目次

タイトルのあとの（）の年代は、（全米公開年／日本公開年）です。

131　時代の先を行く

ああ、そういうことだったのか

165 二度見に値する続編

魔法を再現──もしくは独自に奇妙な魔法を編みだした続編

193 トマトの本能

だって、笑えるし、悲鳴が出ちゃうし、アガるから

注：すべての作品の〈トマトメーター〉のスコアは、本書の全米発行時点（2019年10月8日）のものです。

FOREWORD

序文

だれだって、好き好んでクズ映画をつくるわけじゃない。

スタジオの重役や商業映画の監督が、こんな発言をするだろうか。「なあ、ひとつ楽しまないか？　ひどい映画をつくろうぜ。観客が忌み嫌い、的外れな理由で笑い、容赦なくあげつらうやつだ。批評家がコメディ・センスの腕によりをかけて、くそみそにこきおろした映評（レビュー）を書くような映画だよ。何百万ドルもの金の使い道としちゃ完璧だし、われわれの名前に箔（はく）がつくぞ」

いいや、クズ映画はつくろうと思ってつくるのではない——ただ、ゆっくりクズになるのだ。脚本が熱意をもって書かれる。霊感を受けた脚本家が何ヶ月も引きこもって稿を重ねる。スタジオが読んで、なにかしらを気に入る。全体的なアイディアか、登場人物のだれか、脚本全体か。これはいける、と思う。ひとびとが家から出て、車に乗りこみ、地元のシネマコンプレックスまで運転し、身を粉にして稼いだキャッシュを気前よく払って２時間暗闇に座り、スタジオとフィルムメーカーが最初に目をつけた脚本からつくりあげた作品を楽しんで鑑賞するだけのものがあると、強く確信する。スタッフが集められ、俳優がキャスティングされる。撮影がはじまり、途中で問題やもめごとが起き、意見が分かれ、解雇される者が出るかもしれず、監督のヴィジョンをお気に召さないスタジオが監督から映画をとりあげ、最終編集権を委員会に委ねるかもしれない。もしくは、すべてがトントン拍子に進む。

つぎに、観客と批評家がやってくる。

観客は、映画が成功しようがしまいが気にかけない。支持する唯一の理由は、映画がクズか、もしくはイマイチだったせいで金を無駄にしたくないからだ。われわれフィルムメーカーは寄り集まって座り、互い

にハイタッチを交わし、映画が傑作で、クールな撮影で、上映時間が２時間を優に超えたのは大正解だった、なぜなら撮影と編集にあんなに時間をかけた完璧なショットを削るなんて無理だから、と労をねぎらいあう。だが、観客はそんなことは気にしない。なかには、映画をこちらが意図した心づもりで鑑賞し、隠れた意味を奥の奥まで読みとってくれる者もいる。それ以外の観客は、腰をおろし、「ばかばかしい」とか「つまらない」とか「あの俳優、なんて変な髪型してるの」と感想をもらしたり、だれも気にしないだろうと映画のつくり手側がたかをくくっていたあらゆることに関心を払う。

そして、批評家がいる。われわれの大半が、批評家は自分たちの映画を気に入ってくれると考える。こちらのいわんとすることを正確に理解し、手法をほめてくれるはずだと固く信じている。彼らはわれわれつくり手と同じ心境で臨んでくれるとわかっている。われわれの成功に立ちあい、賛辞を送ってくれる。いたらぬ点は、見逃してくれる。われわれの仕事ぶりを、こちらの想定した観客としての文脈で評価する。公正にして寛大、映画づくりのむずかしさや、その過程でぶちあたる妥協とかけ引きと困難のすべてを理解している。

そして、レビューが出る。散々だ。つづいて、公開１週目の週末がくる。興収の額が出て「だれもみにこなかった」と判断した。それから、責任のなすりあいがはじまる。もっと脚本を練れたはずだ！　監督がおれたちのいうことをきいていれば！　スタジオがごり押しした！　あいつらが映画をダメにした！　おれたちのヴィジョンがねじ曲げられた！　批評家は手厳しすぎる！　観客が理解してくれない！　おれたちは時代を先どりしすぎた！

一部は真実かもしれない。ぜんぶかも。あるいは、

われわれ全員が勘違いしているのかもしれない。理由がなんであれ、いまやだれひとり望まなかった、もしくは予測できなかったお荷物を抱えている。

クズ映画というお荷物を。

この本のなかに、クズ映画は1本も出てこない。いくつかは傑作じゃなくても、ベストをつくした。いくつかはすばらしい作品だが、前評判と違っていたために、だれにも理解されなかった。いくつかは、みるたびによくなった。

私見をいわせてもらえれば、自分のつくった映画を好きになってもらうための最大の難関は、その映画の存在に慣れてもらうことだ。劇場にくるまでに、観客は予告編とポスターと口コミで青写真を描き、もし実物が心に描いたイメージと違っていたら、彼らは上映中をずっと——失望で、とまどいで、もしくは期待したとおりの映画を望むあまり——くもったレンズをとおして作品をみる。そのため、み終わったあと、「気に入らない」という。そして彼らにとってそれは〝クズ映画〟になる。

だが、映画は自ら返り咲く手段を持っている。多くの映画は、ワインのようなものだ。歳月とともに美味になる。ＤＶＤやストリーミングサービスやケーブルテレビのおかげで、前にいちどみて嫌いだった映画に出くわし、とりあえずもういちどみなおしはじめると、内容を知っているため、2度目はもっと楽しんで鑑賞できる。登場人物と演技に感心しはじめる。最初にみたときには真剣に受けとめすぎた映画のユーモアを理解しはじめる。もしくはクズ映画だときかされ、レビューで酷評されていた映画をたまたま目にして、それならひとつ、あざ笑ってやるかとみてみたら、気にいって終わるなんてこともしょっちゅうだ。

そこが、映画のいいところだ。いったん完成すれば、それっきり。映画は不変だ。封切り時と同じ誠実さをもって、自らを差しだす。あなたを楽しませるた

めの準備を万端にととのえ、いつでも待っている。たとえ、映画の関係者が全員消え去って久しくとも、あなたの時間を割くに値すると訴える。

それこそが、そもそもわれわれが映画をつくる理由だ。だから、われわれの作品のどれであれ、クズだと切り捨ててしまう前に、セカンドチャンスを与えてほしい。本書でこれから目にするたくさんの映画同様、さらなる延命に値するかもしれないのだから。

映画づくりはむずかしい。だが、映画をむずかしくみる必要はない。楽しくあるべきだ。願わくは、この本でより多くの方が、そのことに気づいてくれますように。

ホール・フェイク
いいと思うひともあれば
クズだと思うひともある映画の監督

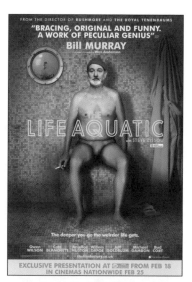

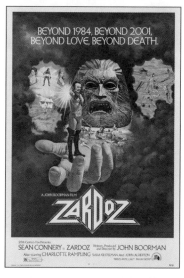

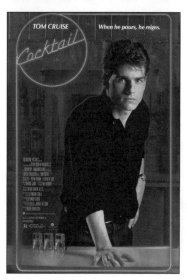

INTRODUCTION

イントロダクション

《ロッテントマト》に勤めていると、他人に勤め先を進んでは教えなくなる——しぶしぶ認めるのだ。もしくは白状する。ときには、話し相手のタイプによっては大きくあとじさり、安全圏まで避難する。つぎになにがくるか、知っているからだ。

ぼくの場合、つぎにくるのはたいてい『グレイテスト・ショーマン』が絡んでいる。2017年の超ヒットミュージカル『グレイテスト・ショーマン』は、ヒュー・ジャックマンが主演し、観客は気に入ったものの〈トマトメーター〉は〈ロッテン〉の判定だった。「よくもあれをクズ映画と呼んだな！」配車サービス〈Uber〉の運転手が、以前ぼくにかみついた。「おまえら、それでもひとの子か!?」

または、ぼくの仕事を告げたとたん、とつぜんマイケル・ベイ監督の『バッドボーイズ』［1995］をやっきになって擁護する人物と、相対するはめになる。あの映画のスコアは42%の〈ロッテン〉で、とあるパーティ好きが10分ばかり、当サイトの批評家がいかに浮世離れしているかを論じはじめるにはじゅうぶん低い数値だった。別の機会では、ぼくの勤め先をきいた『俺たちステップ・ブラザース －義兄弟－』［2008］ファンが、さらりと「ぼくたち、友だちにはなれない」といい放った（映画の〈トマトメーター〉は55%の〈ロッテン〉だ。あとたった5ポイントで、ふたりは義兄弟になっていたかもしれない）。

もし相手が『ヴェノム』［2018］を持ちだしてきたら、逃げの一手だ。

そういったやりとりのあいだ、ぼくはめったに口ごたえしないが、返すときにはこういう。「わかっています。《ロッテントマト》のみんながわかっていますとも。〈トマトメーター〉——映画もしくはテレビ番組に高い評価を与えた批評家の 割合 を示す——にはぼくたちだって、頭にきます」

ときにはメーターの導くままに、脂の乗ったブロックバスター最新作までついていき、あるいはメーター

が指摘してくれなければ見逃すところだったアンダーグラウンドの傑作を発見する。けれど、ときにはショックで息がとまりそうになる。死ぬほどみたかった新作映画のスコアが〈ロッテン〉（59%以下）だったとき、あなたと同じ痛みを感じるし、長年愛してきた映画が、それまでずっと、でっかい緑色の潰れトマトを浴びていたのを発見したときは、立ち直れなくなる。ぼくの愛するクリスマス映画『ホーム・アローン2』［1992］を、当時の批評家の大部分が嫌った（32%の〈ロッテン〉！）のをはじめて知ったとき、こう問わずにはいられなかった。

「おまえら、それでもひとの子か？」

そういうやりとりや発見が、《ロッテントマト》初の編集本である本書のテーマにつながった。なぜ栄えある1冊目でとりあげるのが〈ロッテン〉映画であって〈フレッシュ〉映画ではないのか？　なぜなら、あなたがたの情熱をぼくらも理解するからだ（ぼくらだって映画ファンだ）。90%以上のスコアをあげた映画を好きなように、あなたと同様、常に批評家受けするわけではない映画や、年月とともに美点がみえてくる映画だって等しく好きだ。くだらないコメディが好きだし、おならジョークにはひとつのこらず笑ってしまう（すくなくともぼくは）。職場の机は、酷評されたのちに名作カルトになった映画のおもちゃやポストカード、そのほかちまちましたキャラクター商品に埋めつくされている。それに、巧みなジャンプスケアは大好物だ。それがストーリーに厚みを加えようとなかろうと関係なく。なかには——多数派じゃないが——『グレイテスト・ショーマン』を好きなスタッフだっている。

本書では、どうしてぼくらがそれら〈ロッテン〉映画を愛してやまないのかを検証していく。消化不良を起こさないように、〈ロッテン〉映画101本を7つのカテゴリにわけて、それぞれを理由づけのヒントとした。その7つとは、以下のとおり。劇場で大ヒットし

※《ロッテントマト》の特殊用語については、230ページの用語集を参照のこと。

たか、テレビとホーム・エンターテインメントに居場所をみいだしたみんなのお気に入り作品。風変わりですてきな〈ロッテン〉ぶりを誇るSF＆ファンタジー映画。〈フレッシュ〉映画の常連監督がしくじった、珍しい〈ロッテン〉映画。封切り時に酷評されながら、カルトファンをつかんだ作品。当時の批評家が認めたよりも、もうすこし骨のある過小評価された映画。み返す価値ありとにらんだ、無視されがちな続編映画。それと、笑えて叫べてドキドキできる、おばかで楽しい映画。

　なかには、複数のカテゴリにまたがる映画もある。『ロッキー4　炎の友情』[1985]は興行的にヒットしながら、あまりに早く低評価を下された続編で、冷戦時代のアメリカの国粋主義を超絶的に興味深い形で批判している（まじめな話）。『ケーブルガイ』[1996]はおそろしく過小評価された風刺劇で、いまでもばかみたいに爆笑でき、そのうち名作カルトになった。そういう作品のすべてが《ロッテントマト》スタッフの情熱を呼び覚まし、〈トマトメーター〉の向こうを張って、緑色のトマト映画への愛を宣言させる。

・　　　　・　　　　・

　情熱を、ぼくらのはじめての本を出す原動力とするのは実にふさわしい。20数年前、情熱によって《ロッテントマト》が起ちあげられたのだから。サイトの共同設立者セン・ドゥオンは、中国人俳優／武術家のジャッキー・チェンとジェット・リーの長年のファンで、チェンがはじめてアメリカと大々的にクロスオーバーした作品『レッド・ブロンクス』[1995]が公開されたとき、批評家の反応を知りたいと思った。バークレー大の院生だったドゥオンは、愛するチェンの作品──『ファイナル・プロジェクト』[1996]、『ツイン・ドラゴン』[1992]（のちにサイトを起ちあげてみると、どちらも〈ロッテン〉評価だった）もふくめ──のレビューを漁り、そのとき、映画レビュー収集サイトのアイディアが閃く。数年後の1998年8月18日、ドゥオンはふたりのバークレー仲間、パトリック・Y・リー、スティーヴン・ワンとともにサイトを開設する。

　コンセプトは単純だ。基準（実績があり読者のいるプロ）を満たした批評家のプールをつくる。映画の封

切り時、そのひとたちのレビューを集める。映画を推奨しているレビューのパーセンテージを計算する。そのパーセンテージが映画の〈トマトメーター〉スコアになる。

　ベイエリアで産声をあげてからこっち、《ロッテントマト》は長足の進歩をとげたが、基本となる計算方法は変わらない。もちろん規模が広がり、テレビ番組もカバーするようになった（『ゲーム・オブ・スローンズ』[2011-2019]の全エピソードのスコアがほしい？はい、どうぞ）。それに、ユーザーが批評家とじかに議論できる生番組を設け、独自コンテンツを山ほどつくってきた──セレブのインタビューから、いまあなたが手にしている出版物まで、なにもかも。

　また、批評家プールに貢献する人物の供給源と承認方法もアップデートし、2018年には大々的に刷新して、新手のメディアで働くフリーランスの批評家（ユーチューバーやポッドキャスター）、代弁者のすくないグループからも参加しやすいようにした。

　批評家は、ぼくたち自身が映画に注ぐ情熱と同様、当サイトの発展の核をなしてきた。彼らの〈フレッシュ〉または〈ロッテン〉の見解が、《ロッテントマト》のよって立ついしずえだ。ぼくらの愛する〈ロッテン〉映画をたたえるには、批評家たちに彼らのいとしの〈ロッテン〉映画を教えてほしいと頼むことが不可欠だった。そういうわけで、当編集部で選りすぐったファンタスティックな〈ロッテン〉映画に混じり、世界でも有数の才知に長けた批評家たちによる熱烈な〈ロッテン〉映画擁護論も、本書では目にできる。彼らは名のとおった、当たってみるべきひとたちだ。

　おそるべきレナード・マルティンが毎年出すガイド本は、1968年からずっと、ぼくたちがどの映画をみようか迷ったときの手助けをしてくれた。マルティンの推しは、史上最低映画との呼び声も高い『ベラ・ルゴシのジャングル騒動』[1952]。伝説のルゴシにしてみればキャリアの汚点だが、ベテランの批評家にとって、この映画はつきない喜びを与えてくれる。いっぽう、〈ローリング・ストーンズ〉誌のデイヴィッド・フィアーは『ユージュアル・サスペクツ』[1995]の脚本家、クリストファー・マッカリーの監督デビュー作『誘拐犯』[2000]をもういちどみてくれるよう求め、公開当時はタランティーノの二番煎じだと切り捨てら

れたこの作品には、それ以上の要素がたくさんつまっていると主張する。イギリスの映画雑誌〈エンパイア〉の編集主幹テリ・ホワイトは、1996年のティーン魔女映画『ザ・クラフト』を、映画自体が男性上位社会に火をつけようとする試みだとのすばらしく刺激的な解釈を展開し、ページを燃え立たせる。そして、〈タイムアウト・ニューヨーク〉誌のジョシュア・ロスコフは、ウィル・フェレルにかかれば、もっとも年季の入った批評家のもったいぶった顔さえも笑顔にしてしまうと証明する——もしフェレルが、おならジョークをうまいこと決められさえすれば。『俺たちステップ・ブラザース −義兄弟−』のたゆまぬ、そして愛嬌のあるばからしさにロスコフが捧げる詩（オード）は、楽しい読みものだ。

　ひとりの批評家は、鳴り物入りで『グレイテスト・ショーマン』をあと押しする。非友好的なぼくの〈Uber〉運転手より、ずっと理性的なものごしでだが。本書の真打ち、クリステン・ロペスはP・T・バーナムの伝記ミュージカルが抱える問題点（いちばん重い問題点は、サーカスの座長による障がい者へのあつかいをごまかしたことだ）ととっくみあうが、ついには映画の魅力に屈する（あの歌、あのけばけばしさ、あのいかがわしさ！）自身が障がい者であるロペスは、興味深い視座を持ちこみ、自分を頭数からはずしてつくられたお気に入りの映画との関係性について、一考を迫る。

　ロペスの感動的な一文は、ぼくらが本書を世に出す理由の心臓部となる。〈フレッシュ〉も〈ロッテン〉も、ほんとうのところ出発点にすぎない。スコアには、たくさんのことがこめられている——何千もの意見、何百万もの話され・書かれたことば、慎重な選定、最終的にはひどく単純な計算。だが、観客の感傷や、文化のありかたや映画に対する見方といった、時とともに変わる可能性のあるものは、計算に組みこめない。とどのつまり、でっかい〝緑色の潰れトマト〟も、〝完熟トマト〟も映画選びのガイドであるとともに、みたばかりの映画について、会話をはじめるためにある。

　〈フレッシュ〉も〈ロッテン〉も、1本の映画に対する締めのことばではない。しばしば、それははじめのことば、批評家が正しいか間違っているか、そして——

とりわけ本書では——時がその問いへの答えを変えるかどうかを議論するきっかけにすぎない。〈トマトメーター〉は、あなたの考えを語ってもらうための招待状だ。より多くの声が加わるほど、映画談義はより楽しく、より盛りあがる。映画体験はみたあとの思慮深い、洞察に満ちた議論でいっそう豊かなものになる。

　本書を読んで、あなたが声をあげはじめてくれることをせつに願う。

ジョエル・ミアレス
《ロッテントマト》編集長

スコアについて

〈トマトメーター〉のスコアは流動的だ。批評家がレビューを書き、レビューがシステムに追加されるたび、映画のスコアは変わる。これは、新作映画にはつきもので、劇場公開時に新たなレビューが大量に投下され、その後、ホーム・エンターテインメント市場に出まわったときに再び増加する。だが、旧作映画にもそれは起きる。昔の作品にとつぜん新たな注目が集まるかもしれず（続編の公開、監督が新作を発表）、あるいは批評家の一団が新規参入し、これまで計算にふくまれなかった彼らのレビューがスコアに加わるかもしれない。いえるのは、本書に掲載されたスコアは出版時点では正確だと——そして、それ以降多少の増減があるかもしれないということ。

＊本書は全米で2019年10月8日に出版された。

圧倒的人気作

興行成績の覇者にして、みんなの人気者

マイケル・ベイがお気に入りのフィルムメーカーだという批評家には、まだ会ったためしがない（へそ曲がりで有名な批評家アーモンド・ホワイトは惜しいところまで行き、ベイを「真の夢想家」と呼んだ）。ベイは映画を専門的にみる者の大半から、ある種反映画のつくり手、物語にはほとんど関心がなく、興味はもっぱらおっぱいとケツとでっかい爆発を描くことにある人物とみなされている。ベイの作品リストには〈ロッテン〉トマトの緑色が鈴なりで、ニック（ニコラス）・ケイジのアクション映画『ザ・ロック』[1996] がベイの監督作品で唯一〈フレッシュ〉な作品だが、それでもやっぱり、ひとびと（生身のひとびとのこと。つまり、暗闇の住人、批評家にあらず）はベイの映画を愛している。ベイの最近の『トランスフォーマー』シリーズは、世界中の興行成績ランキングを席巻し、1990年代の監督作には、その10年間でもっともいつくしまれた映画（『アルマゲドン』[1998]！）が入っている。マイケル・ベイについては、ひとびとは答えを出した——そして、批評家たちを押しやった。ベイ監督によ

る刑事コンビの傑作『バッドボーイズ』[1995] は、この章でたたえられている映画の1本だ。相当な額の興行成績をあげ、レビューこそ〈ロッテン〉の評価をつけられたものの、歳月とともに支持者を増やしていった映画たち。いまだに続編を求める声がやまず（『スペース・ジャム』[1996]、『ファースト・ワイフ・クラブ』[1996]）、ケーブルテレビでくり返し放映され（『メイフィールドの怪人たち』[1989]、『ホリデイ』[2006]）、《ロッテントマト》の親愛なるユーザーが「よくも〈ロッテン〉にしやがったな」とちょくちょく書いてよこす（『ツインズ』[1988]、『ティーン・ウルフ』[1985]）、そんな映画たちを集めてみた。彼らはときに、頭をからにしてただ楽しめとわたしたちに要求し——また、ときにはみた目よりも、ずっと複雑だ。批評家のモニカ・カステロがディズニーの超大作『マレフィセント』[2014] で論じているように。それについては『バッドボーイズ』は絶対に当てはまらないが、でもほら、そこがまた、わたしたちが好きなワケでもあり。

ダーティファイター (1978/1978)
EVERY WHICH WAY BUT LOOSE

 **37%**

監督／ジェームズ・ファーゴ
脚本／ジェレミー・ジョー・クロンズバーグ
出演／クリント・イーストウッド、ソンドラ・ロック、ジェフリー・ルイス、ビヴァリー・ダンジェロ、ルース・ゴードン

[総評]
　クリント・イーストウッドが自慢の筋肉と繊細な一面を披露するが、たがのはずれたコメディ作品を楽しめないのは、劇的な要素をないがしろにするいっぽう、クスリとも笑えないお寒いギャグを連発するせいだ。

[あらすじ]
　クリント・イーストウッド演じるファイロ・ベドーはけんか早く、親友のクライドは、たまたまいずら好きのオランウータンだった。カントリー歌手のリン・ハルジー＝テイラー（ソンドラ・ロック）に惚れこんだファイロは、警察およびおどけたバイク乗り集団相手に一戦交え、彼女の愛を勝ちとろうとする。

[わたしたちが好きなワケ]
『ダーティファイター』は公開時、予想外のヒットを飛ばし、クリント・イーストウッドがそれまでに出演した作品のなかでは最大の成功作となり、いまだに歴代興行成績の第250位（インフレ調整後）につけている。とはいえ、イーストウッドとカリスマ的なオランウータンとのコンビを単純に楽しんだ批評家は当時めったになく、どこまでくだらなくできるか試すため、イーストウッドが映画をまるごと使って観客をかついでいるんじゃないかとかんぐる批評家までいた。この役を演じるのを思いとどまるように周囲の者は忠告したという話だが、ともかくイーストウッドは引きうけた。『ガントレット』[1977]、『ダーティハリー3』『アウトロー』[1976]などの硬派な作品がつぎつぎにヒットし、すっかり〈拳銃片手〉のイメージが定着し

たものの、かけだし時代のイーストウッドはもうすこし遊び心のある『ペンチャー・ワゴン』[1969]や『戦略大作戦』[1970]などの作品で、茶目っ気のあるところをたっぷりみせていた。たぶん、より挑戦しがいのある役か、もしくは軽めの作品に戻りたかったのかもしれない。イーストウッドをオランウータンのふところに飛びこむ気にさせた決め手がなんだったにせよ、とびきり楽しい結果になった。
　イーストウッドにはコメディ・センスがあり、それは一部には、コメディをしごくまじめにとらえていることからくる。映画のはじめから終わりまで、彼はファイロと類人猿の深い友情を心底信じ切っているようにしかみえず、そのためより一層、とっぴでみごたえがある。未来のアカデミー賞俳優が、心の奥深くに隠してきた秘密をオランウータンにうち明ける。
「女に自分の気持ちを伝えるとなると、からきし腰くだけになるのさ」
　暗がりで、ファイロが毛深い相棒にそうささやく。かけ値なしにじんとくる場面だ。
　加えて、ルース・ゴードン扮する母親がファイロをほうきではたき、当時恋仲だったソンドラ・ロックはケチな詐欺師役を演じて光り輝く（イーストウッドが女性の共演相手に丁々発止を演じるのは、1970年の『Two Mules for Sister Sarah』[日本未公開]でシャーリー・マクレーンと知恵比べをして以来だ）。また、ナチの格好をした田舎者の暴走族が何度もコテンパンにやられるギャグを合わせれば、スクリューボール・コメディの資格はじゅうぶんで、1938年の『赤ちゃん教育』をほうふつさせ、人情味がある。

プロブレム・チャイルド　うわさの問題児 (1990/1991)
PROBLEM CHILD

✳ 0%

監督／デニス・デューガン
脚本／スコット・アレクサンダー、ラリー・カラゼウスキー
出演／ジョン・リッター、エイミー・ヤスベック、ジャック・ウォーデン、ギルバート・ゴッドフリード

[総評]

　悪意満載で、独創的な笑いの要素をひどく欠いた『プロブレム・チャイルド　うわさの問題児』は、とびきり不愉快なコメディであり、騒々しく過剰な演技と、こどもじみたおふざけのオンパレードだ。

[あらすじ]

　ジョン・リッター演じるパパ志望のベン・ヒーリーは、7歳の男の子を養子に引きとるが、その子はなにを隠そう、周りの人間をだれかれかまわず恐怖のどん底に突き落とすのが趣味だった、というブラックコメディ。

[わたしたちが好きなワケ]

　『ホーム・アローン』[1990] が劇場公開され、一夜にしてクリスマス映画の定番になるわずか数ヶ月前、デニス・デューガン監督の悪ガキどたばたコメディ『プロブレム・チャイルド　うわさの問題児』が封切られた。だが興行的な成功のみこみはうすいとみなされ、批評家からはことあるごとに袋だたきにされた。観客がブラックな話に飢えているのを、彼らは予見できなかったのだ。『バックマン家の人々』[1989]、『キンダガートン・コップ』[1990]、『おじさんに気をつけろ！』[1989・日本劇場未公開] などの「利発なこどもとおとなの男」をコンビにしたコメディが、1980年代後半から90年代前半にかけて量産されたものの、輝けるジョン・ヒューズの栄光はレーガン大統領の登場とともについえ、えりを立ててイキがっていた若者も、90年代にはとうが立った。脚本家のスコット・アレクサンダーとラリー・カラゼウスキーは当初、ちまたにあふれるハートウォーミングな、こどもに優しい映画をパロディ化した、おとな向けのブラックコメディを構想した。だが、スタジオがダメを出し、その方向性は誤りで、こどもとおとな両方の受けを狙うようにと要求してくると、ライターコンビと監督は脚本と撮影済みのフィルムを捨て、金のかかる再撮影をした。出演者向けの上映会で、無惨な残骸を目にした脚本家コンビはむせび泣き、こどもにはブラックすぎ、おとなにはおとなしすぎるぼんやりしたいびつな産物に、自分たちの名前が結びつけられるのをなげいたという。意外や意外、連続殺人犯と友だちになるほぼサイコな児童のお話に、こどもたちはとびついた。ある場面では、連続殺人犯がこどものママとベッドインし、その間パパは、養子にとったばかりの息子を殺す計画を立てる。うひゃっ！

　デューガン監督はその後、未熟な90年代が生んだもうひとりの荒削りなコメディアン、アダム・サンドラーとタッグを組む。『プロブレム・チャイルド』は続編がつくられてそこそこ成功し、ゲロ吐き大会のくだりは、全編をみとおすガッツのあるこどもたちの記憶に焼きつけられた。アレクサンダーとカラゼウスキーはのちに、こども版ジョン・ウォーターズ映画をつくりたかったと説明している。1作目と続編を、批評家が「悪趣味」と呼ぶかたわら、キッズは小悪魔少年（ませ）を真似たがり、親にちょっとした地獄気分を味わわせた。アレクサンダーとカラゼウスキーによれば、こども時代に映画のファンだった人間が成長し、業界の大物になる頃になってやっと、再び実のある仕事の口がかかるようになったという。

＊編注：「2」は1991年に全米公開。「3」はテレビムービーとして製作され1994年に全米放映されている。日本では、いずれも劇場未公開で、当時ビデオで発売された。また1993年にはテレビアニメシリーズ化もされている。

また、あなたとブッククラブで (2018/2020)
BOOK CLUB

 **54%**

監督／ビル・ホルダーマン
脚本／エリン・シムズ、ビル・ホルダーマン
出演／ダイアン・キートン、ジェーン・フォンダ、キャンディス・バーゲン、メアリー・スティーンバージェン

[総評]

『また、あなたとブッククラブで』はほんのときたま、そうそうたる熟年キャスト陣にふさわしいレベルに達する。幸い、俳優たちのありあまる力量が、凡庸な作品にいきいきとした活気を与えている。

[あらすじ]

古くからの友人4人が、人生のちょっとした刺激になればと、官能小説『フィフティ・シェイズ・オブ・グレイ』を読書クラブの課題本にする。4人がそれぞれの希望とおそれをついに語りだしたとき、幸せへ向けて大きな一歩を踏みだす。

[わたしたちが好きなワケ]

この映画の主演女優4人は、スタジオ首脳陣の目には手っとり早い「ドル箱」と映らず、そのため20代の若手同業者よりも仕事の機会に恵まれてこなかった。だが『また、あなたとブッククラブで』をみると、彼女たちの才能が観客からいかに奪われてきたか、改めて思い知らされる。

本作では、そこそこのできの脚本が、ナンシー・マイヤーズ監督作品中のキッチンだけにして欲しいような、まぶしすぎる照明の下で進行する。気のおけない2時間のあいだ、女たちはしゃべり、笑い、感情をさらけ出し、ほほを染める。そして、ホワイトワインをガブ飲みする。大健闘した興行成績のかなりの部分を担ったのは35歳以上の女性たちだ。年齢層が上の観客は、主人公たちに自分の人生を映しだしてほしいと望み、若い観客層は、年を重ねても愛と楽しみがつきるわけではないと確かめたかった。この作品では年かさの女性だろうとひとりの人間なんだというシンプルなメッセージを発信し、人生を肯定してくれる。

ジェーン・フォンダ、ダイアン・キートン、キャンディス・バーゲン、メアリー・スティーンバージェンの全員が、ともに本来の——または以前の——報酬と特典よりもすくない条件で出演を快諾したのは、4人が共演できる機会、それに年を重ねていく女性と、セックスや愛に対する彼女たちの考えの変化を描く作品に貢献できると思えばこそだった。本作での4人の仲間意識は真実味と突発性を感じさせ、いかにもフォンダがたまたま旧友に声をかけ、ワインとおしゃべりの会を開いたかのように映る。イメージに反する役を演じている者はひとりもいない。フォンダははつらつとしてパワフル、みえっぱりな本人の分身を演じている。バーゲンの演技は「ＴＶキャスター　マーフィー・ブラウン」[1988-2018]のリブート版から流用したといっても遜色ない。だがそれもまた、魅力のひとつだ——長年〝役〟を演じつづけたバーゲンたちは、いまでは自分自身を演じている。

たいていの批評家が無関心に肩をすくめるいっぽう、この作品に、シンプルな楽しみをみつけた者もいる——それから、ちいさな驚きも。〈エンターテインメント・ウィークリー〉誌のレア・グリーンブラッドは、『ブッククラブ』を「ハリウッドのちいさな奇跡」と呼び、なぜなら年かさの女性にスクリーン上で「生きる」ことを許したからだ、と評している。

脚本を書いたエリン・シムズによれば、スタジオ側は役柄を若くしろと要求し、シムズはそれでは「成功がみこめない」といって拒否した。実生活で接した熟年女性たちのなまの会話とできごとに材をとったこの物語をスクリーンに映しだすチャンスに、シムズは賭けた。映画は予算の10倍の興行収入をあげ、たとえ高齢女性の日常生活であろうとも、適切な俳優を起用すれば収益をみこめることを証明した。

カクテル (1988/1989)
COCKTAIL

 **5%**

監督／ロジャー・ドナルドソン
脚本／ヘイウッド・グールド
出演／トム・クルーズ、エリザベス・シュー、ブライアン・ブラウン、ケリー・リンチ

底の浅い、盛りあがりに欠けるロマンスものでトム・クルーズの才能を持ちぐされにした『カクテル』は、意外性皆無、本質的には浅はかなバーテンダーのつまらない夢物語以上でも以下でもない。

[あらすじ]

この恋愛ドラマでは、優秀なバーテンダーの素質に恵まれた若者が、夢の女性と出会う。だが、裕福な女性の家族と自分の競争心の両方を満足させなければ、すべてが泡と消えてしまう。

[わたしたちが好きなワケ]

『カクテル』は女性を戦利品あつかいするようなカビの生えた筋立てだが、三文脚本のすき間からこぼれる輝きがあるとすれば、それはカリスマと、クルーズとエリザベス・シューのあいだに流れるほっこりした気のおけないケミストリーだろう。そのつぎにくるのが、時の試練にみごとに耐え、さらにはアメリカ中の飲酒癖を変えてしまったスリリングなシーンの数々だ。クルーズがこみいった振りつけで酒びんを投げたりひっくり返したりするのが大評判になったせいで、レストランチェーン店の《T.G.I.フライデー》にひとびとが押しよせ、バーテンダーの実演をなまでみたがった（レストランの創立者アラン・スティルマンは、クルーズ演じるブライアンのモデルは自分だと主張したが、脚本のヘイウッド・グールドは自分の人生をもとに書いている）。

グールドが最初に書いた脚本は、アンチ『ウォール街』[1987]ともいうべき、金、階級、年齢にまつわる厚みと奥ゆきがあり――目を皿にすれば、本編にもまだすこしはその片鱗が残っている。だがディズニーは、その方向性を抑える選択をする。レーガン時代の富と権力への飢えは過ぎ去ろうとしていたが、まだ完全に静まったわけではないのを嗅ぎとったためだ。社会政治的な要素を捨てたおかげで、ロジャー・ドナルドソン監督はカウンターのうしろにより長い時間を割き、クルーズとブライアン・ブラウン扮するダグ・コグランが「ヒッピー・ヒッピー・シェイク」などの時代をまたぐパーティソングに合わせて披露する持ち芸を、たっぷりみせる余裕ができた。

〈LAタイムズ〉紙のシェイラ・ベンソンはこう書いている。「古株のブラウンと若手のクルーズのコンビは、『ハスラー2』[1986]のクルーズとポール・ニューマンをほうふつさせるのが狙いだろうか。だとすれば、本作を（『ハスラー2』の原題『紙幣の色』(The Color of Money)にひっかけ）『偽札の色』(The Color of Counterfeit Money)と呼ぼう」。コンビと映画に欠けるのは、ベンソンいわく、道徳観であり、初期のマスコミ向け試写会で、クルーズ扮するフラナガンが浮ついた判断を（何度も）下すたび、客席からは「非難や嘲笑の声が飛んだ」と指摘している。だがベンソンでさえ、『カクテル』に惹きつけるものがあるとすれば、カウンターのうしろで酒びんをひっくり返す「きらっきら、きらっきら、きらっきらな」クルーズそのひとだと認めている。

クルーズによれば、役づくりのために35人のバーテンダーに取材して技を学び、その間びんを割ったのは5本だけだという。クルーズはすでに『トップガン』[1986]で役づくりのためには骨身を惜しまないところをみせ、パイロットのライセンスを取得している。『カクテル』はただの恋愛ドラマでしかないが、その後の身体能力を問われる役柄と、入念なリサーチでキャリアを重ねていくための基礎となり、やがてはすべてのスタントを自らこなす『ミッション：インポッシブル』シリーズへとつながっていく。

※編注：本作はタッチストーン・ピクチャーズの作品。同社はディズニー傘下の映画部門のひとつで、子供向けのディズニーに対して、若者・大人向けの実写作品を制作する会社だった。2016年公開の『光をくれた人』以降、同社による製作作品はない。

ホーカス ポーカス (1993/1994)
HOCUS POCUS

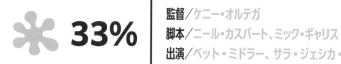 **33%**

監督／ケニー・オルテガ
脚本／ニール・カスバート、ミック・ギャリス
出演／ベット・ミドラー、サラ・ジェシカ・パーカー、キャシー・ナジミー

たあいのないわざとらしさながら、ありきたりの域を出ない『ホーカス ポーカス』は、家族向けにしようとのとっちらかった努力もむなしく、豪華キャストの才能に報い損ねた。

[あらすじ]

火あぶりの刑に処されたセーラムの魔女3人が、住民の若さを奪いに戻ってくると予言する。300年後によみがえった魔女たちは、不運なひとりの少年を、妹とセーラムの町を救う無駄な努力に追いたてる。

[わたしたちが好きなワケ]

新聞と雑誌がこどもを雇って映画の批評をさせるまで、なにがこどもに訴え、正確にはどんな手口で心をつかむものかをおとなの批評家が予想する時間は、まだたっぷり残されている。『ホーカス ポーカス』の場合、映画がはじまって10分でこどもがひとり死ぬ場面があり、好んでダークな方向へ進もうとする映画の姿勢に、おとなたちはとまどった。ジーン・シスケルは「おぞましい」と表現し、〈タルサ・ワールド〉紙のデニス・キングは「かなり残虐なこどもの死にざまがあり、幼いこどもの観客には確実に刺激が強すぎる。いたいけこどものむくろは、幼児をおびえさせるのにじゅうぶんだ」と評している。そのいっぽう、当のこどもたちはというと、頭のいかれたディズニー映画の運命論にむしゃぶりついた。

映画のなかの魔女たちは、残虐非道の度がすぎて、邪悪な行為がお茶目にさえ映る。サラ・ジェシカ・パーカー扮するサラ・サンダーソンは死んだ恋人をゾンビとしてよみがえらせ、少年を捕まえて殺すよう命じるが、サラはまた、なんというか、男の子のことで頭がいっぱいの女の子たちには、超共感できるキャラでもある。ベット・ミドラーが演じるのは、出っ歯の

道化師のような扮装をし、鮮やかな赤いおちょぼ口、頭はマフ状の燃えるような赤毛の持ち主ウィニフレド・サンダーソン——いくつもの賞を受け、オスカーにノミネートもされた女優の役の話だ、念のため。ウィニフレドはブロードウェイ・ミュージカル風にアレンジした「アイ・プット・ア・スペル・オン・ユー」を体育館で歌い、町中のおとなを死ぬまで踊らせるには違いないが、その邪悪ぶりがあまりにカートゥーンっぽいため、こどもたちに好かれ、さっそくハロウィンの衣装に採用された。そして、性格俳優の大御所キャシー・ナジミー扮するメアリーは、姉妹に忠実で、ふたりが起こす騒ぎを収めようとすると同時に、姉たちの欲望をかなえてやろうと永遠に気をもみつづける。メアリーは確かに邪悪だ、けれども絶えずものごとを丸く収めようと気をもむ女性に、身につますれずにいられるだろうか?

映画の解説本『Hocus Pocus in Focus』[2016・未邦訳]の著者アーロン・ウォレスは、「不気味さと奇抜さ」の不思議なまじり具合が、「若い世代に刷りこまれた」と指摘する。その子たちが成長してソーシャルニュースサイト《Reddit AMA》を利用するようになると、コンサートのレパートリーにウィニフレドのコスチュームで歌う「アイ・プット・ア・スペル・オン・ユー」を加えてほしいとミドラーに訴え、年輩のファンたちをおそらくはとまどわせた。興行成績のふるわなかったこの作品は、いまやコスプレ大会が開かれるカルト映画として不動の人気を誇り、熱心なファン軍団の勢いに気圧されたディズニーは、リメイクに向けて動きだした。

※編注:2020年10月、アダム・シャンクマン脚本で続編の制作が発表された。Disney+での配信予定。主演3人が再登板するかどうかは未定。

ホリデイ (2006/2007)
THE HOLIDAY

 **48%**

監督・脚本／ナンシー・マイヤーズ
出演／ケイト・ウィンスレット、キャメロン・ディアス、ジュード・ロウ、ジャック・ブラック

[総評]

スウィートなのは確かだし、ある意味感動もするが、『ホリデイ』は全編が予定調和すぎ、観客は早々に席を立ちたくなるかもしれない。

[あらすじ]

恋愛問題のしがらみから逃げだしたくなったふたりの女性——ひとりはロンドンに住む結婚関連のコラムニスト、もうひとりはロサンゼルスに住む映画の予告編作成者——が、クリスマス休暇中に家を交換する。相手の家に着いてみると、とり決め以上のことが起き、はじめての地で新たな、さらにこみいった恋愛関係に陥る。ふたりを見舞うのはロマンス、キュート、そしてカシミアの嵐。

[わたしたちが好きなワケ]

知的な映画ファンがナンシー・マイヤーズの映画を楽しむには、自我と分別はきっちり抑えこんでおく必要がある。階級について悩んでいる？ 消費者主義にうんざり？ ベクデル・テスト（フィクション中の女性の描きかたを測る指針）の用意はばっちり？ そんな考えを捨てた者のみが、この門をくぐるべし。だが、〝マイヤーズ・ユニヴァース〟はラスヴェガスのようにもなりえる——ありのままを受けいれてふさわしい気分で訪れれば、砂糖の甘さの楽しみが待っている。『恋するベーカリー』[2009] や『恋愛適齢期』[2003] のような映画では、満足感はストーリーや登場人物からはめったに得られない——シュガーハイになるには、大陸並みにでかい大理石のアイランドが真ん中に居座るマンモス級のキッチンや、ふかふかなベージュのニットなど、〝マイヤーズ・ユニヴァース〟の主人公の暮らしぶりを指をくわえて眺めてさえいればいい。ナンシー・マイヤーズの美学と絵空事にひたりきるべし。『ホリデイ』は、ナンシー・マイヤーズ映画のなかのナンシー・マイヤーズ映画といえるかもしれない。「豪華なインテリアに包囲され脱出は不可能」的な監督の美学に、クリスマスのおセンチさと、ひとつどころかふたつもある「話がうますぎてありえな

い」ナンシー・マイヤーズ式ロマンスが合体している。

二重の恋愛プロットの中心にいるふたりの女性は、どうかというほど長い時間をかけて、自分たちがナンシー・マイヤーズ映画のなかにいるという事実に感動してみせる。ロスにあるアマンダ（キャメロン・ディアス）の大邸宅に着いたとき、イギリス人のアイリス（ケイト・ウィンスレット）は、観客になり代わってカリフォルニア・キングサイズのビロードのベッドでとび跳ね、ゴージャスすぎて信じられないといわんばかりだ。英国スタイルを極めたアイリスのコテージにたどり着いたアマンダは、買いだしに出かけ、休暇中は地元と呼ぶことになる完璧すぎるクリスマス・ヴィレッジ（ホリデイ）のオーナメントに、さすがのへんくつなロサンゼルス人もうっとりくる。

ほかのナンシー・マイヤーズ映画に出てくる登場人物たちが、あきれるほど設備の整った自分の暮らしぶりを当たり前としているのに比べ、本作の主人公たちは豪華でもあり風変わりでもあるクリスマス休暇を信じられないでいる。男たちでさえ、ありえないほどすばらしい。ディアス扮するアマンダは、完璧な美形のジュード・ロウ（ずばり、独身のイクメン）に出会い、ウィンスレットのアイリスには、ジャック・ブラックがあてがわれる。ブラックの役柄で目につく特徴といえるのは、アイリスを笑わせる必要性に迫られているという一点のみだ。

とはいえ、おなかいっぱいの激甘ホットココアにだって、中味がある。それは、ひとえにイーライ・ウォラックの功績だ。ウォラックが演じる生き字引のような高齢の、ハリウッド黄金時代の元脚本家は、隣人のアイリスと仲よくなってロスを案内してまわり、歴史を語ってきかせる。ウィンスレットとウォラックの息はしびれるほどピッタリで、監督はラヴストーリーを放り投げてバディものコメディを撮っていたらよかったのにと思うほどだ。このコンビのエピソードが映画に血肉を与え、マイヤーズがこしらえたクリスマスのお菓子を、ホリデイにとるカロリーだけの空疎なスイーツ以上にしている。

バッドボーイズ （1995/1995）
BAD BOYS

 **42%**

監督／マイケル・ベイ

脚本／マイケル・バリー、ジム・マルホランド、ダグ・リチャードソン

出演／ウィル・スミス、マーティン・ローレンス、ティア・レオーニ、ジョー・パントリアーノ、マーグ・ヘルゲンバーガー

[総評]

　主役のふたり、ウィル・スミスとマーティン・ローレンスのケミストリーが楽しい。だが惜しむらくは、監督のマイケル・ベイがアクション場面と爆発をひんぱんにぶちこんで、肝心のストーリーを粉々に吹っ飛ばしてしまう。

[あらすじ]

　マイアミ署所属のふたりの刑事——ひとりはおしゃれなプレイボーイ、もうひとりは血の気の多いマイホームパパ——は、盗まれたドラッグの行方を追うとともに、関連する殺人事件唯一の目撃者のお守り役をおおせつかる。ちょっとしたひと違いがもとで、ふたりは互いに相手の振りをしながら捜査にあたることに。

[わたしたちが好きなワケ]

　マイケル・ベイ長編デビュー作には、つぎの12作でおなじみとなる監督のトレードマークがいくつも目にできる。スローモーションで撮られたアクション場面——それもたっぷり（最後のシークエンスの50％は〝シャツのボタンをはだけたウィル・スミスがスローモーションで走る〟）。まぎれもないマイケル・ベイ色濃厚な風景（インスタグラムのフィルターをとおしたマイアミ同然）もしかり。いたずらに不安をかきたてる音楽（『スピード』[1994]の曲を書いたばかりのマーク・マンシーナ）。ベイ標準値の男性ホルモンが、フレームごとにこってり染みこんでいる。

　まじめな話、脚本に3人の人名がクレジットされていなければ、この映画の監督・脚本を、コチコチになったペニスが執筆したと思ったとしても、責められない。『バッドボーイズ』に出てくる男はすべからく「ビッチ」と呼ばれ、相手を「ビッチ」と呼び、もしくは自分は「ビッチ」じゃないといいたてる。世界で——映画のなかの世界で——最悪なのは、ゲイだと思われることだ。そして、女たちが画面に映るには、まず最初にいたたまれないほどの長時間、ねっとりしたカメラの凝視に耐えなければならない（そのうえ、ろくに服を着せてもらえない——ティア・レオーニのスカートの短さときたら、『トランスフォーマー』[2007]のミーガン・フォックスの服装が、アーミッシュ並みに慎ましくみえる）。

　そういったものすべて、それにお約束どおりのヨーロッパ人の悪者と、命がけで大金をつかむための論理と独自性に欠ける計略もひっくるめてわきにおけば、『バッドボーイズ』は実のところ、基本的にはアクションの皮をまとったスクリューボール・コメディだ。それも、上等の。それはおもにスミスとローレンスの相性のよさからきている。ふたりがタッグを組むと、ダイナマイト級の威力を発し、口汚くけなしあったり、テレビ番組「全米警察24時　コップス」[1989-2020]のテーマソング（「バッドボーイズ、バッドボーイズ、さあどうする？」）を歌いながら、ベイ・フィルターのかかったマイアミを疾走する。入れ替わりのサブプロットで、これが平常運転、というふりをするときのふたりは、さらに光る。自分のじゅうたんに目撃者の犬の粗相が落ちているのを発見したとき、おしゃれなマイク・ラーリー（スミス）はつとめて冷静を装い、あるいは口数の多いバーネット刑事（ローレンス）が相棒になりきってすかしてみせる（ローレンスの「マイク・ラアアリー」の発音は傑作で、絶対に引用したくなる）。

　もっと良い素材に恵まれた場合、このコンビがなにをやらかすだろうと期待せずにはいられない。ラッキーにも、2020年公開のシリーズ第3弾『バッドボーイズ　フォー・ライフ』で、それを確かめるチャンスが訪れた。

グッドナイト・ムーン (1998/1999)

STEPMOM

 **45%**

監督／クリス・コロンバス

脚本／ジジ・レヴァンジー、ジェシー・ネルソン、スティーヴン・ロジャース、カレン・リー・ホプキンス、ロン・バス

出演／ジュリア・ロバーツ、スーザン・サランドン、エド・ハリス、ジェナ・マローン、リアム・エイケン

[総評]

　ジュリア・ロバーツとスーザン・サランドンの手堅い演技だけでは、『グッドナイト・ムーン』がみえみえなお涙頂戴工作で損なった、心にしみるドラマになる可能性を救うにはいたらなかった。

[あらすじ]

　ニューヨークの若き写真家イザベルが、原題の〝継母〟にあたり、イザベルは新しい恋人のふたりのこどもと、先妻ジャッキーの定めた高すぎる基準に適応しようと奮闘する。家族を悲劇的なしらせが見舞うとき、彼女たちのバランスが崩れ、新たな絆が生まれはじめる。

[わたしたちが好きなワケ]

　1998年のクリスマスは、全米の映画業界史上もっともおセンチな日だったか？　そうだったほうに、オモチャいっぱいの袋を賭けてもいい。なんといってもその日、1990年代で1番泣ける作品2本が劇場公開され、国内興行成績をめぐってしのぎをけずり、観客の涙をしぼりとったのだから。ロビン・ウィリアムズの（すごく〈ロッテン〉な）『パッチ・アダムス トゥルー・ストーリー』は、ゴリゴリに楽しい医師兼道化師の話で──ロジャー・イーバートが「麻酔なしでひとびとに涙吸引術を施す恥知らず」な映画と評したにもかかわらず──興行成績で勝ちをおさめたが、予想に反し、週末の興行成績が第2位だった『グッドナイト・ムーン』のほうが、いまでもひとびとに愛されつづけている。

　映画のことを考えただけで泣いてなんかいないさ。泣いているのはそっちだろ（『スタスキー＆ハッチ』[2004]のセリフからの引用）。

　クリス・コロンバスの映画はいろんな意味で、教科書どおりのお涙頂戴祭りだ。離婚で機能不全の家族（エド・ハリスとスーザン・サランドンが元夫婦を演じ、ジュリア・ロバーツがハリスの新たなパートナーをつとめる）あり。離婚で心を痛めるふたりのかわいらしいこども（リアム・エイケンとジェナ・マローン。マローンは将来の継母をやがては受けいれる生意気なティーンを演じてうならせる）あり。はつらつとしたヒットソング（「エイント・ノー・マウンテン・ハイ・イナフ」）に合わせて、家じゅうをパジャマ姿で踊りまわる伝染性のある場面あり。そして、中盤に癌のひねりが入り、ひとの心を持ちあわせる観客の涙線を、正確無比な精度で手当たり次第に狙い撃ちする。

　だが『グッドナイト・ムーン』はそれだけでは終わらない。当時の批評家が下した評価より、もうすこし歯ごたえがある。大半はサランドンがもたらしたもので、映画のはじめではジャッキーをおそろしく冷たく演じ、ロバーツ演じる仕事が命のイザベルに表面上は優しく接するが、内心ではおそろしい縄張り意識を感じさせる。ふたりに絆が生まれるにつれ、サランドンは軟化するが、ほんのすこしだけだ。そう呼ぶのが適当かわからないが、映画の〝クライマックス〟で、ジャッキーとイザベルはディナーをともにし、互いに未来に対するおそれを語りあう（死期の迫るジャッキーはこどもたちが自分を忘れることをおそれ、イザベルは「実の母」に決して勝てないことをおそれる）。

　サランドンのベティ・デイヴィスを思わせる大きな瞳が、この場面と最後のショットで、千ものことがらを伝える。家族の絆、希望、愛はもちろん、わだかまった嫉妬といったものも、またしかり。それはどうしようもない。ジャッキーが向かいあわせに座り、つぎには並んで座る女性は──好感が持て、有能ではあれど──自分のはじめた生活に終止符を打つ存在なのだから。

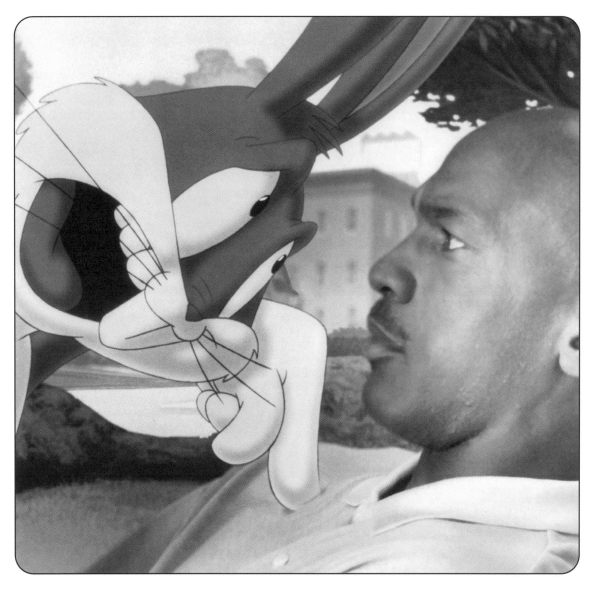

SPACE JAM スペース・ジャム (1996/1997)

SPACE JAM

 **43%**

監督／ジョー・ピトカ
脚本／レオ・ベンヴェヌーティ、スティーヴ・ルドニック、ティモシー・ハリス、ハーシェル・ワイングロッド
出演／マイケル・ジョーダン、ウェイン・ナイト、テレサ・ランドル、ビル・マーレイ、チャールズ・バークレイ

スラムダンクとはいかないが、『SPACE JAM　スペース・ジャム』はばからしく、『ルーニー・チューンズ』[1930-1969] 十八番のどたばたギャグと、躍動感あふれるアニメーションに若い観客は満足して映画館をあとにするだろう——だがつきそいのおとなたちは、楽しむよりげっそりしそうだ。

[あらすじ]

半分アニメーション、半分実写のこの映画で語られるのは、『ルーニー・チューンズ』のキャラクターたちがマイケル・ジョーダンを助っ人に雇い、星間バスケットボールの試合に勝って、エイリアン星で奴隷にされるのを阻止しようとするてんまつだ。どういうわけか、ビル・マーレイがついてくる。

[わたしたちが好きなワケ]

『SPACE JAM　スペース・ジャム』は、公開後まだ23年しか経っていないが、それ以上に濃い映画人生を歩んできた。ＮＢＡ（全米バスケットボール協会）とワーナー・ブラザースが企業同士手を組んでブロックバスターを生みだし、ＶＨＳビデオ化されればみんなのお気に入りの１本になり、やがてはカルト作となる。アクメ社（『ルーニー・チューンズ』に出てくる架空の企業）製のギャグで育ち、「マイクみたいに」なりたいとひたすら願ったことのあるこどもたちに向けてつくられた、90年代ならではのばからしい１編だ。90年代育ちのこどもが2000年代のおとなになると、『スペース・ジャム』は検証・再評価の時期を迎える。客受けを狙いつつ、だいそれたジャンルの融合を成し遂げた傑作と呼ぶ者もなかにはおり、YouTube の《Honest Trailers》シリーズの面々は「実写とアニメーションのハイブリッドによるバスケ映画の『市民ケーン』[1941]」と冗談まじりに呼んだ。

いまはいくらか揺り戻しの期間にあり、「ミレニアル世代は間違っている。『スペース・ジャム』はクズ映画だ」だの、「ノスタルジーのせいで、『スペース・ジャム』を欲得ずくの金儲け手段なんかじゃないと錯覚する」だのといった見出しが目につく。それぞれ順に、上記の興ざめ記事を載せたウェブサイト《The A.V. Club》と《ハフポスト》には悪いが、揺り戻しを揺り戻させてもらうし、これが決定打のスラムダンクになると思っている。

まず、家族向け作品やアニメーションないしは一部アニメーションのメジャー作品は、すべからくオモチャを売って、ホーム・エンターテインメント市場で永遠に生きるために企画される。目的は金であって、アートではない。ディズニー作品や、胸に刺さるピクサー作品にしたって例外じゃない。90年代ＮＢＡへの執着ぶりに目をつけて金儲けを企んだワーナー・ブラザースは、確かに計算高い。だが間違いなく賢い。それはまた、『スペース・ジャム』がどうしてこんなに楽しいかの理由でもある。すなわち、観客が望むものをそっくりそのまま提供しているからだ。意外なほどチャーミングなマイケル・ジョーダンが存分にドリブルし、シュートし、ダンクを決め、鼻持ちならないバッグス・バニーのジョーク（著作権とディズニーの内輪ネタはちょっといただけないが）だってたくさんある。そして、モンスターがジョーダンおよびわれらが『ルーニー・チューンズ』のヒーローたち相手に、ベタベタにおセンチなコート上のバトルを繰り広げる。ボーナス特典として、シール、モニカ、クーリオ、ソルト・ン・ペパー参加の数百万枚を売りあげたサントラだってある。

映画はまた、賢明にも、わたしたちが求めていない要素をとりいれるのを拒みもした。感動的なストーリー展開とか、深みのある登場人物とか、保護者が喜ぶ小細工とかの、2000年代のキッズムービーを毒したあれこれだ。批評家はそれらの要素に欠ける点をくさすだろうが、単純に楽しむことに焦点を当てたからこそ、20数年経っても話題になっているのだ。こどもに直接語りかけ、結果、こどもはそういう映画を忘れない。

レブロン・ジェイムズを主演にした続編が進行中で、『ブラック・パンサー』[2018]のライアン・クーグラー監督が製作に当たる。欲得ずくの金儲け手段？　そのとおり。公開初日の夜、劇場に並ぶ？　絶対だ。いちばん上等のエア・ジョーダンの新作を履いてね。

※編注：続編『Space Jam : A New Legacy』は、ライアン・クーグラーが製作・共同脚本にあたり、2021年公開予定。

アイ,ロボット (2004/2004)
I, ROBOT

 **56%**

監督／アレックス・プロヤス
脚本／ジェフ・ヴィンター、アキヴァ・ゴールズマン
出演／ウィル・スミス、ブリジット・モイナハン、アラン・テュディック、ブルース・グリーンウッド、ジェームズ・クロムウェル

[総評]
　アイザック・アシモフの短編集とは似ても似つかない夏のブロックバスター『アイ，ロボット』には、多少なりとも観客に考える余地を与えてほしかった。

[あらすじ]

　ロボット工学の博士が自殺とみられる死をとげ、あとには謎が残される。故人と面識のあった殺人課の刑事が現場に呼ばれ、不審なプログラム実行をみせているロボットの調査にあたる。

[わたしたちが好きなワケ]

　ウィル・スミスの魅力は、未来を舞台にしても健在だ。スミス扮するロボット嫌いのデル・スプーナー刑事は、アルフレッド・ラニング博士（ジェームズ・クロムウェル）の被験者だったユニークな過去があり、そのためラニング殺しの陣頭捜査を任される。アイザック・アシモフの《ロボット工学三原則》のためにロボットは人間を傷つけることができないが、ラニングの死にまつわる証拠はすべて、ＵＳロボティックス社のＮＳ－５型ロボット、サニーを指している。サニーはラニングを「創造者」ではなく「父」と呼び、前例のない反応を示す。

　批評家は、映画がアシモフの原作にどれだけ忠実かを気にするあまり、アレックス・プロヤス監督作としてみる楽しみを忘れてしまったようだ。だがこれがまた、実に楽しいのだ。スミスの天然なオレ様ぶり、ブリジット・モイナハンのとりつくしまのない堅物ぶり、被疑者ならぬ被疑ロボット役のアラン・テュディックによる感動的な演技ときてもまだ足りなければ、手堅いエフェクト、極上のアクション・シークエンス、非凡なひねりまでそろっている。

　なかでもエフェクトには一見の価値があり、2005年のアカデミー賞視覚効果賞にノミネートされた。ロボットはなめらかに動くと同時に、メカニカルな生硬さを感じさせる。ロジャー・イーバートは、ロボットが群がるシーンを『スターシップ・トゥルーパーズ』［1997］の昆虫エイリアンになぞらえ、まるでビデオゲームの的（まと）みたいな動きだと指摘した（ゲーマーはそれに関してはなんの問題もなさそうだ）。

　「彼らには怒ることさえできない、ただのプログラムに過ぎないのだから。とはいうものの、よく考えるとプログラムに怒ることはできる。MicrosoftWordには、このロボットたちのしでかすどんなしわざよりもカッカくる」とイーバート。まさしくその怒りをこそ、映画がうまく利用している。人間のユーザーのいうとおりに動こうとしない、身のまわりのテクノロジーへの不満を（だがこの場合、機能不全はテクノロジー側の不正行為のためで、人間のせいではないのだが）。

　『アイ，ロボット』はまた、名セリフにもこと欠かず、アクションや技術的な見せ場の最中に、ぽんぽんとびだす。「あんたほどばかな利口者に会ったことがないね」「『だからいったじゃないか』どころじゃねぇな」「［はくしょん］、ごめん、たわごとのアレルギーで」それから、使用法の限られる「ふたりはうまくいかないよ。つまりだ、おまえはネコで、おれは黒人ときてる。二度と傷つくのはごめんだぜ」

　このシステムには、確かにグリッチ（穴）がある。だがそもそも、ＳＦ作品にひたりたければ、現実は脇に置いておくよう要求されるのが定石だ。そうであれば、ラニング博士──スプーナー刑事が知る限りもっとも頭の切れる人物──が、反逆ＡＩを止める手だてとして自殺以外に考えつかなかったと信じるのが、そんなにむずかしいだろうか？

ハロー・ドーリー！ (1969/1969)
HELLO, DOLLY!

 **43%**

監督／ジーン・ケリー
脚本／アーネスト・レーマン
出演／バーブラ・ストライサンド、ウォルター・マッソー、マイケル・クロフォード、マリアンヌ・マックアンドリュー、ダニー・ロッキン

バーブラ・ストライサンドには魅了されるが、タイトルロールの中年の未亡人役にはミスキャストだ。ジーン・ケリー最後の監督作はメリハリに欠け、無駄にこりすぎている。

[あらすじ]

ニューヨーク市で結婚の仲介と人生の修繕係にいそしんでいるドーリー・リーヴァイは、ヨンカーズへ出向いて富豪のホーレス・ヴァンダーゲルダーに会う。ホーレスはドーリーに仕事を頼むが、ドーリーには別の思惑があり、まもなくドーリー、ホーレス、そして話がまとまりそうな若い恋人たちの一団は都会へとくりだして、デートし、踊り、ドーリーがしかけたいたずらを満喫して一日を過ごす。

[わたしたちが好きなワケ]

『ハロー・ドーリー！』では、仲人のドーリー・リーヴァイと気むずかしい思いびとのホーレス・ヴァンダーゲルダーがいい争っているほうが、そのあとに訪れるふたりのロマンスよりも真に迫っている。それには理由があった。ふたりを演じる俳優——撮影時は25歳だったバーブラ・ストライサンドと、うんと年の離れたウォルター・マッソー——は、天敵同士だ。『ファニー・ガール』[1968]で成功したばかり、ハリウッドで飛ぶ鳥を落とす勢いの輝ける高慢ちきな若手女優が、かしこくも撮り直しを要求なされるのがマッソーのかんに障り、ストライサンドはマッソーの下品さが辛抱たまらなかった（うわさによれば、ストライサンドはマッソーに石けんを贈って「下水なみの口」を洗わせようとした）。結婚シーンの撮影ではアングルを工夫して、恋人たちの唇が触れているようにみせかけろとの指示がカメラマンに下された。なぜなら、ほら、その日ふたりはてこでも唇を合わせようとしなかったからだ。

監督のジーン・ケリーは、いっぱいいっぱいだった。そしてそれは、俳優たちのいがみあいのせいだけではない（マッソーは共演者のマイケル・クロフォードと口をきくのもやめた）。マンモス級の製作費——2,500万ドルの予算は、20世紀フォックスがつくった『サウンド・オブ・ミュージック』[1965]の3倍あまり。ロケ撮影は数ヶ所におよび、過度の期待に押し潰されんばかりだ。キャロル・チャニングを主役に据えた、たかだか数年前に上演されたばかりのブロードウェイ・ミュージカル版は絶賛の嵐を浴び、そのうえ、スタジオは『ドーリー』をなんとしてもヒットさせる必要があった（『サウンド・オブ・ミュージック』から早くも5年近くが経っていた）。おそらくその重圧が、完成版をみた批評家たちの感じた重苦しさのゆえんだったのだろう、彼らの多くが、146分間の本編をふくらみすぎ、豪華づくめでげっぷが出るともらした。観客も熱狂したとはいいがたい。興行成績は、予算を回収するにはほど遠かった。のちのち、ミュージカル映画に終止符を打った1本に挙げられるようになる。

数ある失敗作のうちでもこの映画は華やかな1編で、たっぷりとみどころが盛りこまれたため、公開後50年をとおし、おびただしい人数に愛されてきた。なんといってもいちばんのみどころは、ストライサンドにつきる。確かに中年のドーリー・リーヴァイ役にはミスキャストに違いないものの、ストライサンドはまた、ひとを惹きつけ、生気に満ちあふれ、比類ない歌声を映画に与えた。ジェリー・ハーマン作詞・作曲の歌もセンセーショナルこのうえなく、たとえケリーがディレクターズチェアで居眠りしていたとしても、観客は軽やかにタップを踏みながら劇場をあとにしただろう。そしてケリー監督は、居眠りなどしなかった。彼と振付師のマイケル・キッドはいい仕事をしている。とりわけ、ハーモニアガーデンズのレストランを舞台に、たっぷり時間をとったウェイターたちのダンスは圧巻のひとこと。

ハーモニア・ガーデンズではもうひとつの大きな見せ場があり、ルイ・アームストロングがレストランのバンドマスターとしてカメオ出演、ストライサンドと主題歌をデュエットする（アームストロングが吹きこんだこの曲は、劇の初上演後にヒットしている）。ストライサンドはジャズ界のレジェンドと歌えて夢心地といった様子で、ふたりが腕を振りまわしながら歌詞を交えるあいだじゅう、にっこり笑顔を浮かべ、目を輝かせている。ここでは愛情をとりつくろう必要なんて、どこにもなかったのが一目瞭然だ。

マレフィセント (2014/2014)
MALEFICENT

 **54%**

監督／ロバート・ストロンバーグ
脚本／リンダ・ウールヴァートン
出演／アンジェリーナ・ジョリー、エル・ファニング、シャールト・コプリー、レスリー・マンヴィル、イメルダ・スタウントン、ジュノー・テンプル、ブレントン・スワイツ

評者：モニカ・カステロ　Monica Castello
　モニカ・カステロはニューヨーク市を拠点にしたライター、批評家。〈ニューヨーク・タイムズ〉紙、〈ワシントン・ポスト〉紙、ＮＢＣニュース、〈ヴィレッジ・ヴォイス〉紙、RogerEbert.com、Remezcla.com、〈ヴァラエティ〉紙、〈ヴァニティ・フェア〉誌、　Ｎ　Ｐ　Ｒ　等に執筆・出演している。

　過去10年、ディズニーはもっとも愛されてきた自社製アニメーションの名作を何本か、生身の俳優とＣＧアニメーションを駆使して実写映画化してきた。2010年、まずはティム・バートンが映画化した『不思議の国のアリス』［1951］（バートン版のタイトルは『アリス・イン・ワンダーランド』）を皮切りに、その後2015年には『シンデレラ』［1950］を、2017年には『美女と野獣』［1991］をリメイクした。リメイク版のディズニープリンセスたちは、現代風の手直しを施され、独立心にあふれ、劇中のヴィラン（悪役）に立ち向かう強さを与えられるが、話の大筋はインスパイアされた手書きアニメーションとほとんど変わりない。
　ロバート・ストロンバーグ監督の『マレフィセント』は、その意味で変わり種だ。下敷きにした1959年のアニメーション映画『眠れる森の美女』でおなじみのストーリーと足並みをそろえてはいるが、名作のタイトルロールであるプリンセスから焦点を移した。その代わり、『マレフィセント』はタイトルロールのヴィランを、おとぎ話の向こう側から共感をもって見守る。
　オーロラが呪いをかけられて眠りにつくずっと前、うら若きマレフィセント（イゾベル・モロイ）は妖精たちに混じり、森を飛びまわっていた。妖精の守護者であるマレフィセントは、森に踏み入った若者の始末をつけに自らおもむく。だが追い払う代わりに懇意になり、人間と妖精の王国同士が和平を結ぶ道が拓ける。残念ながら、同盟は長続きしなかった。数年後、おとなになったステファン（シャールト・コプリー）は、玉座を求めて王に激しく訴える。ステファンはマレフィセント（アンジェリーナ・ジョリー）を罠にはめると、そば近くにおびき寄せて翼をもぎとり、自分が王位を引きつぐにふさわしい後継者だと証明する。
　これまで何十年と公開されてきたディズニー映画のなかで、これほど卑劣きわまる行為が行われる場面をみた覚えがない。本質的に、主人公がデートレイプされたも同然の展開だ。マレフィセントは体とアイデンティティの一部を、安心しきっていた相手にむりやりもぎとられる。その後の展開は、おそらくこの最初の裏切りよりも、前向きだ。おとぎ話が、トラウマを克服し、許し、癒やされる力をつけていく話へと発展する。

> ## おとぎ話の向こう側から共感をもって見守る。

　マレフィセントの怒りがもっともなのは論をまた
ず、怒りに駆られた彼女の行動が、映画の起承転結を
決定づける。裏切りに怒りをたぎらせるとともに、映
画のはじめにまとっていたふわふわした飾り気のない
ローブは暗い色の生地とレザーにとってかわり、よじ
れた角と鋭い頬骨を獲得して、ディズニーの名作アニ
メーションで見慣れたマレフィセントへと変貌する。
服を鎧とし、愛に対し斜に構えるようになる。

　オーロラの誕生を知ったマレフィセントは、激怒す
る。ステファンは自分を捨てて家庭を築いたばかり
か、永遠に自分の人生から出ていけとの宣告をしたの
だ。『眠れる森の美女』のプロローグと同様、マレフィ
セントはステファン王の宮廷にドラマチックに姿を現
すと、娘が16歳——マレフィセントがステファンにキ
スをした年——の誕生日を迎えるまでに指をつむで刺
して眠りに落ち、真に愛する者のファースト・キスに
よってのみ目覚めるという呪いをかける。マレフィセ
ントは呪いのことばを厳密に選んだ。なぜならば、愛
によって体や心を折られた多くの者と同じく、真実の
愛など信じなくなるからだ。

　ディズニー映画の主人公が、世界や愛に対し正当に
怒ることは皆無に等しい。ところが本作では、主人公
は嘆き、怒りに駆られた行動を起こし——そののち成
長する余地を与えられた。マレフィセントは年月とと
もに気持ちがほぐれていき、最初は害をなそうとした
少女を守ろうとする。だがすでにダメージはなされ、
自分のかけた呪いをとく術は、もはやなかった。マレ
フィセントは善と悪のどちらにもなれる複雑なキャラ
クターとなり、ディズニー・ヴィランにはまれなあい
まいさを与えられる。

　『マレフィセント』の結末は、1959年版の作品とはい
ちじるしく異なり、プリンセスを目覚めさせにおもむ
くプリンスにマレフィセントが退治されることはない。
2014年版の映画では、フィリップ王子はとるにたらな
い存在だ。姉妹の絆が呪いをとく2013年の『アナと雪
の女王』によく似て、オーロラを守るというマレフィ
セントの誓いと、おでこへの優しい2度のキスが、伝
統的な「真の愛のキス」の成就になる。幾多のディズ
ニー映画が恋愛に重きを置いてきた末に、愛の定義が
さまざまな種類をふくめて拡大されるのをみるのは、
すがすがしい。

　批評家の全員が『マレフィセント』に惹かれたわけ

> **マレフィセントは呪いのことばを厳密に選んだ。なぜならば、愛によって体や心を折られた多くの者と同じく、真実の愛など信じなくなるからだ。**

ではないが、それはそれでいい。映画には欠陥があり、とりわけ名づけ親の妖精３人が、長年愛されてきたゆえんたる無邪気な仕草やおしゃべりをなくしたのにはがっかりだ。そのほかの妖精たちが、ジム・ヘンソンのパペットに役を振ったみたいにみえるのも、プラス材料とはいえない。それでもやはり、ウォルト・ディズニー映画のなかではまれな異彩を放ちつづけ、スタジオの歴史において、他の時代であればつくりえなかったのではないかと思わせる。

『マレフィセント』があれほど強い思いいれを持って中心人物を描いた理由は、おそらく多数の女性の手によって、『眠れる森の美女』のマレフィセントの原型から肉づけがなされたためだ。リンダ・ウールヴァートンが脚本を書き、妖精からウォリアーへのマレフィセントの心の旅路に呼応して変わる衣装デザインを、アンナ・B・シェパードが手がけた（対照的に、アニメーション版にクレジットされた８名の脚本家は全員

男性だ）。ジョリーの薫陶も映画全編に感じられ、彼女の演技は深い感情と共感を呼び起こす。いまのところ、この時代のディズニーのリメイク作品で、製作者にクレジットされた女性はこの女優のみだ。ジョリーにとっては賢い一手だった。批評家の受けがいまいちだったのに反し、『マレフィセント』は世界興収で７億5,800万ドルという驚異的な額をはじき出し、2019年後半には続編の『マレフィセント２』が公開された。

『マレフィセント』は、「善」と「悪」のレッテルを簡単には貼れない登場人物の息づく世界を提示した。王が悪事を働き、敵が友となり、許す術を学ぶのに、遅すぎるということはない。ディズニーがかつて体系化した世界観に異を唱え、なおかつ魔法とたわむれる物語だ。プリンセスとしゃべる動物たちの住まうおとぎ話のはみだし者でありながら、それでもやはり、ひとつの役柄が、どんな経緯でディズニー・ヴィランとなるのかを想像した目下唯一のリメイク作である。

[《ロッテントマト》の総評]
　アンジェリーナ・ジョリーの心奪われる演技は、『マレフィセント』のめくるめく視覚効果をもかすませる。残念なことに、それ以外の要素が、賛嘆すべき努力のすべてに水を差している。

ファースト・ワイフ・クラブ (1996/1997)

THE FIRST WIVES CLUB

 **49%**

監督／ヒュー・ウィルソン
脚本／ロバート・ハーリング
出演／ゴールディ・ホーン、ベット・ミドラー、ダイアン・キートン、マギー・スミス、サラ・ジェ
シカ・パーカー

『ファースト・ワイフ・クラブ』は愉快なダイナマイト・トリオが主演しているが、なまぬるいプロットと、ピリッとした風刺に欠ける脚本が足を引っぱった。

[あらすじ]

　大学時代の友人が自殺したのをきっかけに、3人の離婚女性が再会し、故人の名誉にかけて、若い愛人をつくって自分をドブに捨てた夫たちへの復讐を誓う。

[わたしたちが好きなワケ]

　かわいそうな『ファースト・ワイフ・クラブ』ファンにあわれみを。このヒットコメディが封切られてすぐ、続編のうわさが持ちあがった。脚本が書かれ、書き直され、捨てられ、3人の主演女優は出演への意欲を表明した。何度も！　ある時点では、Netflixが参入しさえした。もしくはそう伝えられた。それでもわたしたちは、20年以上経ったいまもまだ、エリース（ゴールディ・ホーン）、ブレンダ（ベット・ミドラー）、アニー（ダイアン・キートン）の3人ができたてのクラブのドアから勢いよく表へ飛びだして、ニューヨークの石畳を踏みながら自分たちはまだ若く、若さを愛し、自由で、自由を愛すると宣言したあと、どうなるのだろうと思いをめぐらせている。

　そんなにも愛されている映画は、そっとしておくのが賢明かもしれない（そう、そのとおり。公開時、浮世離れしているといって映画を切り捨て、夫と夫を奪った若い女性がステレオタイプだと難色を示し、脚本がパンチ不足だといったへそ曲がりの批評家たち全員へ告ぐ。こんにち、ほぼ世界中で本作は愛されている）。つまるところ、ミドラー（厚かましくてやば）、

キートン（堅苦しく神経質）、ホーン（すばらしくお騒がせな落ち目のスター女優）の奇跡のようなケミストリーが、なにかの拍子に消えてしまうのを、わたしたちは望んでいない。あるいは、女性のエンパワーメントを呼び起こすメッセージが年とともに鈍ることも、オリヴィア・ゴールドスミスの同名の原作小説を脚色した脚本家のロバート・ハーリングが、もはや「わたしには感情がある。わたしは女優なのよ――あらゆる感情があるの！」というエリースの反撃のような、おいしいセリフをひねり出せないことも望んでいない。

　それに、それぞれ白いスーツをまとったミドラー、キートン、ホーンが、レスリー・ゴアの「ユー・ドント・オウン・ミー」を歌いながら闘いに向かう（2回も）光景とサウンドをどうしたら越えられるのか、見当もつかない。このほぼカンペキな映画（女性用シェルターのサブプロットに、もうすこし比重を置いて欲しかったとわたしたちが望みはしても）の続編がつくられないカンペキな理由が判明した。もしくは、すくなくとも、映画のスピリットをカンペキに踏襲した理由が。2017年、ホーンが〈トータル・フィルム〉誌に語ったところでは、3人の女優は続編の出演料として1作目と同じ額を提示された――増額も、なにもなし。ヒット映画のスターに対し、ほとんど前代未聞の契約条件だ。ヒット映画の男性スターに対しての前例がないのは確実だろう。「ひどい侮辱よ」とホーン。「お金の問題じゃない。尊厳の問題なのよ」

　ファースト・ワイフ・クラブの一員にふさわしく、ホーンは気高くもオファーを蹴り、代わりに『バンガー・シスターズ』[2002]に出演する。

メイフィールドの怪人たち (1989/1989)
THE 'BURBS

 **53%**

監督/ジョー・ダンテ
脚本/ダナ・オルセン
出演/トム・ハンクス、ブルース・ダーン、リック・デュコモン、ヘンリー・ギブソン、キャリー・フィッシャー、コリー・フェルドマン

『メイフィールドの怪人たち』は共感できる設定、ひと好きのする主演俳優、ジョー・ダンテの独特な不気味趣味を完全に無駄にはしていないが、ジャンルをミックスさせる試みは、意図した暗さや面白みをやはり完全には出し切れていない。

[あらすじ]

レイ・ピーターソンは数週間の休暇を家でのんびりすごしたいだけだったのに、謎めいた隣人が引っ越してきて怪しげな行動をはじめたため、彼らの真の目的を探る秘密作戦に乗りだす。

[わたしたちが好きなワケ]

郊外に潜む暗い秘密を探るという映画なら腐るほどあるが、『メイフィールドの怪人たち』ほど楽しんでこのトピックを料理している映画は数えるほどだ。驚くにはあたらない、これと似たようなテーマにとりくみ、みごと『グレムリン』[1984]に結実させたジョー・ダンテが監督しているのだから。『メイフィールドの怪人たち』は不吉さにおいては『グレムリン』にほんのわずか劣るものの、とぼけた魅力はギズモのクリスマスの冒険にほとんど匹敵するし、ダンテのように才能とスタイリッシュな本能を持つ監督にはピッタリの題材だ。

トム・ハンクスは、いまではすっかりお手のものとなったひとのいい平凡な男の役回り、レイ・ピーターソンを演じるが、1989年に本作が劇場公開された当時の彼は、まだ発展途上だった。スターなのはもちろんだが、『ビッグ』[1988]でブレイクしたのは『メイフィールドの怪人たち』のほんの1年前で、『プリ

ティ・リーグ』[1992]、『めぐり逢えたら』[1993]、それにオスカーの主演男優賞を彼にもたらす2作品『フィラデルフィア』[1993]と『フォレスト・ガンプ 一期一会』[1994]が公開されるのは数年先だ。この映画では、彼の真骨頂の片鱗をみせている。ごく普通の家庭人レイが、とりつかれた安楽椅子探偵に変身するあいだ、トレードマークの瞳をきらきらさせながら。

だが、役になりきった大物俳優はハンクスだけじゃない。ブルース・ダーンは冷徹な筋金入りの退役軍人マーク・ラムズフィールドに扮し、レイの妻キャロルを演じたキャリー・フィッシャーは騒動のあいだ、理性の声をつとめる。『グレムリン』、『スタンド・バイ・ミー』[1986]、『ロストボーイ』[1987]と、ヒット続きだったコリー・フェルドマンは、無鉄砲なティーンエイジの役柄をもうひとつ増やし、『インナースペース』[1987]でダンテと組んだヘンリー・ギブソンはどっちつかずの悪役を、ほどよいさじ加減のアイロニーで演じて観客を煙に巻く。

ホラーとコメディのどっちのジャンルにしても中途はんぱだといって映画をこきおろすのはたやすい。だがそれでは、肝心の点を見逃す。どんな町内にも必ず、すこしばかりくたびれた、どことなく不気味な家が1軒、もしくはいささか変わった隣人がつきもので、こどもはみんな、閉じられた扉の向こうにどんな謎が隠されているのかと首をかしげ、真相が暴かれるのを待っている。それを思えば、『メイフィールドの怪人たち』は、ほんとうになったらいいのにと望む純然たるファンタジーであり、隣人が重たいゴミ袋を引きずるのをつぎにみかけたときに二度見したくなったとしたら、映画の目的は達成だ。

ティーン・ウルフ (1985/1986)

TEEN WOLF

 **44%**

監督／ロッド・ダニエル

脚本／ジェフ・ローブ、マシュー・ワイズマン

出演／マイケル・J・フォックス、ジェームズ・ハンプトン、スーザン・アルシッティ、ジェリー・レヴィン、ジェームズ・マックレル

[総評]

　マイケル・J・フォックスはいつもどおりのカリスマ性を発揮しているが、若者がおとなに成長するという『ティーン・ウルフ』のテーマは少々陳腐で、型どおりの感がぬぐえない。

[あらすじ]

　平凡なティーンが、自分は狼男（おおかみおとこ）の末裔（まつえい）だとわかって人生がひっくり返り、公衆の面前で変身したことで、彼の高校生活は一変する。

[わたしたちが好きなワケ]

　1985年のマイケル・J・フォックス最大のヒット映画は、高校生がデロリアンに乗って1955年にタイムトラベルし、いくじなしの父親があこがれの女の子にアタックするのを助けるという小品だった。2番目の1985年のヒット作は、やはり特異なジレンマを抱えた高校生のコメディ映画で、1番目のわずかひと月半後に公開された。『バック・トゥ・ザ・フューチャー』が年間トップの興収をあげ、名作として寿命を長らえるいっぽう、『ティーン・ウルフ』は早々に消え去り、思春期に共鳴を覚えた者だけの記憶に刻まれた（『ティーン・ウルフ2　ぼくのいとこも狼だった』[1987] は存在しないふりをしたい）。

　『ティーン・ウルフ』のメタファーは、顔に書かれ──もとい、ジャケットの背中にでかでかと書かれている。おとなの観客の一部はあきれて目をぐりっとまわしたくなるだろうが、ターゲット層の若者にはどんぴしゃりだ。自分が12歳で、スコット・ハワード（フォックス）の悩みを目のあたりにしたところを想像してみてほしい。おかしな場所にちょぼちょぼと毛が生えてくる？　わかる。劇的な声変わり？　わか

る。もつれた恋愛模様、親子げんか、それから漠とした不安？　わかる、わかる、それもわかる。『ティーン・ウルフ』は基本的に、テレビドラマ「マンスターズ」[1964-66] のフィルターをとおした教育ドラマ（アフタースクール・スペシャル）だという事実は、欠点なんかじゃない──美点だ。

　当時、フォックスはNBC局のシットコム「ファミリー・タイズ」[1982-89] で、上昇志向の保守派アレックス・P・キートンを演じ、人気絶頂だった。彼のたぐいまれなる気やすさが、『ティーン・ウルフ』がうまくいった大きな要因で、スコットがふんぞりかえった〝オレ様〟モードに入り、キャンパスの狼野郎と化したとき、観客が愛想をつかさなかった唯一の理由なのは確かだ。

　また、スコットが愛する者たちと保ちつづけた関係には、心からほっこりする。スーザン・アルシッティ演じる親友のブーフは、不器用でかわいげがあり、ふたりがカップルになったとき、ほんものカタルシスを味わえる。ジェームズ・ハンプトンは息子を励まし支えてやるスコットの片親を演じ、彼とフォックスとの共演シーンは、映画の感情的な見せ場となる。

　『BTTF』のほうが映画として格上だが、『ティーン・ウルフ』はそれより1割程度の予算（100万ドルちょっと）でつくられながらまずまずの成績を残し、短命のアニメーションシリーズおよび、前述した続編を生んだが、どちらもその後何十年間ものあいだにポップカルチャーの流れに飲まれていった。やがて、ノスタルジアが熟して2011年にテレビシリーズが生みだされ、好評を博して6シーズンつづいた。いまとなると、もし『BTTF』と当然のように比較されず、批評家にもっと好意的に受けとめられていたら、と想像をたくましくする誘惑にかられるが、両作を心に住まわすだけの余裕が、わたしたちにはじゅうぶんあると思う。

ツインズ **(1988/1989)**
TWINS

 **44%**

監督／アイヴァン・ライトマン
脚本／ウィリアム・デイヴィス、ウィリアム・オズボーン、ティモシー・ハリス、ハーシェル・ワイングロッド
出演／アーノルド・シュワルツェネッガー、ダニー・デヴィート、ケリー・プレストン、クロエ・ウェッブ、マーシャル・ベル

[総評]

　細かいことをいわない観客にはそこそこ楽しめるものの、『ツインズ』は奇抜な設定のみで貧弱なストーリーをもたせようとしすぎた。

[あらすじ]

　双子の兄弟が生まれてすぐに引き離される。ひとりはけちな犯罪者人生を送り、もうひとりは知力・体力に秀でた人物に成長する。兄の存在を知った弟は、ロサンゼルスへおもむいて再会を果たし、ともに母親さがしの旅へ出る。

[わたしたちが好きなワケ]

　『ツインズ』は、ポスターをみればもとの発想がすぐわかるたぐいのコメディだ。タイトルの下に、ずんぐりして頭のはげたダニー・デヴィートが、のっぽですっくと立つアーノルド・シュワルツェネッガーによりかかり、そっくり同じスーツとグラサンとスマイルを身につけている。一目瞭然の効果的なギャグといえるが、真新しさは長続きせず、それ以外に目を引く要素はなにもなく、まるで「サタデー・ナイト・ライブ」[1975-]のコントを映画化したような印象を受ける（きみのことだよ、『いとしのパット君』[1994・日本劇場未公開]）。正直、多くの批評家がそう思ったようだが、映画は一発芸に終わらない。
　『ツインズ』に出演する以前、シュワルツェネッガーはすでに『コナン・ザ・グレート』[1982]、『ターミネーター』[1984]、『コマンドー』[1985]、『プレデター』[1987]、などの映画に主演、アクションヒーローのアイコンとしての地位を確立しており、その同じカリスマ性を、はじめて主演したコメディ映画数本でも発揮する。離島育ちでばか正直な弟を演じるジュリアス役に、シュワルツェネッガーはぽっと出の素朴な厚みを加え、デヴィートの世知辛さとほぼずっと対をなし、映画の笑いを一手に引き受ける。ジュリアスはヴィンセントを兄弟としてすんなり受けいれ、ひとのいうことを額面通りに受けとり、ああそうそう、それから三十五歳の童貞でもある。世間知らずなジュリアスのシニカルな引き立て役として、デヴィートははまり役だが、それはデヴィートが得意とする役どころだ。シュワルツェネッガーの手堅いコメディのタイミングは、意外な拾いものだった。ジョークのいくつかがすべっているのはご愛嬌。
　主役のでこぼこコンビを別にしても、『ツインズ』は肩のこらないアクション映画にしては、驚くほどハートウォーミングだ。はじめはジュリアスを信用しなかったヴィンセントが最後に態度を改めるのはまあお約束だが、ふたりがだんだん互いを頼りにするようになる過程にほっこりしない人間がいたら、ひとでなしだ。そして、生みの母親が判明しながら感動の再会を果たせなかったとき、ふたりの喪失感に同情せずにはいられない。たとえチャンスがもういちどあるのはみえみえだとしても。
　アイヴァン・ライトマンは、当時ハリウッドきっての腕こきコメディ映画監督で、『ゴーストバスターズ』[1984]の成功覚めやらぬ頃に『ツインズ』を監督したが、同じだけの成果を収める可能性が、すこしでもあったとは想像しにくい。映画はものものしい優生学や〝氏か育ちか〟問題にもうしわけ程度に手をつけるだけで本格的に追求することなく、トランクいっぱいに貴重な密輸品を積んだ盗難車で脇道にそれる。だが『ツインズ』は、アーノルド・シュワルツェネッガーが客を呼べるコメディスターになる楽しい分岐点となったことをのちに証明し、シュワルツェネッガーはライトマンとこのあともう2本のコメディ作品でタッグを組む。

ヤングガン (1988/1988)
YOUNG GUNS

 **41%**

監督／クリストファー・ケイン
脚本／ジョン・フスコ
出演／エミリオ・エステヴェス、チャーリー・シーン、キーファー・サザーランド、ルー・ダイアモンド・フィリップス、テレンス・スタンプ、ジャック・パランス、テリー・オクィン

『ヤングガン』は魅力的な若手主演俳優たちをとりそろえたが、楽しいだけで底の浅いブラットパック西部劇となり、結果としてカウボーイハットの数ばかりが増え、牛がすくなすぎた。

[あらすじ]

牧場の雇い主にして恩師でもある人物が、商売がたきの用心棒に殺され、若きウィリアム・H・ボニーこと、別名ビリー・ザ・キッドと血気にはやるガンマンたちは、敵を討ちに立ちあがる。ところが、自分たちがアウトローのらく印を押されるはめに。

[わたしたちが好きなワケ]

1980年代も終わりに近づくころ、もはや西部劇はハリウッドで下火になっていた。確かにまだつくられはしたが、その多くが鳴かず飛ばずの小品にすぎない。だが『シルバラード』、そしてクリント・イーストウッドの大ヒット作『ペイルライダー』が1985年に公開されると、スタジオはふたたび興味を持ちはじめる。『ヤングガン』は志の高い映画では決してないし、よくできた、むかしながらの復讐劇を描くことぐらいしか頭にないものの、ハリウッドきってのホットな若手スターを結集し、銃を持たせ、西部のフロンティアじゅうを自由にのし歩かせた。

ブラットパック時代のファンにとって、これはエミリオ・エステヴェス、チャーリー・シーン、キーファー・サザーランドら、ありえないほどハンサムな連中が、セルロイド（映画）に最大限テストステロンを注入した舞台で互いにぶつかりあうのを見物できるまたとないチャンスであり、しかも全員がキャリアの絶頂期にいた。エステヴェスは『ブレックファスト・クラブ』

『セント・エルモス・ファイアー』[1985]、『張り込み』[1987]の記憶も新しい。シーンは『プラトーン』[1986]、『ウォール街』[1987]、それに『フェリスはある朝突然に』[1986]のチョイ役で印象を残し、サザーランドは『スタンド・バイ・ミー』[1986]と『ロストボーイ』[1987]に出たばかり。ルー・ダイアモンド・フィリップスは、1987年の『ラ・バンバ』と『落ちこぼれの天使たち』[日本劇場未公開]の2作で魅力をふりまいた。有望株のそろいぶみで、互いにスポットライトを争いながらも、仲間意識がありありと伝わってくる。

抵抗しがたいとりあわせに観客はとびついたが、批評家の目には、企画全体が練りこみ不足で底が浅く、すくなからず自己満足しているように映った。映画はなじみのある伝説への期待によりかかって史実をないがしろにし、20代のイキがった若者たちの不敵なアクション映画に仕立てる安易な道を選ぶ。とはいえ、主演男優たちを眺めているだけで大いに楽しめ、年とったひげ面カウボーイばかりのほかの西部劇より登場人物に感情移入できるという純然たる事実に免じて、欠点の多くは目をつむれる。忠誠心と同胞意識についてのかなり効果的なメッセージがストーリー全体に流れ、皮肉な決めぜりふを吐くたび、銃撃戦が起きるたびにその背後の厚みが増し、そのうち〝レギュレーターズ（キッド一味のこと）〟こそがおよそ考えられる限りもっともしぶとい〝仲間〟にみえてきはじめる（ウォーレン・Gのラップ"Regulate"を参照のこと）。なにより『ヤングガン』は、このジャンルがスクリーンで提供できる可能性を若い世代に印象づけ、それはすべて、6人のいまをときめくスターがタッグを組んでアウトローを演じるというアイディアに、ひとびとが惹かれたからにほかならない。

カリフォルニア・ダウン (2015/2015)
SAN ANDREAS

 **51%**

監督／ブラッド・ペイトン
脚本／カールトン・キューズ
出演／ドウェイン・ジョンソン、カーラ・グギーノ、アレクサンドラ・ダダリオ、ポール・ジアマッティ

[総評]
『カリフォルニア・ダウン』にはすばらしいキャストと目を瞠（みは）るスペシャル・エフェクトがそろっているが、阿鼻叫喚（あびきょうかん）の地震よりも、登場人物とプロットのほうが脆弱（ぜいじゃく）な地盤だった。

[あらすじ]
　カリフォルニアを未曾有（みぞう）の大地震がたてつづけに襲い、ひとりのロサンゼルス消防隊員の双肩に、家族と生存者たちの命運がかかる。

[わたしたちが好きなワケ]
　スケールがでかい。ばかばかしい。楽しい。あらゆるパニック映画──『ポセイドン・アドベンチャー』[1972]、『タワーリング・インフェルノ』[1974]から『ディープ・インパクト』[1998]、『ボルケーノ』[1997]等々──には欠かせない大事な要素が、ふたつみっつある。ヒーローパパ、警告を無視される専門家、そして分厚い出演料をもらえる程度の演技を披露する、スターのアンサンブルキャスト。『カリフォルニア・ダウン』には三拍子そろっているが、なにより目覚ましい成果をあげたのは、災害場面を再現したセットだろう。そびえたつ山々が群衆の足もとから崩壊していく光景は、病的なまでのスリルを味わえる。『カリフォルニア・ダウン』は、いまではもう3Dでの鑑賞はできないが、そのスペシャル・エフェクトはテレビ画面でみても息を呑（の）む迫力だ。

　観客はCGエフェクトにもはや驚かなくなり、CGをまったく使っていない最近の映画をみつけるのはほとんど不可能だ。だが『カリフォルニア・ダウン』のエフェクト・スーパーバイザー、コリン・ストラウスいわく「CGのためのCGはいつだって間違いのもとだ」。ストラウスのエフェクトチームは、建物を組みあげたのちに吹き飛ばす昔ながらの方法に100万ドルの予算を費やし、その後、グリーンスクリーンをバックに撮影した俳優たちの映像を合成した。幾多の大予算映画があまりに人工的すぎて、別の平行世界に存在しているみたいにみえるいっぽう、『カリフォルニア・ダウン』はひどくとっぴな反面、ある種の現実味と信憑（しんぴょう）性をかもしだし、ひときわスリリングだ。

　ときに初歩中の初歩のセリフ──「そこから助け出してやるぞ！」──に足を引っぱられながら、ドウェイン・ジョンソンはこの役に格別気合いをこめ、真に迫る恐怖心と不安に顔をくもらせる。ジョンソンはのちに、実際に組まれたセットのおかげで役づくりと感情面をずいぶん広げられたといっている。

　ストラウスは〈ヴァラエティ〉紙のインタビューで、「大予算のインディ映画」を撮っているようだったと語り、「ちいさな道路の穴ひとつとレンガを2、3個」与えられたきり、残りは想像力と思いつきがすべてという場合がときにはあったという。『カリフォルニア・ダウン』の世界が炎上する場面を注意してみてみたら、いくつか驚くような発見があるかもしれない。

グレイテスト・ショーマン (2017/2018)
THE GREATEST SHOWMAN

 **55%**

監督／マイケル・グレイシー
脚本／ジェニー・ビックス、ビル・コンドン
出演／ヒュー・ジャックマン、ミシェル・ウィリアムズ、ザック・エフロン、ゼンデイヤ、レベッカ・ファーガソン、キアラ・セトル

評者：クリステン・ロペス　Kristen Lopez

クリステン・ロペスはフリーランスのポップカルチャー批評家で、rogerebert.com、〈ハリウッドレポーター〉誌、《デイリー・ビースト》に執筆している。フェミニスト映画を語るポッドキャスト《CitizenDame》の共同クリエイター兼ホストでもある。

　有名なペテン師、P・T・バーナムの人生を描くミュージカル『グレイテスト・ショーマン』の最初の予告編が公開されたとき、わたしはあきれるあまり、目をぐるんぐるん回さずにいられなかった。障がいを持つ映画批評家であるわたしは、わたしのような人物の映画における描かれかたについて何年も執筆し、読者を啓蒙してきた。「1分ごとにカモがひとり生まれる」という悪名高い文句を吐いた男と、搾取され──所有され──た障がい者たちにまつわる歓喜に満ちた物語のみこみは、あまり芳しいものではない。

　だが、のちに映画を鑑賞したとき、あるすばらしいことが起きた。照明が落ち、スピーカーが足を踏みならす地響きを立て、ヒュー・ジャックマンがトップハットをかぶった興行主に扮して現れるや、わたしは映画を楽しんだ。ジャックマンがサーカスの「炎」と「自由」について歌いだし、さまざまなキャスト陣がリングに入る準備をし、コーラスが加わり、炎が空中に吹きあがり、ジャックマンが観客に問いかける。「教えてくれ、ショーをみたいか?」わたしはみたかった。『グレイテスト・ショーマン』成功の秘訣は、完璧かつ臆面もなく、スタジオ時代のミュージカルにオマージュを捧げたことにある──『王様と私』[1956]、『マイ・フェア・レディ』[1964]、『ウエスト・サイド物語』[1961]のような映画では、豪華な絵づくりと印象的な歌が、ときに不快をもよおす社会的な主張、マイノリティの登場人物への搾取、史実と競いあい、やが

ては勝ちを収める。上に挙げた名作と同様、『グレイテスト・ショーマン』は、映画が内に抱える問題に勝利する。間違っているし、時代遅れだが引きこまれる。

　バーナムの話は前にも映画化されたことがあり、いちばん記憶に残るのは1952年の『地上最大のショウ』だ(『ショーマン』よりさらに〈ロッテン〉な45%の評価)。チャールトン・ヘストンがバーナムを演じたが、彼の演技はみるに耐えない。鈍重な声で話し顔に冷笑を張りつかせた男が、驚くなかれ〝ショービジネス〟という用語を発明したカリスマだという。

　ジャックマンは確かに任務を果たしている。軽い二枚目俳優のものごしで、バーナムが実際は、ただ運に見放され、貧しいために機会を与えられなかった男だったと信じこませる。ジャックマンのペルソナは、役柄上許される限りひどい一面をときにみせても、有効だ。バーナムが箔をつけようとして団員を犠牲にす

> ## 間違っているし、時代遅れだが引きこまれる。

る──閉めだし、劇場の楽屋裏に座りこませる──ときでさえ、好ましさと舞台への情熱を役に持ちこみ、そのためバーナムのとり巻きが他人から不当に扱われるなげきを歌いだしても、わたしたち観客は一瞬たりとも矛盾を感じない。

（『シカゴ』［2002］でやっていた）入れ子構造の枠物語にはなっていないし、ひとびとが歌を歌いだす正当な理由もない。彼らの心には歌──ミュージカル『Dear Evan Hansen』と『ラ・ラ・ランド』［2016］の作詞・作曲コンビ、ベンジ・パセクとジャスティン・ポールによる──があり、吐きださなくてはいけないのだ。

キアラ・セトルのひげ女レティ・ルッツがなかでも最強の声を持ち、そのため彼女の曲「ディス・イズ・ミー」がオスカーにノミネートされたのは納得だ（結果は『リメンバー・ミー』［2017］のもっと陰気くさい主題歌に敗れた）。残りの俳優たちもパワフルに歌い、できない場合は（失礼、レベッカ・ファーガソン）ひ

とを雇って代わりに歌わせるスタジオ時代のテクニックをもいとわない！　#BringBackDubbing（ロパクを復活させろ）。

ビッグナンバーでは、スペクタクルとダンスをたっぷりみせつけ、アシュレイ・ウォレンの振りつけが冴（さ）える。髪を揺らしてみたり、軽く腕を振るという程度でお茶をにごすのではなく、全身をくまなく駆使した振りつけだ。無神経に編集を加えすぎて振りつけをぼやかしてしまうミュージカルもしばしばあるなか、『グレイテスト・ショーマン』の一糸乱れぬ正確なダンスは称賛されるべきだ。ジャックマンとザック・エフロンがバーの上で踊るにしろ、エフロンとゼンデイヤが空中ぶらんこの上でスイングするにしろ、そこにはテクニックと才能がある。後者の曲、「リライト・ザ・スターズ」の歌に合わせたパフォーマンスには、いつもうっとりしてしまう。たとえ、ちいさな画面で鑑賞していても。ひとコマひとコマに、汗と磨いた技がしみこんでいる。

> **映画の抱える真の問題から目をそらすのを目的とした一流の芸と、華やかさにほだされる自分に、つかの間目をつむろう。**

　おそらくあなたはこうたずねるだろう、「障がい者の描写についてはどうなんだ？」と。うそはいわない。ハリウッドが今日描く障がい者についての映画と、いずれ劣らずひどい。映画は多様性を受けいれようというアップビートなメッセージを発しながら、そのメッセージに身障者差別はふくまれない──バーナムのショーを占める〝変わり者たち〟は、決して一個のキャラクターとしての存在を許されない。だが、映画はわたしを念頭につくるわけではない。映画を多少なりとも楽しもうと思えば、定期的に飛びだしてくる問題はしばしば棚に上げておくし、『グレイテスト・ショーマン』も例外ではない。わたしと同じ立場にいるひとびとが、違うアプローチをとるのを知っているし、その問題が、わたしが擁護し支持してきたひとびとに関するものだったとき、映画を楽しむという行為は、とりわけ微妙になる。映画を楽しむことを自分に許すのと、非難したい衝動との線は、どこで引けばいいのだろう？　それは、常に答えがあるとは限らない、やっかいな問いだ。映画の抱える真の問題から目をそらすのを目的とした一流の芸と、華やかさにほだされる自分に、つかの間目をつむろう。

　Ｐ・Ｔ・バーナムは１分ごとにカモが生まれるといい、わたしはそのカモだ。けれどジャックマンのバーナムはいう。変わり種やおどろおどろしいものに視線を注ぐのは、魅了されるからであり、『グレイテスト・ショーマン』の魅力が抗しがたいのは、それ自体が変わり種でおどろおどろしいからだ。この映画で、繊細な形で追求する身障者差別を改めて描くことは、可能だろうか？　まずはレティ・ルッツにより多くの出番と、深みのある人格と、バーナムがろくでなしのときにそう指摘できる能力を与えることからはじめるのだ。そうすれば、多様なひとびとにも声があるのだと示せるかもしれない。だがそれには、たたきあげの男を単純に美化すのをよしとしない物語を練りこむことになる。長年ハリウッドが障がい者をぞんざいに扱ってきた以上、多くを望むのはむずかしい。

　結局、これがわたしたちの手にできる映画だ──いかさま師を神格化し、身障者差別を片隅に追いやる映画。けれど、わたしは毎回楽しんでいる。火の輪、自由、曲芸、そして、ジャックマンの満面の笑みに陥落せずにいられようか？　それが常に快い陥落でなかろうとも。

『グレイテスト・ショーマン』は、バーナム流の見世物で観客を魅了しようとする──だが一筋縄ではいかない主人公の、よっぽど興味深い身の上話を犠牲にしている。

あんまりひどくてかえってイケてる

トンデモなくたがのはずれたSF&ファンタジー作品

　ハリー&マイケル・メドヴェドの著書『The Golden Turkey Awards』［1980・未邦訳］で「史上最低の映画」とたたえられている『プラン9・フロム・アウタースペース』［1959］は、本書ではとりあげていないものの、その精神は、しっかりみえている2本のワイヤーにつり下がったチープな空飛ぶ円盤のごとく、この章をひらひら舞っている。ここでは「〈ロッテン〉すぎて逆にいい」「いったいなに考えてんの?」「マリファナきめて、《再生》ボタンをポチッと押して、思いっきりたがをはずそうぜ」の精神をたたえる。最低中の最低映画たちを紹介する。とっぴなアイディアとあやしい映画づくりが合わさった結果、目も当てられないほどひどいできとなった作品。もちろん、SFをおいて、「ひどく」なるのが得意なジャンルはほかになく、映画の黎明期からこのかた、とりわけ1950年代は〈ロッテン〉黄金期だった。アメリカにおいて40年間映画のご意見番をつとめてきた男、レナード・マルティンは、その

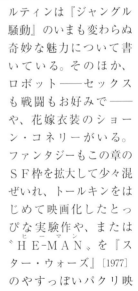

時代、はじめにベラ・ルゴシに幻惑され、やがては悲惨なほどの駄作『ベラ・ルゴシのジャングル騒動』［1952］に出会う。たがのはずれたSF映画の1本で、ドラキュラ俳優のキャリアが底を打った映画だが、マルティンをいつまでも魅了しつづける。この章で、マルティンは『ジャングル騒動』のいまも変わらぬ奇妙な魅力について書いている。そのほか、ロボット──セックスも戦闘もお好みで──や、花嫁衣装のショーン・コネリーがいる。ファンタジーもこの章のSF枠を拡大して少々混ぜいれ、トールキンをはじめて映画化したとっぴな実験作や、または〝HE-MAN〟を『スター・ウォーズ』［1977］のやすっぽいパクリ映画に仕立てた、あきれるほど愉快な『マスターズ　超空の覇者』［1987］なども加えた。なぜジャンルを混ぜたのか、理由を喜んで説明したいところだが、それには思慮深さと論理と分別を必要とし……これからの数ページ、そんなものはお呼びじゃない。

チェリー2000 （1987／日本劇場未公開・ビデオ発売）
CHERRY 2000

 **40%**

監督／スティーヴ・ディ・ジャーナット
脚本／マイケル・アルメレイダ
出演／メラニー・グリフィス、デイヴィッド・アンドリュース、ティム・トマースン、パメラ・ギドリー

[総評]

　強力な助演陣に恵まれ、いくつか印象的なシーンがあるものの、『チェリー2000』はだいたいにおいて『マッドマックス』[1979]をよりばからしく、つまらなくした弟分といったところだ。

[あらすじ]

　とある会社員がアナハイムをあとにして、珍しいセックスロボットの代替品をさがすため、賞金稼ぎとともに不毛な砂漠地帯を目指す。

[わたしたちが好きなワケ]

　ラスベガスは砂漠と化した。失業率はまさかの40％にのぼる。そしてCDC（疾病管理予防センター）は報告義務のある疾患リストから「愛」と呼ばれるささやかな現象をまんまと抹消した。ようこそ、2017年へ——未来へ！　そこでは、成人が同意のうえで限界を極める。ナイトクラブは弁護士を雇って2名（以上）のあいだに性的関係の契約署を書かせ、いつ、どこで、どのくらいの時間か、綿密につめる。2回までのセックスはオーケー、3回は制限数オーバー！

　けれど機械的な歌とダンスにうんざりしたなら、機械そのものはいかが？　この社会では、コンパニオンのアンドロイドと同棲（どうせい）するのは普通で、アンドロイドは相手の一挙手一投足をほめ、みかけも会話も感情もはしゃぎかたも人間そっくりだ。

　それが、サム・トレッドウェルのしたことだった。サムはもっとも完璧で貴重な型式（モデル）、チェリー2000を所有していた。ところが石けんの泡がもとでチェリーが壊れてしまい、サム（デイヴィッド・アンドリュース）はチェリーのメモリーチップを手に、東部の砂漠

に誘いこまれる。うわさによれば、砂丘の奥深くに失われた製造工場があるという。苛酷な環境とギャングが出没する地をとおるため、サムは賞金稼ぎのE・ジョンスンを雇う。メラニー・グリフィス演じるジョンスンは、タフで直感的なカウガールと、愛らしい純情娘とをかけあわせたような女だ。まもなくふたりは陽気な悪者、レスターに出会う。レスター率いる殺人カルト集団は、パステル調のカーキ服に身を包み、手下に「日射しに目がくらんで自分を見失うなよ！」といったポジティヴな励ましのことばををかける。

　『チェリー2000』の設定がいまではすっかりネタバレになっていようと、視覚的なウィットとストーリー展開に目を瞠（みは）り、飽きることはない——映画が情熱を注いだ奇抜な造形（まるで抗不安薬を飲んだ『バカルー・バンザイの8次元ギャラクシー』[1984・日本劇場未公開]みたい）をみているだけでも楽しめる。快楽と満足感にどっぷり浸かった世界で、男は飼い慣らされ男性性を減退させている。都会はサムみたいな21世紀のデジタルボーイだらけだ。安易な暮らしに慣れきって、特筆すべきことはなにひとつ成し遂げたためしのない、やわなヤッピー。仕事は女がする。サムはこの映画の主人公かもしれないが、ほんとうのところ、この手のSF作品が通常求めるヒーローでも、アウトサイダーでも、悲劇の人物でもない。サム・トレッドウェルはゆがんだ社会の犠牲者というだけで、自分の世界にぬくぬく閉じこもっている。それでも映画が進むうち、サムを応援するようになり、イカレた旅の行く末を見守りたいと思う。それは、典型的な映画の主人公に期待するものとはかけ離れている。でもそれをいうならば、SFは普通を目指しているわけじゃないよね？

ダークエンジェル (1990/1990)
I COME IN PEACE (DARK ANGEL)

 **31%**

監督／クレイグ・R・バクスリー
脚本／ジョナサン・タイドール、デイヴィッド・コープ（レオナード・マス・Jr名義で）
出演／ドルフ・ラングレン、ブライアン・ベンベン、ベッツィ・ブラントリー、マシアス・ヒューズ

[総評]

　最初にちらっとみたたとき、宇宙からきた麻薬密売人と刑事が闘う映画なんて、見逃せないと思う。悲しいかな、『ダークエンジェル』は抜群の設定をほっぽり出し、ありふれたアクションシーンでお茶をにごす。

[あらすじ]

　ジャック・ケイン（ドルフ・ラングレン）はあぶない刑事だ。彼の新たな相棒ラリーは、教科書どおりに仕事をこなすＦＢＩ捜査官。凡百の刑事コンビ映画みたいにきこえるって？　そのとおり、ただし、宇宙からきた麻薬密売人が暴れまわり、人間の犠牲者からエンドルフィンを収穫するまでは。さあ、ケイン刑事の出番だ。

[わたしたちが好きなワケ]

　ときには肩のこらない映画をみたくなる。それから身の丈７フィート（と、半分カントリー歌手のビリー・レイ・サイラス、半分テレビドラマ「となりのサインフェルド」［1989-1998］のジョージ・コスタンザの髪型）の地球外生物の悪党が地球にやってきて、わたしたちのエンドルフィンを盗み、宇宙の闇市場に流す映画を？　この映画は、自分のばからしさを知っている。ブライアン・ベンベンのＦＢＩ捜査官は、エイリアンが英語をしゃべるとは、なんて都合がいいんだと指摘してさえいる。演技力は疑問の余地あり、セリフに関しても、アクションの合間に進行するプロットに沿って発せられる。そして、問題の……

　ときには、かたっぱしから爆発する映画をみたくなる。車。ビル。警察の証拠物件。人間さえも。最近のブロックバスター映画でお目にかかるＣＧ製の爆発なんかじゃない。速回しのカメラで撮って、スローモーションででっかい火の玉をくっきりみせつける、無意味に派手な爆発の話だ。当時の映画は、なんて簡単に保険をかけられたのだろうと、感慨を抱かせるような爆発だ。

　また、ときには昔ながらのスタントがみたくなる。この映画のスタントは、一枚上手だ。格闘、カーチェイス、窓を突き破る人間、それに自然発火する物体よりも速く走るやつら。監督の苗字は、スタントチームの数名と同じだ。案の定、父親と息子とおじだと判明。互いにいがみあう家庭も多いなか、円満な関係を保つヒントになりそうだ。

　そして、ときには90分間にわたって、まぬけな決めぜりふを一定量服用しなくては。「平和のためにきた」。ハイになったエイリアンがそうのたまわり、犠牲者の脈に致死量のヘロインを打つ。「平和にくたばれ、まぬけ」がケインの丁重な返事だ。あるいは、ドルフ・ラングレンが鋼のようなもごもご声で発する映画の核を成す皮肉、「ファックユー、スペースマン！」が効くだろうか。そのフレーズが使い勝手のあることを証明できそうな場合に、もうすでに人生で２回ほど遭遇しているはずだ。

　ときには『ダークエンジェル』みたいな映画をみたくなる。

未来惑星ザルドス (1974/1974)
ZARDOZ

 **48%**

監督・脚本／ジョン・ブアマン
出演／ショーン・コネリー、シャーロット・ランプリング、セーラ・ケステルマン、ジョン・アルダートン

[総評]

『未来惑星ザルドス』は、野心的で壮大なスケールの作品だが、せっかくの哲学的な思索も、至高の風変わりさと、ゆるゆるのできで台なしだ。

[あらすじ]

2293年、エクスターミネーターのゼッドは一族の父権的な神、ザルドスの真実を探る旅へ出る。エターナルズの居住地へ到着したゼッドは、人類を滅ぼしかねない驚愕（きょうがく）の秘密を知る。

[わたしたちが好きなワケ]

思いつきに一貫性がなく、ごった煮状態に見えるからといって、その映画を避けるべきとは限らない。『未来惑星ザルドス』なみに斬新で奇天烈なジャンルムービーといえば、アレハンドロ・ホドロフスキーの映画ぐらいかもしれない。『脱出』[1972]をヒットさせた——そしてユナイテッド・アーティスツのもとでの『指輪物語』映画化に挫折したばかりのジョン・ブアマン監督は、カメラレンズを人類のねじれた未来予測に転じる。ブアマンが提示する人類は、荒野に住み、天上びとたちのために食物を生産し原始的な暴力に明け暮れている「獣人」と、〝ボルテックス〟に住んで哲学論争にふけり、ゆっくりと無気力の沼にはまっていく「エターナル」のふたつに分断されていた。

だがこれらはすべて、お膳立てにすぎない——真の物語は、エターナルが人類の知性と精神と生殖器を再統合し、新たによりよい種を創造しようとしているところにある。

それとももしかしたら、ショーン・コネリーがウェディングドレスを着ているショットがすべてかもしれない（知らなければググるんだ、いますぐ）。

『未来惑星ザルドス』を説明しようとすると、いろんな意味で、大事な部分を語りきれずに終わる（それにめちゃくちゃむずかしい、前の一文がいい例だ）。麻薬でハイになったヒッピーが、ＳＦ小説を読みすぎたあとにみる夢——習うより慣れるためにある映画なのだ。上映時間のかなりのあいだ、どこかに消えっぱなしの登場人物たち。深遠な哲学思想がショッキングなヴィジュアルのために捨て去られる。父権的な道徳規範に戻ったにもかかわらず、性の自由は擁護されているらしき、理解に苦しむディゾルヴによる幕切れ。映画の質を計るどんな伝統的なものさしも、本作には短かすぎる。

狂気の中心にいるのは、ジェームズ・ボンドの影から逃れるためにこの映画に必死にしがみついているコネリーだ。彼は自分がほとんど理解できていない映画で、のちに定番となるコネリー演技を披露するが、最後の説明のつかないショットのつじつまあわせに忙しくて、観客はそれどころではない。

それでもやはり、映画の混乱具合は、総じて前向きだ。聡明と愚鈍を同時にやっている。みたあとはすこし吐きけを覚え、なんというか、いまのはいったいなんだったんだ、と頭を悩ませる。

指輪物語 (1978/1979)
THE LORD OF THE RINGS

 **50%**

監督／ラルフ・バクシ
脚本／クリス・コンクリング、ピーター・S・ビーグル
出演／ジョン・ハート、アンソニー・ダニエルズ

[総評]

J・R・R・トールキンの最高傑作をロトスコープ（アニメーション）で映像化しようとのラルフ・バクシの剛毅な試みは、素材の雄大さを再現しきれずに終わる。短い上映時間に長大な物語をつめこんだためにうすっぺらになり、実験的なアニメーションは魔法みたいというよりは面妖な印象だ。

[あらすじ]

中つ国の第3紀。ホビット、人間、ドワーフ、エルフ、そして魔法使いから成る旅の仲間が、冥王サウロンのつくった指輪を滅ぼし、何世代にもわたる闘いに終止符を打つべく旅に出る。

[わたしたちが好きなワケ]

21世紀にピーター・ジャクソンが撮った『ロード・オブ・ザ・リング』3部作［2001・2002・2003］にはあらゆる面で劣るものの、J・R・R・トールキンの叙事詩をラルフ・バクシが映画化した野心作は、未来のフィルムメーカーたちにストーリーテリング上重要な選択、それに、ファンタジー映画がどれほどたやすく間違った方向へ転がっていくのかという手本を示した。

おとなの観客に質の高いアニメーションを届けられると確信し、ラルフ・バクシは映画をつくるにあたり、ロトスコープ技術の導入を決める。最小限のセットと衣装で実写撮影し、俳優の動きを下敷きに、アニメーターが最終的な絵を仕上げる手法だ。このやりかたは、正しくやれば実写に迫るアニメーションを提供できる。『指輪物語』ではきれぎれに成功している

が、カリカチュアしすぎた動きが演技全般を支配している。おまけに、キャラクターは背景画で表現された世界に属しているようにはみえず、声の演技は、素材に興味のない俳優陣がそそくさと録音室へ押しこまれる光景が目に浮かぶようだ。バクシ自身、大胆不敵にも細部に興味はなかったと主張し——トールキンファンがすき間を埋めるはずだと——そのためシークエンスとシークエンスのあいだには、驚くほど一貫性がない。シーンまるごと、実写の参照フッテージにセル用ペイントで色をつけて動かし、完成フィルムに挿入して時間と金を節約した箇所がある。

できあがったのは、数々の計算違いが魅力となって、夢中でみいってしまう作品だ。

ポスト・ジャクソン時代のいま、いっそう鮮明になった映画の影響力は、バクシおよび脚本を担当したクリス・コンクリングとピーター・S・ビーグルが脚本化の段階で下した選択によっているかもしれない。ジャクソン版の一作目同様、『指輪物語』では、フロドがホビット庄からブリー村へ移動する部分の大半をけずり、旅の仲間をできるだけ速やかに冒険へと送り出す。この英断は、映画が『二つの塔』の部分へ移ったあとはあまり報われないが、トールキンの『指輪物語』が映画的な冒険をはじめる最善の方法を示した。

いまの時代に『指輪物語』をみると、1978年当時よりも分析的な見方になるが、長年親しまれてきたファンタジー小説の映画化に臨むとき、フィルムメーカーたちが直面する困難をつまびらかにしている。また、中つ国の解釈が、現代とは対照的なのも興味深い。

ロボット・モンスター （1953／日本劇場未公開・DVD）
ROBOT MONSTER

 **36%**

監督／フィル・タッカー
脚本／ワイオット・オーダン
出演／ジョージ・ネイダー、クローディア・バレット、ジョージ・バロウズ

[総評]

　タイトルロールの悪漢は、体はゴリラの着ぐるみ、頭部はでかすぎるテレビアンテナみたい。いいかえれば、これは辞書の定義そのものの、Z級古典映画だ。

[あらすじ]

　文明崩壊後の未来。地球に残った最後の1家族が、人類抹殺を指揮するコンピューター頭脳〝ロー・マン・エクステンションXJ-2〟を出し抜こうとする。

[わたしたちが好きなワケ]

　『ロボット・モンスター』は、1950年代につくられた〝キャンプ〟な古典SF映画屈指の傑作だ。当時は3D上映を代名詞にしていたが、いまではぞくぞくするほど古色蒼然（そうぜん）としたやすっぽさで名をはせる。そして、たまにはフロマージュ（チーズ）が食べたくなるときもある。

　映画の結末に飛ぼう。『ロボット・モンスター』で起きたことは、すべて公園をさまようただのこどもの夢だった。いや、それとも？　映画の最後のショット──タイトルロールのクリーチャーが、ロサンゼルスのブロンソン渓谷にある有名な洞穴から現れる──では、これまで編みだされた作劇法のなかでももっとも陳腐な手段に訴える。夢オチは、フェイントだったというオチだ。それにもかかわらず、『ロボット・モンスター』愛好家は、このひどい落とし方を許している。なぜなら結局は、映画のそれまでがすでにばからしすぎて、クレジット直前のこのひどいオチが、スタンダードになっているからだ。

　史上屈指の安い製作費──伝えられるところでは5万ドル──でつくられたこのSF映画では、時間の大半を人間の家族と〝ロー・マン〟（ジョージ・バロウズ）が、ビデオフォンごしに口げんかをして過ご

す。ほかの場面でアクションが起きるときは、ブロンソン渓谷の雑木林に覆われた丘を、登場人物が歩きまわるショットでもてなされる。出費を抑えろ！

　低予算の産物、〝ロー・マン〟自体がいなければ、映画は完全に忘れ去られていたかもしれない。このクリーチャーは、ゴリラスーツを着たバロウズが、ゴリラマスクの代わりにダイバーズヘルメットを頭にかぶったものだ。どうみても既製品の衣装が、そうでなければ備わらなかったはずの愛らしさを、〝ロー・マン〟に与えている。〝ロー・マン〟がなにげなく谷をとびはねている光景に、たとえその目的を知ってはいても、くすりとせずにはいられない。

　クローディア・バレット演じるアリスに〝ロー・マン〟が恋をして、〝ヒュー・マン（人間）〟が〝ロー・マン〟を愛せるかどうかについて公然と思い悩みはじめると、状況はさらにこんがらがる。

　そのミスマッチこそ、『ロボット・モンスター』がこれまで寿命を長らえてきた理由を理解する鍵となる。本作は、こども向けモンスター映画の皮をかぶった、核軍縮論なのだ。トーンを誤り、的（まと）外れなのはいかんともしがたいが、それでもやはり、楽しさは折り紙つきだ。のちにオスカーに14回ノミネートされることになるエルマー・バーンスタインの音楽を加えれば、自分のばかさ加減に痛々しいほど無自覚な、とんでもなくばかげたモンスタームービーができあがる。

　　※訳注：審美主義のひとつで、スーザン・ソンタグが「《キャンプ》についてのノート」で提唱した。内容よりも様式に注目し、不自然なもの、人工と誇張を愛する「とらえどころのない感覚」。「ひどすぎてイケてる」精神にも一脈通じる。以下、本書では〝キャンプ〟と表記する。

マネキン **(1987/1988)**
MANNEQUIN

 **19%**

監督／マイケル・ゴットリーブ
脚本／エドワード・ルゴフ、マイケル・ゴットリーブ
出演／キム・キャトラル、アンドリュー・マッカーシー、メシャック・テイラー、ジェームズ・スペイダー、エステル・ゲティ

[総評]

『マネキン』は、ばかげたコンセプトをまとめた真性のばかだ。痛いほどばか正直な脚本は、ありえないほどチャーミングなキム・キャトラルが最大限努力をしても、生気を帯びることはない。

[あらすじ]

古代エジプトの王女が、つまらないお見合い結婚をするよりも世界を冒険してまわり、真の愛をみつけたいと願う。神々は王女の訴えをききとどけ、デパートメントストアのマネキンの姿をしたミューズに変身させる。やがて、王女は魅力的なショーウィンドウのディスプレイ係とめぐり会う。

[わたしたちが好きなワケ]

映画のなかでは、未熟で理想家肌の若者が大勢、お見合いから逃げ出してきた——だがそのうちの何人が、大理石の石棺に入ってミイラになりすます手段に出ただろうか？　キム・キャトラル演じる頑固な古代エジプト娘のエミーは、未知の世界の暮らしを知りたくてしかたがない。そのため、母親と人生の可能性についてけんかをし、その最中に神々に味方を頼むと、こつぜんと消え失せてしまう。古代エジプトでさえ、おとなはわかってくれない。

つぎにわれわれが目にするのは、セックスアピールはないが、うっとりするようなジョナサン（アンドリュー・マッカーシー）につくられ／ものほしそうな目でみつめられるデパートメントストアのマネキンになったエミーだ。いったい神々はどんなスカラベを吸って、エミーをこんなにとっぴな目にあわせたのか

は不明だが、映画史上もっともクリエイティヴなロマコメの〝ミート・キュート〟ではある。ジョナサンはマネキンづくりに時間をかけすぎたため仕事をクビになるが、エミーがそばにいると、ほんものの芸術家を気取れる快感を無視できなかった。星のめぐりで、いちかばちか彼のミューズを主役にしてウィンドウを飾りつけてみたジョナサンは、名声と富を手に入れる。すると、映画に出てくるほぼすべての登場人物がデパートの奇妙な諜報活動にたずさわるようになり、ジョナサンがウィンドウを美しく飾りつける邪魔をしようとする。

無理やりな誇張だらけ——閉店後のデパートでエミーがハンググライダーをし、勤務中にウィンドウを飾りつけているジョナサンに警備員（G・W・ベイリー）がブルドッグをけしかけ——の映画にもやはり、ちっぽけだが確固としたメッセージがある。エミーはクリエイティヴな機転の利く女性で、自分を表現したいと願い、同じ衝動を持つパートナーにめぐり会う。彼が手柄をひとり占めするのは確かだ。それは、他人がみるとエミーは固まってしまうから（〝男性の視線〟のひねった表現？）なのだが、しょせんすべてを手に入れることはできない。

ところで、メシャック・テイラーはジョナサンたちの共犯者で、〝ハリウッド〟という名前のゲイのウィンドウドレッサーを演じている。いまの時代にこの映画をみると、ある矛盾が浮き彫りになる。〝ハリウッド〟のかけている派手なサングラスは、流行遅れなホモセクシュアリティの誇張であると同時に、間違いなく強力なアクセサリーでもある。けれどもほら、すべては会話のきっかけになるわけで。

あんまりひどくてかえってイケてる |

マスターズ　超空の覇者 (1987/1988)
MASTERS OF THE UNIVERSE

 **17%**

監督／ゲイリー・ゴダード
脚本／デイヴィッド・オデル
出演／ドルフ・ラングレン、ビリー・バーティ、フランク・ランジェラ、コートニー・コックス、メグ・フォスター

『マスターズ　超空の覇者』は、ＨＥ-ＭＡＮ神話を力業で映画化した作品で、フランク・ランジェラがスケルターをどれだけ渾身(こんしん)の演技で演じても、悲しいかな存在理由の欠如には打ち勝てない。

［あらすじ］

惑星エテルニアが悪の帝国に滅ぼされるのを防ぐため、ＨＥ-ＭＡＮはスケルターと戦う。奇妙な、さいはての地の……カリフォルニア郊外で。

［わたしたちが好きなワケ］

『スター・ウォーズ』［1977］のコピー、予算不足、穴だらけの設定、若きコートニー・コックス、目にあまるプロダクト・プレイスメント（訳注：宣伝のため商品を映画内に出すこと）、それにランボーも真っ青な量のボディオイルを組みあわせると、なにができる？　ＨＥ-ＭＡＮのキャラクターの息の根をとめた――すくなくとも制作予定のリブートが実現するまで――このポップカルチャーのがらくたが、〝ひどすぎてイケてる〟攻撃の必殺打となったとはいえ、皮肉なマリファナでハイになったストーナーの映画正史のなかで、特筆されてもいいはずだ。『マスターズ　超空の覇者』が公開になるまで、ＨＥ-ＭＡＮは1980年代を突っ走り、まずはじめにオモチャとして存在（オモチャありきですぞ、諸君）し、それからコミックシリーズ化され、つぎにテレビアニメ化され、そののち、映画化される。ある年代のこどもたちにとっては『マスターズ　超空の覇者』のポスターに載った〝80年代の『スター・ウォーズ』〟のアオリ文句だけで、必見作になる（ネタバレ警報。本作は80年代の『スター・ウォーズ』にあらず）。

しかたない、避けては通れぬデス・スター問題について語ろう。本作には映画フランチャイズの最高峰からのイタダキ臭がぷんぷんする。冒頭に（鳴り響く金管楽器とともに）表示されるタイトルのフォントから、スケルターの兵士たち（ケープなしのダース・ベイダー）から、グウィルダー（ベテラン俳優ビリー・バーティ演じるおどけたヨーダの亜流）まで……多すぎてとても書ききれない。ものまねは、それだけにはとどまらない。宇宙から〝ラ・ラ・ランド〟へはるばるやってくるため、ジェットで別次元へ飛ぶ車も出てくる――映画は『バック・トゥ・ザ・フューチャー』［1985］脚本集からパクり放題だ。過去を変えて家族がばらばらにならないようにする意味の通らない理屈がひねり出される。これが2本目の映画出演となるコックス演じる登場人物にはボーイフレンドがいて――なにを隠そう――高校のダンスパーティで演奏するのを待ちきれない。ジェームズ・トルカンさえもが登場し、『バック・トゥ・ザ・フューチャー』のストリックランド校長の「ファックユー、マクフライ」とほぼ同等の境地に入るが、今回は探偵役だ。

だが、『マスターズ』の魅力は、その不条理さにある。ドルフ・ラングレン演じるグリースぎとぎとの英雄コナンともいうべきＨＥ-ＭＡＮは、黒のスピードーをはき、ブロンドのマレットヘアをなびかせ、濃いスウェーデンなまり（心配したプロデューサーたちは当初セリフを吹き替えさせようとしたが、結局やめている）で現代のカリフォルニアを走りまわる。ＨＥ-ＭＡＮの宿敵スケルトンを演じるフランク・ランジェラは、一流の演技力を、正直その価値のない映画に発揮している。ヒーローと悪役の見せ場的な対決シーンがあまりにお粗末なため、予算がついた状態で大急ぎで撮影されたと知っても意外ではない。道路に落ちた金を拾おうとして起こす交通事故そこのけなのは確かだが、とうに夜半を過ぎたカルト映画上映会で、この脳天気で愉快な失敗作を笑う心境になれないとすれば、きみとは友だちになれない。

A HORROR FILM THAT WILL STIFFEN YOU WITH LAUGHTER!

JACK BRODER PRODUCTIONS presents

BELA LUGOSI meets a BROOKLYN GORILLA

ベラ・ルゴシのジャングル騒動 （1952／日本劇場未公開・TV）
BELA LUGOSI MEETS A BROOKLYN GORILLA

29%

監督／ウィリアム・ボーディン
脚本／ティム・ライアン
出演／ベラ・ルゴシ、デューク・ミッチェル、サミー・ペトリロ、シャリータ、ミュリエル・ランダース

評者：レナード・マルティン　Leonard Maltin

　レナード・マルティンは、長寿シリーズの映画ガイドブック『Leonard Maltin's Movie Guide』およびその姉妹編『Leonard Maltin's Classic Movie Guide』（ともに未邦訳）でもっとも知られている。テレビ番組「Turner Classic Movies」［1994−］にレギュラー出演し、ＵＳＣ映画芸術学部で教鞭をとり、娘のジェシーとポッドキャスト《Martin on Movies》のホストをつとめ、leonardmaltin.comではファンと交流している。

　うしろめたい楽しみはなにかと質問されたときには、よくこの超低予算映画のタイトルを挙げるが、急いでつけ加えると、この映画を愛好しているのをうしろめたくは思わない。これは、どこからどうみてもひどい映画だ。この時代のB級映画になじみのない者には、火星からの意味不明なメッセージに映るかもしれない。だが、なぜだかおかしな、ねじくれた理由により、この映画が存在するというだけで、わたしは幸せな気持ちになる。

　上映時間74分間のこの映画では、マーティン＆ルイスのできそこないコンビが、ベラ・ルゴシ演じるマッドドクターの潜むジャングルの孤島に閉じこめられる。もしこの設定に食指が動かないようなら、おひきとり願いたい。

　ベラ・ルゴシはわたしにとって特別な存在だ。多くのベビーブーマー世代同様、ユニバーサルの古典的ホラー映画がはじめてテレビジョンで放映された頃、わたしは成人した。『フランケンシュタイン』『魔人ドラキュラ』［1931］、それからそれらの様々一族郎党が、映画マニアとしてのわたしの人生に重要な時間を与えてくれた。フォレスト・J・アッカーマンの雑誌〈Famous Monsters of Filmland〉がダメ押しとなる。スティーヴン・キングやスティーヴン・スピルバーグらほかのベビーブーマーも同じ穴のムジナだ。古典ホラー映画の舞台裏の記事を読みあさった多感な読者

は、ロン・チャニー、ボリス・カーロフ、それにもちろん、ベラ・ルゴシのようなジャンル映画の巨人たちを崇めたてまつる。

　ルゴシが出ている映画なら、なんだってみた。なかにはジャンク映画もたくさんあったが、『凸凹フランケンシュタインの巻』［1948］のような予想外の傑作もあって、そこでのルゴシはおおまじめに役を演じ、いまだに力強くて説得力のあるドラキュラ伯爵を演じるだけの器量を失っていないのを証明した。それからたったの４年後、ルゴシのキャリアは底を打ち、駆け

> **この時代のB級映画になじみのない者には、火星からの意味不明なメッセージに映るかもしれない。**

だしプロデューサーのジャック・ブローダーからのオファーを引きうけて格段に見劣りのする『ベラ・ルゴシのジャングル騒動』というコメディ映画に出演した。

この時代の「ひどすぎてイケてる」映画のリストに必ずといっていいほど入る作品といえば、エド・ウッドの不滅の駄作『プラン9・フロム・アウタースペース』[1959]だが、そちらにもルゴシは顔を出している。『プラン9』も好きだが、『ジャングル騒動』はわたしの心のなかで特別な位置をしめている。ベラと、当時のお気に入りコメディアン、ジェリー・ルイスのそっくりさんのコンビネーションのせいかもしれない。

タイトル自体、えもいわれぬ魅力がある——ブローダーの幼い息子の思いつきだ。キャストには、巻きスカートにはうってつけのプロポーションのシャリータ、チンパンジーのラモーナ（ターザン映画でチータを演じた猿と同じ個体が演じているという）、ふくよかなミュリエル・ランダースという顔ぶれ。彼女は歌手兼コメディアンで、のちに三ばか大将と仕事をしている。そして、お笑いコンビのデューク・ミッチェル＆サミー・ペトリロ。

思い出してほしいが、ディーン・マーティンとジェリー・ルイスは当時のショービジネス界ではいちばん人気のタレントで、テレビ番組「The Colgate Comedy Hour」[1950-55]に出演し、プロデューサー

のハル・B・ウォリスの製作した一連のヒット映画に主演している。ミッチェルとペトリロは、ディーンとジェリーのあからさまなクローンだ。ロマンティックな歌声のクルーナー歌手と、お猿みたいなむちゃくちゃのコメディアン。珍奇な出し物を必死に求めるナイトクラブのオーナーは歓迎しても、映画製作者には訴訟のもとだ。アソシエイト・プロデューサーのハーマン・コーエンが、研究家のトム・ウィーヴァーに語った話では、ジェリーはブローダーと激しくやりあい、ウォリスが追いうちをかけた（ブローダーはウォリスの小切手を受けとれれば喜んでネガを焼いただろうが、その取引は実現しなかった）という。

あらすじは、役名もそのままの芸人コンビ、ミッチェルとペトリロが勘違いで飛行機から飛び出し、コラ・コラ島のジャングルに落っこちる。へんぴな島で、コンビはなまめかしいふたりの女性と出会い、そのうちひとりは族長の娘だった。身ぎれいにしたあとのミッチェルとペトリロのふたりを族長の娘がまじまじと〝みる〟と、ペトリロは「お嬢さん、ぼくらを別のふたり組と間違えてますよ」という。まさに。また、ふたりはザイバー博士と名のるマッドサイエンティストとも出会う。博士は猿をヒトに進化させる実験をしていた。胸板をたたく凶暴な動物を演じるスティーヴ・カルヴァートは、伝説のレイ〝クラッ

シュ、コリガンから
ゴリラスーツを買っ
て、仕立て直した。

デュークは族長の
娘に惚れ、ペトリロ
は重量級の妹から追
い回される（〝でぶ
女〟はあの当時の低
俗なコメディの定番
ネタだった）。ルゴ
シは映画が21分経ってからやっと登場し、彼をみた主
役コンビは、ひとの首にかみつくヴァンパイアしか頭
に浮かばない。「コウモリに気をつけろ！」とペトリ
ロが叫ぶ。

このコンビ、いわゆるコメディデュオの唯一の問題
点は、笑えないところだ。クスリともできない。出っ
歯のペトリロは必然的にジェリー・ルイスを思い起こ
させるが、単に騒々しくてわずらわしいだけ。表面
的な動作を真似ても、ジェリーを有名にした本能的な
コメディ・センスを持ちあわせていない。デューク・
ミッチェルは歌手としてはまずまずだが、ディーン・
マーティンととり違えることはない。マーティン＆ル
イスが成功したもうひとつの秘訣は、ディーンに抜き
んでたコメディ・センスがあったことにある。

10万ドルの予算と、ハリウッドのジェネラル・サー
ビス・スタジオで撮影中のテレビドラマ「アイ・ラ
ブ・ルーシー」［1951-57］のとなりで撮った急ごしらえ
の映画にしては、『ベラ・ルゴシのジャングル騒動』
はかなりいいできだ。無声映画時代にキャリアをス
タートさせたベテランのカメラマン、チャールズ・
ヴァン・エンガーは手堅い仕事をし、監督のウィリア
ム・ボーディンも右に同じ。ボーディンのキャリアは
1920年代には前途有望に思われたが、鳴かず飛ばずに
終わる。その代わり、ハリウッドきっての多作なB級
映画監督になった。文字通り何百本もの長編、短編、
テレビ番組のエピソードにクレジットされている。以

> ## このコンビ、いわゆるコメディデュオの唯一の問題点は、笑えないところだ。クスリともできない。

前に何度かルゴシと仕事をしており、そのうちの2本
は、モノグラム・ピクチャーズの〝バワリー・ボーイ
ズ〟もののコメディだ（その手の映画撮影のセット
で、ある晩遅く、まわりを見まわしたボーディンは、
キャストとスタッフの顔に浮かんだ疲労の色をみてと
り、大声でこうひとりごちた。「この作品を待ってる
人間がいると思え！」）

デューク・ミッチェルの挿入歌でさえ、予想したほ
どやすっぽくはない。ブローダーはポップソングのス
タンダード「ディード・アイ・ドゥ」と、ラテンヒッ
ト曲をアメリカスタイルにアレンジした「トゥ・スー
ン」の権利を買い、若きディック・ハザードを雇って
指揮させた。ハザードはポップとジャズを作曲・編曲
した長いキャリアがある。

脚本執筆には、たくさんのB級映画の脚色・脚本を
手がけた元ボードビリアンのティム・ライアンがクレ
ジットされ、しばしばコンビを組んだエドモンド・
シュアードが追加のセリフを担当、ビング・クロス
ビー一派のコメディアン、レオ・〝ウーキー〟・シェリ
ンが撮影現場でのセリフ監修をつとめた。

この映画を変わり種、珍作、一発ネタ、もしくは
駄作扱いしても結構。初公開後まもなく『The Boys
from Brooklyn』と改題したこの映画を、どれも正確
にいい当てている。だが、わたしは妙に惹かれてしか
たがない。これをつくる度胸のある人間が、この世に
いたというだけで。

[《ロッテントマト》の総評]
『ベラ・ルゴシ、ブルックリンのゴリラに出会う（原題）』……タイトルをみた者が、「なぜ？」と首をかし
げずにはいられない。

1994 史上最低に〈腐った〉年

『ストリート・ファイター』が劇場公開された 1994 年は〈トマトメーター〉の平均値が史上最低の年でもあった。以下はシネマ史上最低年の潰れトマト相関図である。

スカウト
✳ 22%

ゲッティング・イーブン
✳ 3%

マコーレー・カルキン

ターミナル・ベロシティ
✳ 20%

チャーリー・シーン

スーパーヒーローもの

きっと忘れない
✳ 17%

ブレンダン・フレイザー

リッチー・リッチ
✳ 24%

ページマスター
✳ 17%

ザ・チェイス
✳ 37%

シャドー
✳ 35%

勇気あるもの
✳ 12%

人気俳優

ハードロック・ハイジャック
✳ 21%

イン・ザ・アーミー
こちら最前線、異常あり
✳ 6%

ファンタスティック・フォー
✳ 33%

軍事コメディ

ブランクマン・フォーエヴァー
✳ 13%

ダーティ・シェイム
✳ 0%

警察コメディ

逃げる天使
✳ 33%

ウェイアンズ兄弟

ちびっこギャング
✳ 23%

パトカー54
応答せよ！
✳ 0%

ビート・オブ・ダンク
✳ 53%

遺産相続は命がけ!?
✳ 28%

ノース
ちいさな旅人
✳ 14%

コップス＆ロバーソン
✳ 14%

バッド・ガールズ
✳ 9%

恋人はパパ
／ひと夏の恋
✳ 14%

テレビドラマの映画化

フリントストーン
／モダン石器時代
✳ 22%

わかれ路
✳ 10%

Exit to Eden
✳ 6%

SNL組

カウボーイ・ウェイ
荒野のヒーロー
N.Y.へ行く
✳ 15%

ウェスタン

めぐり逢い
✳ 30%

リメイク作品

探偵ボーグ
わたし、忘れてます。
✳ 19%

アメリカンレガシー
✳ 38%

Lightning Jack
✳ 6%

ゲッタウェイ
✳ 33%

ミックス・ナッツ
イブに逢えたら
✳ 10%

ディスクロージャー
✳ 58%

いとしのパット君
✳ 0%

ケロッグ博士
✳ 41%

リトル・
ジャイアンツ
＊ 36%

ハード・チェック
＊ 37%

バスケット
映画

〝リトル〟
な映画

スポーツ
映画

リトル・ビッグ・
フィールド
＊ 31%

ビート・オブ
・ダンク
＊ 53%

野球映画

エンジェルス
＊ 33%

アフリカン・
ダンク
＊ 21%

ビデオゲーム
の映画化

ストリート
ファイター
＊ 11%

ダブルドラゴン
＊ 13%

メジャーリーグ2
＊ 5%

D2
マイティ・ダック
＊ 20%

エンドレスサマーⅡ
＊ 47%

裸の銃を持つ男
PART33 1/3
最後の侮辱
＊ 54%

ジェネレーションズ　STAR TREK
＊ 47%

マーシャル・
アーツ
映画

ベスト・キッド4
＊ 7%

ポリスアカデミー '94
モスクワ大作戦‼
＊ 0%

続編

クロオビキッズ
日本参上！
＊ 15%

パパとマチルダ
＊ 43%

レジェンド・オブ・
フォール
果てしなき想い
＊ 57%

カウガール・ブルース
＊ 19%

ビバリーヒルズ・
コップ3
＊ 10%

ファンタズムⅢ
＊ 40%

真・地獄の黙示録
＊ 40%

小説の
映画化

シティ・
スリッカーズ2
黄金伝説を追え
＊ 18%

ブレインスキャン
＊ 23%

ディスクロージャー
＊ 58%

ハウス・パーティ
＊ 0%

ワイアット・アープ
＊ 42%

真夜中の
ミゼットデビル
＊ 0%

パンプキンヘッド2
＊ 14%

悪魔のいけにえ
レジェンド・オブ・
レザーフェイス
＊ 14%

ホラー
映画

フランケンシュタイン
＊ 39%

ビッグ・ランニング
＊ 0%

期待はずれ（と、ひとはいう）

〈フレッシュ〉な大物監督、〈ロッテン〉映画を撮る

スティーヴン・スピルバーグは並はずれて〈フレッシュ〉な50年のキャリアのうち、わずか３本しか〈ロッテン〉映画を撮っていない。めったに話題にのぼらない1979年の『１９４１』、柳の下の恐竜を狙った1997年の『ロスト・ワールド　ジュラシック・パーク』（「幸運のリュック！」）、そして1991年の『フック』。主人公の海賊フックとその宿敵で、なぜか現実世界にやってきておとなになったピーターパンを描いた『フック』は、監督のもっとも〈ロッテン〉な映画で、〈トマトメーター〉のスコアはたったの26％。衆目の──すくなくとも批評家たちの一致するところでは、偉大なフィルムメーカーの大いなる失敗作とされている（スピルバーグ本人さえ基本的に見放した。この章で説明しよう）。それでもやはり、わたしたちの多くはいまでも『フック』が大好きだ。テープがすり切れるほどみて、テレビ画面にかぶりつき「ル・フィ・オー！」と叫んで育った。それはまた、この章でとりあげている映画の典型でもある。映画づくりの巨匠たちの、めったにない〈ロッテン〉な〝調子の出ない日〟。飛ぶ鳥を落とす勢いが失速したり（リドリー・スコットの〈ロッテン〉なファンタジー『レジェンド　光と闇の伝説』［1985］は、『エイリアン』［1979］、『ブレードランナー』［1982］についで撮られた）、期待の新人もしょせんはひとの子だとわかったり（ソフィア・コッ

ポラが『マリー・アントワネット』［2006］ではじめてミソをつけるのは、批評家受けのよかった『ヴァージン・スーサイズ』［1999］、『ロスト・イン・トランスレーション』［2003］のあとだ）。それらの作品は、趣味に走りすぎていると監督たちに身をもって教え（ウェス・アンダーソン唯一の〈ロッテン〉映画『ライフ・アクアティック』［2004］や、マイケル・マンの『マイアミ・バイス』［2006］。後者は〈ヴァニティ・フェア〉誌の批評家Ｋ・オースティン・コリンズがこの章で擁護している）、あるいは洗練されすぎて批評家たちの理解がおよばなかった（批評家のジェシカ・キアンがジェーン・カンピオン監督の誤解された『ある貴婦人の肖像』［1996］を礼賛する83ページを参照）。だが『フック』のように、それぞれの映画、とりわけ個性的なつくり手の持ち味が色濃く出た作品には、擁護者とファンがついている。そして、『フック』のようにその大半がリスクをいとわず、でっかく大胆な賭けに出た、スリリングな野心作だ。それは、ハリウッドのもっとも才能ある面々が、ホームランを狙って派手に振ったファウルボールであり、バットを握っていた者は、失敗から学んだのち、ふたたび打席に戻ってくる（スピルバーグが『フック』のつぎに撮った２本は？　『ジュラシック・パーク』と『シンドラーのリスト』、どちらも1993年の作品だ）。

ウィズ (1978/1979)
THE WIZ

 **44%**

監督／シドニー・ルメット
脚本／ジョエル・シューマカー
出演／ダイアナ・ロス、マイケル・ジャクソン、ニプシー・ラッセル、レナ・ホーン、テッド・ロス

　職人技たるこのミュージカル映画は、舞台劇版のしびれる魅力（と映画的なインスピレーション）に欠けるものの、ダイアナ・ロスとマイケル・ジャクソンの強力な演技に支えられた。

[あらすじ]

　『オズの魔法使』[1939]をサイケデリックな1970年代風に味つけした本作では、ハーレムの学校教師ドロシーがサイクロン——雪嵐の最中に！——にさらわれ、リ・イマジネーション（再創造）されたのち〝オズ〟の名を冠されたニューヨーク市に飛ばされる。家に帰るには、ウィズをさがしだし、エメラルドシティへ続く道をのんびり進み、道中に出会った友人を助けなければならない。

[わたしたちが好きなワケ]

　『ウィズ』の公開当時のレビューを読むと、引かないでいるのはむずかしい。「この批評家たちは、なんでこんなに見当違いをしてるんだ？」と首をかしげる（なぜならとてつもなく見当違いしているから）ばかりではなく、「なぜ彼らはこんなにねちねちあげつらってるんだ？」とも思うからだ。けばけばしいセットをやり玉に挙げる者もいれば、歌の質を疑問視する者もいて、また、125丁目より南に行ったことのない24歳のドロシー役を演じるには、ダイアナ・ロスは「とうが立ちすぎている」とたいていの批評家がくさし、ほとんどどうかというほど悦に入っている。

　だが、そういったナンセンスから離れ、女王ダイアナにしかるべき敬意を示す前に、彼女が——驚異的な意志と舞台裏の交渉で押しまくり——実現に力を入れた映画に、われわれは敬意を表すとしよう。

　モータウンとユニバーサルの共同製作による本作は、いつまでも終わって欲しくない旅のように構築され、忘れがたいイメージがつぎつぎに現れる。フッ素樹脂製パンクのマンチキンランドでは、壁に描かれたひとの形から〝マンチキン〟が飛び出す。星の格好をした赤ちゃん（うそじゃない）の空飛ぶ船隊を前に歌うレナ・ホーン。怪物でいっぱいの、真っ赤っかなスウェット工場（ブラック企業を意味する）と、それを監督する西の悪い魔女（ブロードウェイでも同役をやったメイベル・キング）。『セルピコ』[1973]、『狼たちの午後』[1975]のシドニー・ルメット監督は、大がかりなセットを景気よく組みあげ——ワールドトレードセンターの地下で撮影されたエメラルドシティのナンバーでは、650名ほどのダンサーが動員されたという——歌の合間にストーリーをさくさく進め、ジョエル・シューマカーの辛気くさい〝自分を信じろ〟的なセリフは、だいたいにおいてき流せるようにした。

　演じ手について触れると、助演キャストのなかでは当時19歳のマイケル・ジャクソンが群を抜き、スタン・ウィンストンが施した、似合わないかかしメイクの厚い層の下から、つぶらな瞳をきらめかせる（ジャクソンは映画の音楽スーパーバイザーをつとめるクインシー・ジョーンズと撮影中に初顔合わせし、ポップミュージック界きってのすばらしいパートナーシップをスタートさせた）。だが『オズの魔法使』がジュディ・ガーランドの映画であるように、『ウィズ』はダイアナ・ロスの映画、そしてダイナマイト並みの爆発力を持っている。

　クライマックスの「ア・ブランド・ニュー・デイ」を歌うロスは、あふれ出る喜びを振りまき、このミュージカルでもっとも愛されている曲「ホーム」では、聴く者の胸を潰さんばかりだ。ルメットはロスの顔を大写しにし、決してそこからカメラを動かしも、カットを切り替えもしない。監督は明らかに主役に惚れこんでおり、あなたが一緒になって惚れこまないとすれば、脳みそか心が欠けているのだ。

コーラスライン (1985/1985)

A CHORUS LINE

 **40%**

監督／リチャード・アッテンボロー
脚本／アーノルド・シュルマン
出演／マイケル・ダグラス、ヤミール・ボージェス、アリソン・リード、ジャン・ガン・ボイド、テレンス・マン

舞台版の『コーラスライン』は、幕があがると、ショービジネスで奮闘する者たちの夢とおそれを観客の前にさらけだすが、スクリーンへ移植されたとき、活気と熱気が抜け落ちた。

[あらすじ]

希望を胸に、謎めいた新作舞台のオーディションに集まったダンサーたちが、人生を一変させるかもしれない1日のうちに自分の才能を印象づけ、赤裸々な自分語りをする。

[わたしたちが好きなワケ]

長年『コーラスライン』は映画化困難な作品でありつづけた。ハリウッドは舞台ミュージカルを成功裡に映画化した(『キャバレー』[1972]、『ヘアー』[1979])前歴があるが、『コーラスライン』はまったく勝手が違う。全編、オーディション会場の1日が描かれ、16名の候補者がひとにぎりの役を争う。1975年のブロードウェイヒット作は、いちども劇場から外へ出ることなく、演じ手たちは観客と向きあい、同時に売れっ子演出家に向けて足を蹴りあげ、歌い、ジャズハンズ(両手を開いてひらひら動かすポーズ)をしてみせる。映画版では、マイケル・ダグラスがヘビースモーカーのスヴェンガーリ(舞台演出家)を演じ、陰になったオーケストラ席のどこかに座っている。このミュージカル映画は、ときに観客に閉所恐怖を味わわせ、必死の(そして大半がとうの立った)ダンサーたちのタップシューズとバレエシューズをはかせよう(「他人の立場に立つ」という意味の慣用表現のもじり)と画策する。作曲家マーヴィン・ハムリッシュと作詞家エドワード・クレバンによる音楽は、ラジオ映えのするバラード2、3曲をのぞき、ミュージカル映画のスマッシュヒットを約束されているとはいえない。

そして、ヒットはならなかった。2,500万ドルの予算で撮られた本作は1,400万ドルの興収に終わり、批評家からは総スカンをくらう。批評家の大半が、あまり

に舞台に縛られすぎた展開だと感じ、映画制作スタッフがつくったのは、基本的に芝居を生収録しただけの記録映画だと不平をもらした。生硬すぎ、映画らしさがなく、抑圧しすぎている。いっぽう、ミュージカルファンの不興を買ったのは、舞台で使用した曲をリミックスし、特定の歌を切り捨て、2編の新曲を加えた点にある。すなわち、脈絡なく思春期に力点を置いた「サプライズ、サプライズ」(悲惨なできだが、グレッグ・バージがエネルギッシュなリードをとる)と「レット・ミー・ダンス・フォー・ユー」(脈絡はあるが、まったく印象に残らない)の2曲だ。舞台最大のヒット曲「ホワット・アイ・ディド・フォー・ラヴ」をダンサーの献身への頌歌(オード)から、ありがちなラヴソングにつくり替えてしまったのは、冒瀆的(ぼうとくてき)でさえある。

だが、映画が正しくやりおせた点については、看過されがちだ。キャスティングは冴え、ヴィッキー・フレデリックはシーラ役を演じて光る。舞台の縛りがあるなか、『ガンジー』[1982]でオスカーを受賞したばかりのリチャード・アッテンボロー監督は、あらゆるトリックを使って映画的な興奮を持ちこんだ。カメラがぐるぐるまわり、舞台は突然ドラマチックに暗転する。そしてオープニングナンバー——舞台上の数十名のダンサー、舞台裏のてんてこまい、ニューヨークのカオスな街並みを、20分以上にわたって巧みに編集した——は、スリリングな匠(たくみ)の技だ。編集のジョン・ブルームはその仕事にふさわしく、オスカーにノミネートされた。

オープニングは、わくわくさせるという点で、フィナーレといい勝負をする。フィナーレは鏡、ひきしまった振りつけ、目を瞠(みは)るゴールドのコスチュームが合わさり、いわば群舞による万華鏡を画面上につくり出している。『コーラスライン』はときおり映画としての特性を生かしきれていないように感じるが、頭とお尻にはさまれた本編は、まるで、劇場でダグラスのすぐとなりの席に座っている気分にひたれ、いまにもたばこの火をもみ消して、スタンディングオベーションをしそうになる。

フック (1991/1992)
HOOK

 **26%**

監督／スティーヴン・スピルバーグ
脚本／マリア・スコッチ・マルモ、ジム・V・ハート
出演／ロビン・ウィリアムズ、ダスティン・ホフマン、ジュリア・ロバーツ、マギー・スミス、ボ
ブ・ホスキンス

　『フック』は視覚的には極めていきいきしているが、ここでのスティーヴン・スピルバーグは自動操縦で監督しており、あっという間に彼の感傷的な、ベタベタの気質におぼれはじめる。

[あらすじ]
　おとなになったピーターパンが、こどもを儲け、折りたたみ式の携帯電話を手離せない企業付き弁護士になって、こどもの野球の試合をすっぽかしたら、なにが起きる？　そして、フック船長が実は死んでおらず、復讐に燃えていたとしたら？　スティーヴン・スピルバーグがお答えしよう。

[わたしたちが好きなワケ]
　『フック』の制作は、マンモススコールのど真ん中で往生した水漏れ海賊船なみのトラブルに見舞われた。まる１日、この件を調べてウィキペディアの穴に落ちてみてほしい。1980年代をとおして、スティーヴン・スピルバーグはこの企画に乗っては降板し、また乗った。複数のストーリーラインが練られた（年老いたピーター、若いピーター、生きているフック、死んだフック）。ある時点では、マイケル・ジャクソンが決して成長しない少年役に抜擢された。脚本は、ダスティン・ホフマンがタイトルロールの悪役を演じる契約書にサインをしたあと何度も改稿され、だれあろうキャリー・フィッシャーそのひとが、ティンカーベルのセリフをクレジットなしで手直しした。
　撮影がはじまったあとも事態は好転しなかった。スピルバーグは撮影を数週間、予算を数百万ドル超過し、ロサンゼルスのカルヴァーシティにあるソニーの３つの巨大なサウンドステージで、いつもよりだらだ

ら働いた。ジュリア・ロバーツとスピルバーグが激しく対立したとのうわさが乱れ飛び――どちらの側も、あえて否定はしなかった。先ごろ、監督が〈エンパイア〉誌に認めたところでは、この映画づくりのあいだじゅう自分を「場違い」に感じ、脚本に、とりわけその「本体」であるネヴァーランドに、まったく自信を持てなかった（実世界の家庭問題のほうを、より身近に感じた）という。「自分がなにをしているのかよくわからず、視覚的な作品価値を上げることで、不安を払拭しようとした」と語っている。「不安になるほどセットは大規模に、カラフルになっていった」
　おもしろいことに、監督に見限られたネヴァーランドのくだりとやりすぎセット（ごてごてと飾りつけた海賊船、ニコロデオン局のゲーム番組を連想させる〝ロストボーイ〟の根城）こそ、スピルバーグのアンバランスな映画『フック』の真骨頂だ。現実世界で成長したパン、ピーター・バニング（ロビン・ウィリアムズ）がオフィスの廊下を走りまわり、折りたたみ式携帯電話でビジネス契約を結んでいるシーンを覚えている者は？　だれもいやしない。でも、ルフィオ（「ル・フィ・オー！」）が〝ロストボーイ〟の根城を、スケートボードと海賊船のハイブリッドみたいなやつで駆け抜けるシーンは？　目に焼きついている。それに、全こどものあこがれ、フードファイトは？　決まっている。それからネバーランドの大海賊役ホフマンの、眉毛がフックに巻きつく大げさな芝居は？　もちろんだ。
　『フック』はばかばかしすぎ、甘ったるすぎ、実際、カラフルすぎるときが最高に輝く。スピルバーグは不本意かもしれないが、おとなになりたくない少年少女たちに、すばらしい映画をつくってくれた。

ある貴婦人の肖像 (1996/1997)
THE PORTRAIT OF A LADY

 **45%**

監督／ジェーン・カンピオン
脚本／ラウラ・ジョーンズ
出演／ニコール・キッドマン、ジョン・マルコヴィッチ、バーバラ・ハーシー、メアリー・ルイーズ・パーカー

評者：ジェシカ・キアン　Jessica Kiang

　ジェシカ・キアンはフリーランスの映画批評家。〈ヴァラエティ〉誌、ThePlaylist.net、〈サイト・アンド・サウンド〉誌、ウェブサイト《BBC Culture》に定期的に寄稿している。キアンはチューリッヒ映画祭、リュブリャナ映画祭、ブラック・ムービー・ジュネーヴ、シネキッズ・アムステルダムの各映画祭で審査員をつとめた。

　いつみても、見苦しいタイトルだ。『The Portrait of a Lady』。一語目の"The"に腹が立つ。ヘンリー・ジェイムズにはもうしわけないが（この作品については原作よりも映画版のほうが好きだ。わたしの意見に憤激のあまり片眼鏡を嫌悪のスープに落っことした向きにも謝っておく）。このタイトルでは、ジェイムズの描く肖像が先に立ち、被写体を不特定の「貴婦人」にしてしまう。だがジェーン・カンピオンが1996年に映画化し、この優先順位を効果的にひっくり返す。ジェイムズ至上主義派および「原作に忠実な映画化」教条主義者がこの作品をひどく嫌う理由は、一部にはそのせいかもしれない。

　1993年のカンヌ国際映画祭でパルムドールを受賞したカンピオンの前作『ピアノ・レッスン』もまた、口はきけないが表現力豊かなエイダ（ホリー・ハンター）を主人公に、19世紀、異国の地で結婚に縛られる意志の強い女性の、エロティックな情感あふれる物語になっている。だが、『ピアノ・レッスン』は泥と木と梳毛糸でできている。『ある貴婦人の肖像』はラッカーとオニキスでできている。エイダの物語の、寛容で音楽的な結末に比べ、イザベル・アーチャー――ヨーロッパに住む若いアメリカ娘で、彼女を自由にするはずの遺産のために、不毛な結婚に陥る――の厳格な肖像は、彼女を手ひどく断罪している。

　見返りに、映画が手ひどく断罪された。ジョナサン・ローゼンバウムは、カンピオンが「小説を乱暴に扱う」やりくちを嫌った。トッド・マッカーシーは「心よりも頭によっぽど訴える」と嘆き、ジャネット・マスリンは原作で描かれたイザベルの「才気」を惜しみ、「（小説の）知的な輝きなしでは……古くさい19世紀版デートゲームになり下がる危険をおかしている」と不平をこぼした。〈ザ・ニューヨーカー〉誌のデイヴィッド・デンビーは、ジェイムズの数ページにわたる段落と、カンピオンの「すべてを伝えていない」数秒間のクローズアップの描写力の不足を比べるのに夢中で、映画のあとを引くショット――目と口と、うれいを帯びた表情が伝えることを検証しそこねている。

> “『ピアノ・レッスン』は泥と木と梳毛糸でできている。『ある貴婦人の肖像』はラッカーとオニキスでできている。”

『エマ』を書いたとき、ジェーン・オースティンは他のだれでもなく、自分のつくりたいように中心人物を創作するつもりだと宣言したのは有名だ。オースティンは、もちろん、しくじった。ヒロインをとおして読者を魅了したいという誘惑に勝てなかった。カンピオンは、同じ轍を踏むのを拒む。彼女のイザベルは、並はずれた才能でわたしたちの心をつかみはしない（『ピアノ・レッスン』のエイダの音楽的才能のように）。イザベルは、理想化された、勇気ある時代物のヒロインがするような、機転の利いた返しはまずしない。機知に富んだ受け答えは、仮になされたとしても、画面の外でなされ、才気がつかせる苦く冷たいうそ、中途はんぱな教養、趣味の良さ、充実した人生が要求する魅力について語る映画本編のなかでは、意図的になされない。

　単にこびへつらいを拒むだけではない。カンピオンによるイザベルの肖像——脚本のラウラ・ジョーンズと、体現したニコール・キッドマンとの共作——では、悲劇は、彼女のたどる運命が、社会的な制約によるものでも、他者の不誠実によるものでもない点にある。つきつめれば、イザベルが自分で破滅を招いたの

であり、主人公はそれをわきまえている。イザベルの最低な夫がいったたったひとつの真実は、ひとは自分のした行動の結果を受けいれなくてはいけないということで、イザベルは自らに課した厳格さをもって結果を受けいれ、それゆえに、わたしは自分自身にそれを許さないイザベルになり代わって彼女を愛し、あわれむ。つまり、カンピオンのフェミニズムは、過ぎ去った時代の家父長的価値観への糾弾のうちにあるのではなく、自分の行いのすべて、とりわけ、ひんしゅくを受ける原因となった、もっとも嘆かわしい過ちと苦悩を主体的に選びとった刺激的な、徹底して不完全な女主人公の創造に現れる。

　この性格づけにカンピオンが揺るぎない自信をみせるのは、ある意味自分自身を描いているからだ。カンピオンはインタビューで「わたしはイザベルだ」と好んでいいきっている。ヘンリー・ジェイムズはそんな発言はしないだろう。カンピオンのやった個人的なアプローチでは、失われる要素もある（ジェイムズの社会風刺、新世界と旧世界の文化衝突）が、わたしたちの得たものをみてみよう。映画史上屈指の複雑で、墓穴を掘るヒロイン、そして自己憐憫抜きの、半告白の

> **"** 悲劇は、彼女のたどる運命が、社会的な制約によるものでも、他者の不誠実によるものでもない点にある。つきつめれば、イザベルが自分で破滅を招いたのであり、主人公はそれをわきまえている。 **"**

形をとることで、イザベル・アーチャーの肖像というより、イザベルによる肖像が浮かびあがる。

このような観点でみれば、映画のいびつな表現性も当然に思える。ジョン・マルコヴィッチ扮するオズモンドの悪意に満ちた描写は実際の彼ではなく、イザベルの印象を表現しているとすれば納得がいく。はじめはパラソルをくるくると回してイザベルの目をくらまし、暗示にかける文字どおりの幻惑者であり、のちにはサディスティックにイザベルを苦しめる者。イザベルにとって、彼のひとをあげつらうような笑い声はロバのいななきも同然であり、望まない接触は、ひげが顔に当たってできた擦り傷同然なのももっともだ。

マダム・マール──バーバラ・ハーシー最高の演技──がはじめは純朴で魅力的なのは、イザベルが惹かれるからで、最後には嫌悪の雨にあい、あわれで必死な存在になる。イザベルの周囲にあるものは、すべて感傷的な虚偽のかすみがかかる。自分らしいときのイザベルは常にほつれ毛をなびかせ、自分の気性から離れるときは、他人の描くイザベル像にはまりこみ、髪型は一分の隙もない。運命が暗転していくにつれ、明るくシンプルなガウンは重く油じみたタフタに変容し、昆虫の甲殻のようにイザベルを締めつけ、あまり

に細く締まったウェストからポッキリふたつに折れてしまいそうだ。イタリアの邸宅は、陰うつに映る。滅多に外出せず、スチュアート・ドライバーグによる撮影は、寒々しく灰色の英国の冬のほうが、イタリアの陽光よりもほっとさせる。

「わたしはイザベルだ」とカンピオンはいう。スパルタクス団が蜂起する危険を承知で、わたしもイザベルだといおう。お堀のある屋敷の住人からプロポーズされたことは、いちどもないけれど。だが、わたしはカンピオンの辛らつな教訓話の恩恵を受けたイザベルだ。自由についての教訓に、わたしは釘づけになった。当然の権利のような気がするが、実際にはそれは贈られたものであり、責任を伴い、回収されるかもしれず、なくすかもしれず、浪費するかもしれない。『ある貴婦人の肖像』は、大衆受けはしない。なぜなら難解で、トゲがあり、悦に入りすぎているから。だがそれならば、ニアミスした現代のイザベル・アーチャーであるわたしたちが熱意をこめて、いとこのラルフの臨終になされた献身的な愛の告白のように、この作品に下された、たくさんの侮蔑的な評価をやわらげなくては。憎まれたなら、また愛されもした──まあ、イザベルをのぞき、惚れこまれもしたのだから。

[《ロッテントマト》の総評]
美しく、奔放なほど意固地で、うぬぼれている。『ある貴婦人の肖像』は、カンピオンの監督としての欠点を、まぶしすぎる白日の下にさらした。

ライフ・アクアティック (2004/2005)
THE LIFE AQUATIC WITH STEVE ZISSOU

 **56%**

監督／ウェス・アンダーソン
脚本／ウェス・アンダーソン、ノア・バームバック
出演／ビル・マーレイ、アンジェリカ・ヒューストン、オーウェン・ウィルソン、ウィレム・デフォー、ケイト・ブランシェット、ジェフ・ゴールドブラム

主人公の海洋学者スティーヴ・ズィスーに覚えるのと同様、『ライフ・アクアティック』本編のあからさまなアイロニーを、独りよがりでわざとらしく感じるかもしれない──だが、斬新さで鳴らしたユニークなウェス・アンダーソン作品のファンならば、ひと潜りする値打ちはあるかも。

[あらすじ]

ツキに見放された有名海洋学者と寄せ集めの乗組員が、仲間のひとりを殺した〝ジャガー・シャーク〟を捕獲して、その過程をドキュメンタリーに収め、人気回復を図る。

[わたしたちが好きなワケ]

ウェス・アンダーソンは、どれだけウェス・アンダーソンすぎれば気がすむのか？ それが、監督兼脚本家の長編4作目が劇場公開されたとき、批評家たちの頭を悩ませた疑問だ。こども時代のヒーローだったジャック・クストーへの賛歌となった『ライフ・アクアティック』は、アンダーソン式の仰々しさ祭りで、うきうきする音楽で盛りあがるシークエンス、きちょうめんなセットデザイン、コーディネートされた衣装、想像力に富むショット、その他しかけがいっぱいのウェス・ワールドのほぼすべてがある。フルスロットルのウェス・アンダーソン──死、悼み、父親業、挫折、その他〝劇的な大問題〟にとりくんだ映画は、一部の者には腹にいちもつありと映ったのか、この監督をひとことで貶めたいときによく使われることば、「奇をてらう」を誘発した。公正を期せば、『ライフ・アクアティック』はマンガ的（文字通り、〝クレヨンタツノオトシゴ〟とふさわしく命名されたキャンディカラーの海洋生物のアニメーションが出てくる）だし、乾いたユーモア、冒険、劇的な展開、トーンの変化でゴチャゴチャし、それだけあれば、どんなストーリーだろうと安定性は望めない。

そういうわけで、本作は『天才マックスの世界』[1998]のような自己完結した整然とした作品でも、監督の知名度をあげた俳優アンサンブル映画『ザ・ロイヤル・テネンバウムズ』[2001]でもなければ、荒削りで愛すべきコメディ『アンソニーのハッピー・モーテル』[1996]でもない。細部にこだわり抜くウェス・アンダーソンの劇場公開作品第4弾は、構成的にはゴチャゴチャしている──だが、すごく楽しい。アンバランス？ そのとおり。退屈？ ありえない。常識はずれのアーティスト、アンダーソンがクレイジーなガジェットと、決闘シーンと、巨大なとんでもないネオン・シャークをぶちこんで、エキゾチックな場所で撮った大予算映画。なぜなら、いまのアンダーソンにはそれをできるだけの力があり──とんでもなく独創的なやりかたで、遂行したまでだ。スティーヴ・ズィスーが自分の潜水艦ベラフォンテ号を案内する場面は傑作で、変わった船の隅々まで足を運び、想像力ではちきれそうな別世界をつくりだす（さらに傑作なのは、この場面用に、船を実際にまっぷたつにしたこと）。救助作戦シーンにしても、不条理さと、混じりけなしに楽しめるアクション炸裂とのさじ加減が絶妙だ。全編が目の保養になっているのは、それ自体である意味偉業といえる。

だが、『ライフ・アクアティック』は単なる眼福で終わらない。ストーナーの学者くずれにして船長を演じるビル・マーレイは、クスッとくるセリフをドライに連発する。ケイト・ブランシェットが演じるズィスーのもと信奉者で、彼に関する特集記事を書いているジャーナリストを指して、「あいつ、ツンデレだけど憎めないよな」といったりする（ブランシェットはすばらしい、閑話休題）。ちいさな役も等しくふるっていて、傷ついた子犬みたいな乗組員に扮するウィレム・デフォー、ズィスーの小粋な競争相手を演じるジェフ・ゴールドブラムは、とりわけ出色。ズィスーとネッド（オーウェン・ウィルソン）の親子の確執話はややうすっぺらく、すこしばかり蛇足で無理やりなドラマに思える。けれどこれは、セウ・ジョルジが歌うキックアスなポルトガル語版デイヴィッド・ボウイの伴奏に乗せて繰り広げられる、海の男のロックンロール・コースター映画だ。乗り組む以外の選択肢があるかい？

ウィロー (1988/1988)
WILLOW

 **50%**

監督／ロン・ハワード
脚本／ボブ・ドルマン、ジョージ・ルーカス
出演／ワーウィック・デイヴィス、ヴァル・キルマー、ジョアンヌ・ウォーリー、ジーン・マーシュ、パトリシア・ヘイズ

最先端のスペシャル・エフェクトと、ワーウィック・デイヴィスの心に響く演技をもってしても、『ウィロー』のスローペースと凡庸なストーリーを救うにはいたらなかった。

[あらすじ]

魔法使い志望の農夫ウィロー・アフグッドは、悪の女王バヴモルダの支配に終止符を打つ切り札となる赤ん坊を拾う。こどもを連れ戻す冒険の旅に出たウィローは、剣豪マッドマーティガン、魔法使いフィン・ラゼル、果てはバヴモルダの娘ソーシャとチームを組んで、赤ん坊の身を守る。

[わたしたちが好きなワケ]

ジョージ・ルーカスは『スター・ウォーズ』[1977]がもっとも影響を受けた作品として、黒澤明の『隠し砦の三悪人』[1958]とJ・R・R・トールキンの『指輪物語』を挙げた。原案と製作総指揮のルーカスは、それらをたたき台に、より地に足のついた話を生みだした。確かに、上記の作品同様、これは寄せ集めの仲間が壮大な旅に出て、悪者たちをくじき、難攻不落の要塞からだれかを救いだす物語だ。なにか問題でも？ たくさんのファンタジーが同じ骨組みを使いまわしているじゃないか。だが、『ウィロー』はふたつの点で特別だ。

ひとつめは、インダストリアル・ライト＆マジックによる最先端のデジタルモーフィング効果。画期的なエフェクトによって、フィン・ラゼル（パトリシア・ヘイズ）がさまざまな動物に変身し、再び人間の姿に戻る（この技術はのちにマイケル・ジャクソンの「ブラック・オア・ホワイト」のミュージック・ビデオに採用され、驚異的なエフェクトをつくりだした）。ふたつめ、そしてより重要なのは、キャストのすばらしさ。ティーンエイジのワーウィック・デイヴィスは映画全編を引っぱっていく任を負い、どこまでも心に訴えるやりかたで遂行した。マッドマーティガンに扮したヴァル・キルマーは、気楽で野卑な魅力の剣士役を演じ、ハン・ソロと『トップ・シークレット』[1984]

のキルマー自身をほうふつさせる。出番はすくないながら、ジョアンヌ・ウォーリー、パトリシア・ヘイズ、それにとりわけジーン・マーシュは、典型的な役柄に血肉を与えた（赤ん坊俳優でさえ達者だ！）。『スター・ウォーズ』をＶＨＳビデオでしかみていない（それに『プリンセス・ブライド・ストーリー』[1987]を一言一句暗記した）こどもたちは、1988年に『ウィロー』が公開されると、すっかり夢中になった。

それならば、なぜ『ウィロー』は失敗作とみなされるのか？ ひとつには、世間がルーカスとロン・ハワード監督（すでに『スプラッシュ』[1984]と『コクーン』[1985]をヒットさせている）に多くを求めすぎたことがある。『スター・ウォーズ』ユニヴァースが、大衆の想像力にもたらした効力を考えれば、ルーカスに同じだけの豊かさを備えた空想物語の創作を求めるのは、酷というものだ。だが批評家たちは、映画全体を古典というよりは凡庸な、どこにでもある要素を混ぜあわたもので、ルーカスの有名な三部作にあったマジックとエモーショナルな魅力に欠け、印象的なセリフと、うっとおしい、しきりにお笑いをはさむお茶目なふたり組のお供が足りないとそしった（ルーカスは低評価に傷つきやすいので有名だが、悪の手下の親分格を、〈ニューヨーカー〉誌の伝説的な批評家ポーリーン・ケイルにちなんで〝ケイル将軍〟と名づけずにはいられなかったらしい）。観客も基本的に同調し、『ウィロー』はすぐに『ビッグ』『ロジャー・ラビット』、それから、まさかの『クロコダイル・ダンディー2』といった作品に興収を追い抜かれる。

『ウィロー』はルーカスとハワードがおそらくは望んだであろう、メディアをまたいだブームを起こしはしなかったが、公開当時に指摘されたような〝魂のない時代遅れな映画〟ではなく、無邪気な魅力の色あせない作品として、献身的な愛好家たちを生みだした。彼ら熱心なファンは、近い将来に報われるかもしれない。ハワード監督は続編への意欲を語っている。

※編中：2020年10月に続編の製作が発表された。ワーウィック・デイヴィスが続投し、ロン・ハワードが製作総指揮を務めるとのこと。Disney+での配信予定。

マリー・アントワネット (2006/2007)
MARIE ANTOINETTE

 **56%**

監督・脚本／ソフィア・コッポラ
出演／キルスティン・ダンスト、ジェイソン・シュワルツマン、リップ・トーン

[総評]
　豪華な映像と大胆なサウンドトラックがセットになったこの映画は、たいていの時代劇とは一線を画す。ずばり、ソフィア・コッポラの描きだす悲劇の女王は、プロットと登場人物を掘り下げることよりも、スタイルが優先される。

[あらすじ]
　美しく、甘やかされ、無神経なフランス女王が、1789年にはじまるフランス革命によって富と地位を剥奪され、断首刑に処されるまでを、スタイリッシュに描く。

[わたしたちが好きなワケ]
〈フレッシュ〉保証を受けた『ロスト・イン・トランスレーション』[2003]と『ヴァージン・スーサイズ』[1999]につづいての、スタイリッシュなロックンロール監督作で、ソフィア・コッポラはまたもやミレニアル世代の〝イットガール〟、『ヴァージン・スーサイズ』の主演女優キルスティン・ダンストを起用、優美でデカダンな映画を撮った。本作は、スタイルと作家主義の勝利。映画王朝の息女、ソフィア・コッポラには芸術的な意欲を形にするやりかたについては身近な手本があり、彼女はみごとに手本をみならった。だが、コッポラが『マリー・アントワネット』に注いだ労力の結晶は、ひどく不当な評価を受ける。
　際だった歴史の一時代を描きながら、『マリー・アントワネット』はまた、映画の歴史においても非常に特異な一時期と時代の空気をうまくとらえてもいる。クエンティン・タランティーノ、デイヴィッド・フィンチャー、バズ・ラーマン率いるX世代のスーパース

ター監督たちが醒めたふてぶてしさで権勢を誇り、スパイク・ジョーンズ、ウェス・アンダーソン、エドガー・ライト、ポール・トーマス・アンダーソン、そしてコッポラ自身らひよっこパンクが下から突きあげている時代のことだ。この2群は、ほとんどやりたい放題にさせてもらえた（だが、コッポラが正確には壁を打ち破った女性監督の第1波にいないのは注目に値する。彼女は同世代のいわば鬼っ子的存在だった）。
　コッポラはキャスティングと選曲への炯眼を、再び示した。ダンストのほか、映画はジェイソン・シュワルツマンがルイ16世を、ジェイミー・ドーナンが女王の恋人役を、トム・ハーディが宮廷の一員を、マリアンヌ・フェイスフルがマリア・テレジア女帝を、ローズ・バーンがポリニャック伯爵夫人を、アーシア・アルジェントがデュ・バリー夫人を、そしてフェニックスのバンドメンバーが宮廷音楽家を演じ、バウ・ワウ・ワウ、スージー・アンド・ザ・バンシーズ、ザ・キュア、エイフェックス・ツイン、ストロークスの音楽を採用した。制作陣のコラボレーションも狙いどおり。映画はオスカーの衣装デザイン賞を、ミレーナ・カノネロ（『炎のランナー』[1981]、『グランド・ブダペスト・ホテル』[2013]）にもたらした。
　ダンストは沈着な役づくりをし、期待にたがわず、ナイーヴさ、のんきさ、セクシュアリティ、尊厳を、スクリーンで展開する時代のすう勢に合わせてその都度変わる、女王の歴史上の立ち位置を視野に入れて配分した。眉をつり上げるだけで、才能ある若手女優はそのどれをもいちどきに伝えられた。どうして批評家たちがこんなにおいしいケーキに食いつかなかったのかは、わたしたちにはおよびもつかない。

レジェンド　光と闇の伝説 (1985/1987)

LEGEND

✳ **36%**

監督／リドリー・スコット
脚本／ウィリアム・ヒョーツバーグ
出演／トム・クルーズ、ミア・サラ、ティム・カリー

[総評]

リドリー・スコットが構築した豪華なセットをもってしても、『レジェンド　光と闇の伝説』の俗悪な物語は救えなかったが、単に目もあやなファンタジーを求める向きにはおあつらえかもしれない。

[あらすじ]

農家の息子ジャックがエルフの一団と手を組んで、闇の王子を阻止しようとする。王子は最後のユニコーンを殺し、世界を永遠の夜のとばりに閉ざそうともくろんでいた。また、ジャックは愛するリリー王女を魔の手から救い出さねばならない。

[わたしたちが好きなワケ]

リドリー・スコットの『レジェンド　光と闇の伝説』は、スコット自身の原案で、このファンタジー映画が根無し草のような雰囲気をかもしているのは、それで説明がつくかもしれない。神話なり古いおとぎばなしなりの、なににも基づいていない。そのために、映画は魔法の王国の住人たちをみたいと思う観客の確保に苦労した。いまの用語でいえば、利益を生むIP（知的財産）に欠けていた。

同時に、映画は王女リリーという魅惑的なヒロイン像を提供してもいる。リリーに扮するミア・サラはこれが映画デビューとなり、次回作『フェリスはある朝突然に』[1986] が当たり役となる。『レジェンド』は基本的には剣と魔法の物語で、窮地の乙女を救い出す任を、彼女の騎士——ええと、草で編んだショーツ姿の騎士と同じぐらい、乙女自身に負わせている。

葉っぱのパジャマに身を包むのは、『卒業白書』[1983] に主演したばかりの22歳のトム・クルーズだ。それが、『レジェンド』の否定的な評価にひびいたかもしれない。『卒業白書』の床をすべるジョエル、別名

『アウトサイダー』[1983] のスティーヴ・ランドル、もしくは『タップス』[1981] のデイヴィッド・ショーンが、今度はシャボン玉が漂い、タンポポがふわふわ揺れる魔法の森でとび跳ね、ユニコーンに乗って隠密行動し、妖精やゴブリンやレプリコーンとたわむれ、顔とスコートをグリッターできらきらさせるのを、批評家（当時はだいたい男性が占めた）はお気に召さなかった。これがクルーズのつぎに選んだ役なのか？

年輩の批評家たちに、スコットのおとぎばなしと、クルーズのセンシティヴな魅力を、アーノルド・シュワルツェネッガーとシルヴェスター・スタローン全盛の、『ターミネーター』[1984]、『ロッキー4　炎の友情』『ランボー　怒りの脱出』[1985]、それにスコット自身の『ブレードランナー』[1982] の時代に評価しろと望むのは無理がある。

『スーパーマン』[1978] のリチャード・ドナー監督によるファンタジー作品『レディホーク』も『レジェンド』と同じ年に公開されたが、うらびれたルトガー・ハウアーが主演を張り——対するクルーズはほっそりしたヒップな若者だ——にぎやかな『スカーフェイス』[1983] の愛人役ミシェル・ファイファーがその恋人を演じた。批評家たちは『レディホーク』にでっかい〈フレッシュ〉を与え、2作のうち、向こうに軍配を上げた。とはいえ、『レジェンド』はオスカーのメイクアップ賞にノミネートされている（ロブ・ボーティンとピーター・ロブ＝キング）。順当なノミネートだ。

闇の悪魔に扮したティム・カリーの大胆にして繊細な演技ひとつとっても、みるにはじゅうぶんすぎる価値がある。映画がリマスターされ、21世紀のスタッフとスペシャル・エフェクトで修正されたならば、どうなるかは想像するしかない。おそらく〈フレッシュ〉の判定が下るはずだ。保証さえもらえるかもしれない。

マイアミ・バイス (2006/2006)
MIAMI VICE

 **46%**

監督・脚本／マイケル・マン

出演／ジェイミー・フォックス、コリン・ファレル、コン・リー、ナオミ・ハリス、キアラン・ハインズ、ジャスティン・セロー

評者：K・オースティン・コリンズ　K. Austin Collins

　K・オースティン・コリンズは〈ヴァニティ・フェア〉誌の映画評論を担当。ほかに〈リヴァース・ショット〉誌、ウェブサイト《The Ringer》にも執筆している。

　パティ・ラベルは21世紀のアメリカ犯罪映画作家主義にとって、自分がどれだけ重要な存在なのかを知っているだろうか？　ずばり、とある1シーンにおいて。わたしが述べているのは、マイケル・マンの『マイアミ・バイス』のもっとも官能的なシーンのことだ。低画質の撮影、やすっぽいセリフ、静ひつなアクション──にもかかわらず、これは骨の髄まで、ロマンス映画だ。マンのそれ以前の多くの作品のように。わたしや同世代の批評家、フィルムメーカーたちの多くがいまではこの映画を愛するようになったが、それはそうなる定めだったといえる。いまみなおしてさえ、いかに意図的に、もの好きな人間に訴えているかを確認できる。映画を陳腐にしているものを透かして、悲しく、ソウルフルな精神が核にあるのをみとおせる人間に。

　そういう意味で、これは変わった映画だ。見苦しい映像、実に。もっとも寛大な観客にとっても。だがそれでも、最悪な特徴が、また最良でもある。問題のパティ・ラベルのシーン──モヒートが飲みたくなって、突然キューバへ寄り道するふたりのビジネスパートナー候補。危険な仕事に乗りだそうとしているが、

ひとりが認識しているよりも、ずっと危険な仕事となる──が、その好例だ。

　ラベルの同名の賛歌をサンプリングしたモービーの「ワン・オブ・ジーズ・モーニングス」がシークエンスを支え、映画全体を要約してもみえる。映画の中心にいる男たち同様、野心的だ。マイアミ警察特捜課の刑事ソニー・クロケット（コリン・ファレル）とリカルド・タブス（ジェイミー・フォックス）は、情報屋の正体がばれてその家族が殺されたあと、大がかりなドラッグ密売組織の覆面捜査を開始する。合同捜査に関わっていたほかの機関（FBI、麻薬取締局、移民税関捜査局）のいずれも、この任務においては信用できない。情報屋の命をうばった情報は、そこから漏れていたからだ。話が決まると、ソニーとリッキーはとんでもなく才知に長けたドラッグの密売人コンビに手早く化け、涼しい顔で問題のカルテルに雇われようとする。ソニーは情報を集めるだけではなく、カルテルの財務アドバイザー、イザベラ（コン・リー）にとりいり、信用される。

　ひねったプロットは枝葉末節が多すぎ、脱線しすぎる（白人至上主義のドラッグ密売組織！　刑事同士の

“ 最悪な特徴が、また最良でもある。 ”

ロマンス！）と同時に、夢心地な一瞬のすき間があく。マンの男たち――とくにソニー――が不確かな未来へ向けて、なにげなく目をやるような瞬間だ。それこそが、マンの映画、映画全編に未来がおおいかぶさり、約束されているというより哀愁を帯びる。たとえ火花が炸裂し、スリルの連続だとしても、すべてに不安げな悲しみが宿る。『ヒート』［1995］にあったように、『刑事グラハム　凍りついた欲望』［1986］にあったように、『ザ・クラッカー　真夜中のアウトロー』［1981］にあったように。

　またたきしたら見逃すアパーチャー^{開口部}の波に乗った映画――もし注意してみれば、映画の心臓部までつらぬきとおす１本の線^{スルー・ライン}、スタイリッシュな一瞬のけいれんを読みとれる。「ワン・オブ・ジーズ・モーニングス」は、そんなアパーチャーのひとつだ。映画の持つ哀愁を、曲自体のサウンドトラックにしている。この曲はまた、たがえようもなく『マイアミ・バイス』を2000年代の映画にし、映画がこれほどよそよそしいのは、一部にはそのせいかもしれない。『マイアミ・バイス』は初期のデジタル撮影の見苦しさと、完全に終わっている音楽の趣味を、反逆の感覚をにおわせながら、

はっきりと打ちだす。ジェイミー・フォックスの演技がまずいとあなたが思おうと、映画は気にしない。自分が〝キャンプ〟だと知っている。絵空事だとあなたが思おうと、気にしない。絵空事だと自覚している。

　そして、従来の感覚で、あなたがもっと見栄えのいい映画をみたことがあろうと、気にしない。『マイアミ・バイス』は最初期のデジタルカメラによって撮影されたブロックバスター作品のひとつで、２時間半後、ざらついてぼやけた映像に覚えた感覚が、極めて対立的なのは興味深い。だがオスカー受賞歴があり、『コラテラル』［2004］でマンと組んだ撮影監督ディオン・ビーブの指揮のもと、マンの高画質デジタルカメラへの傾倒が告げるのは、それ自体はフィルムになりかわるものではないが、完璧な代替手段となり、独自の流れるような美学言語と可能性を備えているということだ。

　この作品で観客が目にするのは、通常ならばドキュメンタリーでみかけるスタイルであり、そのせいで演技のキャンプぶりを際だった短所にしてしまい、映画をどう受けとめればいいのかとまどう――いまでもまだ――のも不思議ではない。デジタル撮影が現実^{リアリティ}をと

> **『マイアミ・バイス』はマンの最高作を最高たらしめているすべてを備え、それ以上に多くのものをさらに有する──みわけるには、すこし努力を要するが。**

らえるものだとすれば、キャンプの技巧性がアピールする余地はあまり残されていないからだ。映画的なつくりにできる手段をはぎとられる。フィクションの映像が、基本的にはばかばかしいことの証し（あか）となる。

マンはなによりも、ばかばかしさをアートに昇華して、奇妙な憧れとともに作品に流しこむ術（すべ）に長（た）けている。彼は1980年代に放映されたテレビシリーズ「特捜刑事マイアミ・バイス」全111話の製作総指揮をつとめた。だが映画版は、もっとマン独自のものだ。『マイアミ・バイス』はマンの最高作を最高たらしめているすべてを備え、それ以上に多くのものをさらに有する──みわけるには、すこし努力を要するが。だが一目瞭然な要素もある。ファレルのクールさは一部ドン・ジョンソン経由で21世紀に越境してきたものであり、フォックスがときおり立て板に水のようにしゃべるのは、フィリップ・マイケル・トーマスの影が尾を引いているのが感じとれる。配役は、全体に秀逸だ。トルーディ（ナオミ・ハリス）とホセ（ジョン・オーティス）は脇役として存在感があり、キアラン・ハインズ、ジャスティン・セロー、イザック・ド・バンコレ、ジョン・ホークス、エディ・マーサンはいずれも短い出番ながら印象を残す（とりわけマーサンのアクセントは、今世紀の映画界最大の謎のひとつだ）。〈ニューヨーク・タイムズ〉紙の批評家マノーラ・

ダージスは、この映画は「今年みたどんな映画より、映画のルックに対するわれわれの感覚を、新しいテクノロジーがどれほど決定的に変えようとしているのかをまざまざとみせつける」と書いている。これは悪い映画ではない。だがおくめんもなく実験的で、時間が経つとともに、歴史的な興味の対象として浮上する運命にあった。

わたしはときどき思いをめぐらすのだが、みんなの愛するマンの『ヒート』が、1990年代半ばではなく2000年代初期につくられていたとすれば、だれもがそうみなしているように、マッチョな、傷ひとつないスリラーになっていただろうか。それとも──デジタルで撮影され、マン好みの工業用照明の不快な黄色味と、感情に訴えるロックの高圧的なビートを施され──やはり、やすっぽさ祭りになるのだろうか。『ヒート』は『マイアミ・バイス』同様、いくらでもやぼったくなれる。だとすれば、運に恵まれていたというだけでじゅうぶんだろう。『ヒート』は35ミリフィルムで撮影され、ブロックバスター時代の申し子かもしれないが、多くの面で、この2作は表裏一体、同一のマッチョな哀愁をもってつくられた。時代が違いを生んだ。変わらないのは、マンのそれらを投射しようという意志だ。

[《ロッテントマト》の総評]

『マイアミ・バイス』の撮影はみごとだが、主役ふたりはTVシリーズ版のふたりが持っていたカリスマに欠け、練り不足のストーリーは、マイケル・マンが手がけた、よりできのいい作品の水準に達していない。

カルトのリーダーたち

多数派には歯牙にもかけられず、少数派には骨まで愛される

　カルト映画は、たいてい偶然生まれる。1981年にフェイ・ダナウェイがセットに現れ、いまでは悪名高きセリフ──「針金ハンガーは禁止よ！」──を叫んだとき、ダナウェイはジョーン・クロフォードのシリアスな人物描写に貢献しているとばかり思っていた。何世代ものドラグ・クイーンを生みだすなんて、予想すらしていない。それから10年と半年後、『エンパイア レコード』[1995]の背後にいるフィルムメーカーたちは、90年代中盤の、不満をくすぶらせたティーンが共感できる映画をつくりたいとは望んだものの、彼らがおとなになってまで後生大事にするとはおそらく思っていなかった。2001年、脚本家のデイヴィッド・ウェインとマイケル・ショウォルターが自分たちのまぬけなコメディ『ウェット・ホット・アメリカン・サマー』[日本未公開]が批評面でも興行面でも撃沈するのを目撃したとき、のちに映画の人気があまりに出たために、ある日Netflixがプリクエル・シリーズの制作を持ちかけてくるなんて、これっぽっちも予想しなかった。この手のカルト映画はすぐさま客を呼べるとは限らないが、ハッピーな偶然で──もしくはビデオチェーン店《ブロックバスター》の棚で、掘り出しものの場所にＶＨＳの箱がお

かれ──客のほうで、やがては発見する。彼らは献身的な客でもあり、映画の好みはしばしば主流派との境界線上にある（それに、好みの映画をみつけ、自分と同じぐらいその作品を好む同士をみつけたら、自分は結局、それほど境界線上にいるのではないと安心できる）。この章の映画は〝名作カルト〟の用語を定義づけた作品（『哀愁の花びら』[1967]、『愛と憎しみの伝説』[1981・日本劇場未公開]などのＬＧＢＴＱのお気に入り）から、オンラインで自分を受けとめてくれる家族にめぐり会った最近の作品（たとえばウィル・フォーテのコメディ『ほぼ冒険野郎　マクグルーバー』[2010・日本劇場未公開]。シカゴの批評家ネイサン・ラビンがこの作品について書いている。あるいはティーンの魔女っ子映画『ザ・クラフト』[1996]を、〈エンパイア〉誌の編集主幹テリ・ホワイトがスリリングなフェミニストの怒りの映画だと説く）までを集めた。これらの作品は、ハロウィンのコスチュームの定番、お祭り騒ぎの真夜中のカルト映画上映会、拡散されたＧＩＦ画像として、そして、献身的なカルトファンの心に生きつづける──批評家が、どれほどべっしゃり潰れたトマトだと思おうと。

ウェット・ホット・アメリカン・サマー（原題）（2001／日本未公開）
WET HOT AMERICAN SUMMER

 **36%**

監督／デイヴィッド・ウェイン
脚本／マイケル・ショウォルター、デイヴィッド・ウェイン
出演／マイケル・ショウォルター、ジャニーン・ガラファロー、マイケル・イアン・ブラック、ポール・ラッド、ケン・マリーノ、エリザベス・バンクス、マーガリート・モロー、デイヴィッド・ハイド・ピアース、エイミー・ポーラー、ブラッドリー・クーパー

『ウェット・ホット・アメリカン・サマー』の才能あふれるキャストは、脚本の底知れないばかさ加減にひんぱんに圧倒され、映画自体はターゲット層の関心をつかみ損ねたばかりか、同じぐらいちょくちょく貶(おと)している。

[あらすじ]

1981年の夏、キャンプ最終日。ヤる気満々の指導員の集団が、なんとか一発ヤってやろうともくろむ——ああ、それから地球に落ちてくる宇宙ステーションから地球を救おうとする——実社会に戻る前に。

[わたしたちが好きなワケ]

公開当時、大コケしたこの作品のファンに向かって、キャストのひとりがオスカー俳優になり（ブラッドリー・クーパー）、テレビの人気タレントになり（エイミー・ポーラー）、天下のスーパーヒーローになる（ポール・ラッド）といっても、信じてくれはしないだろう（『ウェット・ホット・アメリカン・サマー』の上記３人の同窓生が、第91回アカデミー賞授賞式で、ともにプレゼンターをつとめるといったら？　やっぱりポカンとされるはずだ）。実のところ、2000年代初頭、『ミートボール』[1979]などの下品なサマーキャンプ映画をネタにした、頭のねじのはずれたこのパロディ作品を引きあいに出すのは、ちょっとしたステイタスだった。それというのも、ピントをずらした、斜め上のコメディが自分も好きだ（すくなくともこれぐらいできがよければ）と、熱心なファン仲間に暗にほのめかすことを意味したからだ。

文明世界もやがては『ウェット・ホット・アメリカン・サマー』に追いつく（２本のNetflixシリーズを生み、ＦＯＸチャンネルではホームコメディのスピンオフの企画さえ提案された）。だが、2001年当時、本作は真の意味でカルト映画だった。みたものの大半には誤解され、それ以外の全員（ものすごい人数。興収は30万ドルを切った）に無視され、嚙めば嚙むほど、とことん味が出てくる。どんな味か？　早い話、自分のペニスをしゃぶる話をするミックス野菜の缶詰や、冷蔵庫にしがみついて〝パコパコ〟するおとなに声援を送るこどもたちをおもしろいと思わなければ、この映画はあなた向きではない。

『ウェット・ホット・アメリカン・サマー』のかたよった性質は、意図的なものだ。このコメディ作品の監督兼共同脚本のデイヴィッド・ウェインは、インタビューで、本作の精神は、オフブロードウェイ・ミュージカル『［タイトル・オブ・ショウ］』（そう、それがタイトルだ）の歌詞が言及しているものに似ているという。いわく、「９人の大のお気に入りになるほうが／100人の9番目のお気に入りになるよりもいい」。そして、公開時のほぼ全国的な低評価にもかかわらず、やがてはたくさんの人間の、大のお気に入りになった。そのなかにはクリステン・ベルもいて、ＮＰＲ(ナショナル・パブリック・ラジオ)に出演した際、この映画が彼女のオールタイムベストワンだと豪語している。

『ウェット・ホット・アメリカン・サマー』があなたの口に合うとすれば、不条理なおつまみは、いくらでもある。指導員（ポール・ラッドとエリザベス・バンクス）がいちゃついてるあいだにこどもが溺れるという演出の、〝死んだキャンパー〟の鉄板ジョークがある。秀逸な相関性皆無の挿話、たとえば隠れてたばこを吸うのにうんざりした一味（エイミー・ポーラー、マイケル・ショウォルター、マイケル・イアン・ブラック、ジャニーン・ガラファロー）が町にくりだし、ヘロインを買う金欲しさに老女を襲う〝入り口ドラッグ〟ネタのモンタージュがある。それから、モリー・シャノンが演じる離婚ほやほやの登場人物と、思春期前の少年とがデキるエピソードは、もう話したかな？　マイケル・ショウォルターとデイヴィッド・ウェインの脚本は、引用したくなる、汚いセリフの乱れ打ちだ（短いサンプル。「ぼくのなかに入って」「セーターをなでてくるぜ」「おしりがかゆい」）。

『ウェット・ホット・アメリカン・サマー』は、ＭＴＶの風刺番組「The State」[1993-95]のキャストおよび、コメディとドラマ両方の、未来の大物からなるアンサンブルによる奇妙ですばらしいどんちゃん騒ぎ、おそろしく賢明なフィルムメーカーだけに料理しうる、おばかＢ級映画だ。それが証拠に、本作のＤＶＤにはおならの音だけの音声特典まであり、ばかばかしくもすばらしい自らの反骨精神を鼻で笑ってみせる。

Go!Go!チアーズ （1999／日本劇場未公開・ビデオ）

BUT I'M A CHEERLEADER

 **39%**

監督／ジェイミー・バビット

脚本／ブライアン・ウェイン・ピーターソン、ジェイミー・バビット

出演／ナターシャ・リオン、クレア・デュヴァル、キャシー・モリアーティ、バッド・コート、エディ・シブリアン、ルポール

　なにかを訴えるにはぼやっとしすぎて、『Ｇｏ!Ｇｏ!チアーズ』は望ましい形よりも鋭さに欠けるが、チャーミングなキャストと意外なほど感情を揺さぶる中味があり、軽い社会風刺がお望みならば、じゅうぶん元気をもらえるかもしれない。

[あらすじ]

　チアリーダーのメーガンは、自分はストレートだと思っているが、両親によってゲイの転向療法キャンプ送りになる。メーガンはそこで意志の強い娘たちに出会い、皮肉にも、そのときはじめて自分のセクシュアリティに疑問を持つ。

[わたしたちが好きなワケ]

　ゲイのこどもをストレートに矯正するため施設に送りこんでいる実態に、アメリカの主流が気づくずっと前、ジェイミー・バビットは『Ｇｏ!Ｇｏ!チアーズ』でそこへ行った。本作は、各映画祭で注目を集めた。なぜなら、性的指向のために家族や友人や共同体から排除される痛みを、大胆にもコメディの切り口で扱った、まれなクィア映画だからだ。そのために映画は微細に分析され、ゲイコミュニティ全体の代表となるべく期待された。だが、どんなアート作品がそんな重圧に耐えられるだろう？

　批評家は、もっと笑えるか、もっと劇的な映画を求めこそすれ、バビットの破格のスタイルを理解しなかった。それは、真に重いトラウマをパステルカラーで塗装し、20年にわたるエイズ危機のあとで軽めの笑いを求めるストレートの観客にはより口当たりよく、ゲイの鑑賞者にはよりカタルシスを覚えられるように工夫したことだ。《Film.com》のジェマ・ファイルズは、映画は「見苦しい感傷と不必要な形式化」に満ちていると書き、〈エンターテインメント・ウィークリー〉誌のオーウェン・グリーバーマンは「自尊心のあるレズビアンならば嫌悪のあまり仁王立ちになる」とまでいっている（注意。グリーバーマン自身はレズビアンにあらず）。ロジャー・イーバートだけが、この映画が末長く愛されるだろう理由を正しく指摘した。「『Ｇｏ!Ｇｏ!チアーズ』は偉大な、画期的なコメディではないものの、やがてはカルト映画の定番となるかもしれない種類の映画だ。ぎこちなく、心の温まる優しいこの映画自身の、アマチュア映画ヴァージョンのような趣きがある」

　舞台裏では、ジェイミー・バビットは映画を配給するだけでもひと苦労した。米国映画協会はＮＣ-17を指定し、異性愛映画であれば問題なくとおったであろうはずの無害なショットを３箇所カットしなくてはならなかった。もっとエッジの効いたユーモアを求めた者たちは、ゲイをとりあげた映画を劇場にかけるため、バビットがどれだけ薄氷を踏む思いをしたのかなんて、およびもつかないのだろう。それでも、世に出た結果はひとびとの記憶に残り、あとから考えればもっと大きな影響があったのも、映画が生々しく、誠実につくられたからだ。登場人物たちが口にするばかげたことばは、実生活で耳にする可能性のあるものばかりだ。

　公開後20年経ったいまでさえ、『Ｇｏ!Ｇｏ!チアーズ』はクィア映画のパイオニアとしての位置を保ち、単にゲイであることの苦しみを描くだけでなく、自分が何者であるかを知る喜びを、のちのフィルムメーカーたちが臆せずに描ける道を拓いた。

ほぼ冒険野郎　マクグルーバー （2010/日本劇場未公開・TV）
MACGRUBER

 **48%**

監督／ヨーマ・タコンヌ
脚本／ウィル・フォーテ、ジョン・ソロモン、ヨーマ・タコンヌ
出演／ウィル・フォーテ、クリステン・ウィグ、ライアン・フィリップ、パワーズ・ブース、マヤ・ルドルフ

評者：ネイサン・ラビン　Nathan Rabin

ネイサン・ラビンはウェブサイト《The A.V. Club》および、《The Disolve》のスタッフライターをつとめたあと、《Nathan Rabin's Happy Place》を起ちあげた。また、『You Don't Know Me But You Don't Like Me』『Weird Al: The Book』（アル・ヤンコビックとの共著）などの著作物を 8 冊出版している。

「サタデー・ナイト・ライブ」[1975-] は由緒ある、賞や栄誉を多数受けてきた文化的な名物番組かもしれないが、しばしば批評家や一般からボコボコにされてきた。なかでも、かつては量産され、いまでは門を閉ざしたとおぼしき映画部門ほど、嘲笑に耐えてきた部門はない。その実、「サタデー・ナイト・ライブ」が映画に進出しなければ、『ブルース・ブラザース』[1980] も 『ウェインズ・ワールド』[1992] も映画化されずに終わったのだ。とはいえローン・マイケルズ率いる由緒あるコメディマシーンの映画部門といえば、『いとしのパット君』[1994・日本劇場未公開]、『ロクスベリー・ナイト・フィーバー』[1998・日本劇場未公開] みたいな、脳天気で低俗な作品を連想する。まるで「サタデー・ナイト・ライブ」の映画みたいだとだれかがいうとき、まず肯定的な意味ではありえない。

そういうわけで、2010年に「サタデー・ナイト・ライブ」の映画マシーンが戻ってきたとしても、驚くことはない。1992年に放映終了したテレビドラマ「冒険野郎　マクガイバー」[1985-1992] をネタにしたショートコント・シリーズが、長編映画になって公開され

たとき、批評家は諸手を挙げて歓迎した、とはいえない。〈ニューヨーク・タイムズ〉紙のA・O・スコットは、「評するにあたり、この映画は根本的な哲学的命題を突きつける。すなわち、〝なぜこれが存在する也や？〟」と、皮肉った。〈ガーディアン〉紙のアンドリュー・パルヴァーは、「サタデー・ナイト・ライブ」のコンベアーベルトから流れてきた最新の凡作は、楽しめそうな気配があるかなきか漂う」とあざけった。

すばらしい風刺が顧みられず、風刺の対象そのものと間違われる不幸は、しばしばある。

それゆえに、批評的な——クリエイティヴとはいかなくても——立場からみて、リチャード・ディーン・アンダーソン主演の、しかけがいりくみすぎて実行性に欠けるヒーローもののテレビ番組のパロディ『ほぼ冒険野郎　マクグルーバー』が、同時に標的にした爆発だらけの、テストステロンに毒されたジェリー・ブ

> ## すばらしい風刺が顧みられず、風刺の対象そのものと間違われる不幸は、しばしばある。

ラッカイマー製ブロックバスター映画にいかにもそっ
くりな外見と雰囲気だったのが、災いしたのかもしれ
ない。ヨーマ・タコンヌ監督は、共同脚本と主演の
ウィル・フォーテ──世界一大物の、不愉快な嫌われ
者として超適役──の脇を、「サタデー・ナイト・ラ
イブ」仲間のクリステン・ウィグとマヤ・ルドルフで
固めた。ふたりは頭のおかしいアンチヒーローが、ほ
かのあらゆることと同様、ベッドの上でも不器用で自
己中なのを悟る不運の女性を演じる。だが、ふたりを

のぞき、タコマが迫真性を増すために敷いた布陣に
は、この話のパロディならぬ、まじめなヴァージョン
でお目にかかるような、こわもてのシリアス俳優をそ
ろえた。
　名優パワーズ・ブースは、われらがアンチヒーロー
に（まわりにいあわせた、ツキに見放された者すべて
にとって命取りの危険人物となるにもかかわらず）全
幅の信頼を置く、ストイックだが頼れる指導者とし
ての重要な役回りを演じ、いかつい偉丈夫ぶりを示

した。いっぽうライアン・フィリップは、マクグルー
バーの右腕役を引きうける、優秀でひかえめでスト
レートな正統派スーパーソルジャーを演じ、主役のヤ
バすぎる暴れん坊が、周囲の捜査官たちを順繰りに、
消耗品、弾よけ、セックスの対象とみなしているのを
すぐに見抜く。悪役を演じるヴァル・キルマーは、に
やにや笑いを誘う。

　バークレーで結成した3人組コメディグループ《ロ
ンリー・アイランド》のひとりであるタコンヌは、
様々な形式やメディアを駆使したパロディとパス
ティーシュの使い手だ（他のふたりはアンディ・サム
バーグとアキヴァ・シェイファーで、「アイム・オン・
ア・ボート」などのコメディソングをヒットさせた）。
彼はその腕の冴えを『マクグルーバー』で発揮し、ス
カトロ趣味なばかばかしさを、みかけによらず賢く破
壊的な方法でそれとなく遂行する《ロンリー・アイラ
ンド》の天才芸を持ちこんだ。幽霊のセックスや、常
識はずれの場所にはさんだセロリといった低俗で、た
まらなく卑猥（ひわい）な爆笑必至のギャグとともに、アクショ
ン映画における自然のことわりのようにわがもの顔し
た男たちや、マッチョイズム・カルトの定義を、痛烈
な風刺で貶めている。

　『マクグルーバー』は、臆病さ、懐の狭さ、どじとま
ぬけが招いた無駄死にの元凶として、たいていの悪役
よりもおそらくはたちの悪い主役を誇る。映画全体を
通じ、伝統的なアクションヒーロー特有の、度を過
ぎて向こうみずという以上におそろしくたがのはずれ
た、犠牲者の出ない穏便な流儀などどこ吹く風の、ひ
びの入ったマクグルーバーの精神を不敵に小出しにし
ていく。

　それでも、『マクグルーバー』は全体が楽しいお遊
び感覚にあふれている。最良の意味でこどもっぽく、
感情的に成長の止まったこども（マンチャイルド）の主人公は、こども
時代の最悪の側面を体現して、わがままなその場の欲
求以上の先をみとおす能力に欠けている。そのへんの

ガラクタで役に立つしかけを空論ではつくれる男を主
役に据えた映画が、みかけによらず舌を巻くレベルの
愉快な発明によって定義づけられるなんて、詩的なほ
ど傑作だ。

　A・O・スコットが揶揄（やゆ）するように、『マクグルー
バー』の存在理由はあまりないかもしれない。それが
意味するのは、映画の存在をさらなる至高の、吹けば
飛ぶような宇宙的ジョークにするだけだ。とっくに旬
の過ぎた風刺対象を思えば、『マクグルーバー』はお
そらく、「サタデー・ナイト・ライブ」の番組で放送
するべきですらなかった。だがありがたいことに、あ
のばかげたコントシリーズが土曜の晩のゴールデンタ
イムに放映され、さらに輪をかけてばかげた映画作品
へとのぼりつめた。

　批評家と観客（圧倒的多数が家に残り、常に高い水
準が保証されたわけではない娯楽番組製の、持ちネタ
ひとつきりの映画とおぼしき作品に、それなりにする
チケット代を払わなかった）は、『マクグルーバー』
の公開と同時に〈ロッテン〉の評価を下したかもしれ
ないが、増えるいっぽうのカルト軍団にとって、本作
は年ごとにより〈フレッシュ〉に、よりおいしくなって
いく。

"" ウィル・フォーテは
世界一大物の、不愉快
な嫌われ者として超適役
だ。""

[《ロッテントマト》の総評]

ショック効果を真のユーモアとあまりにもとり違えすぎるが、『マクグルーバー』は「サタデー・ナイト・ライ
ブ」映画の大半よりはできがよく――おそらく、妥当な線よりも上等に仕上がった。

哀愁の花びら （1967/1968）
VALLEY OF THE DOLLS

 **33%**

監督／マーク・ロブソン
脚本／ドロシー・キングスレイ、ヘレン・ドイッチュ
出演／バーバラ・パーキンス、パティ・デューク、シャロン・テート、ポール・バーク、リー・グラント、スーザン・ヘイワード

クズ、〝キャンプ〟、ソープオペラ、メロドラマ。『哀愁の花びら』は、ハリウッドの内幕ものの駄作かもしれないが、それでも後世に残るキッチュの名作だ。

[あらすじ]

1960年代なかば。3人の女性がそれぞれ違う道をとおってエンターテインメント業界に足を踏みいれるが、ドラッグ、虚栄、絶望の影はどこまでも追いかけてくる。やがて、名声の代償を劇的な形で、三者三様に支払うことになる。

[わたしたちが好きなワケ]

ジョン・ウォーターズや『ザ・ルーム』[2003]や『ショーガール』[1995]の前に、『哀愁の花びら』ありき。1960年代なかばには、ハリウッドにおける女性のパワーはみる影もなかった。ベティ・デイヴィス、ジョーン・クロフォード、ジュディ・ガーランド（『花びら』をクビになり、スーザン・ヘイワードにとって替わられた）といったスタジオ時代に映画産業を支えたきらめく大物スターたちは、男性中心の物語が興行成績の順位を席巻するとともに、道ばたに捨てられる。『哀愁の花びら』は、使い捨てになる女性たちのメタな意見表明であり、最後の鬨の声とともに壁を打ち破るスター映画でもあった。

〝キャンプ〟の範ちゅうでくくられたなかに、リー・グラントの極めて謎めいた演技がある。この映画に出た直後、グラントは『夜の大捜査線』[1967]でオスカーを射止めた。だが、ここでは謎めいて、ひとを操

り、「夜になれば猫はみんな灰色になるのよ」といった奇妙なセリフをなまめかしく口にし、ジョン・ヘイウッドの1546年の格言（夜目には女性の外見は大差ないという意味）を、ドロシー・パーカー（訳注：アメリカの詩人、作家）風の痛烈な侮辱に変えてしまう。

ニーリー・オハラ役のパティ・デュークは、この映画でもっとも大時代な演技を披露し、マーク・ロブソン監督にけしかけられ、セリフにニュアンスをこめるのではなく、派手にまくしたてる。夫がプールで浮気したことを知ったデュークは、ののしり、絶句し、叫ぶ。それでもニーリーの物語はシャロン・テートのジェニファー・ノースに比べれば、まだ手ぬるい。ジェニファーは、ある意味ナイーヴでひとを喜ばせたがるテートの分身といえ、劇中、よりパワフルで奸智に長けたひとびとの術中にはまる。この映画は教訓話の形をとっているため、コカインでキメた教育ドラマ（アフタースクール・スペシャル）よろしく、ジェニファーの運命はいかがわしい方向へ転がっていき、主流派がその話題に触れるようになるずっと前に、ポルノのような禁断のトピックが飛び出す。

『哀愁の花びら』は、〝キャンプ〟の代名詞だ——悲惨な邪道からイケてる王道へと移行する試みを、ドラマで真摯にやっている。そして、その影響力が色あせることはない。メロドラマを極めたこの映画化作品がなければ、ドラァグ・クイーンの1世代まるごとが、カルチャー・シーンから奪われていたかもしれない。大げさな演技で男性共演者を影のうすい、お飾り的存在に追いやった3人の女性スターは、クイーンたちを大いに触発した。

永遠に美しく…（とわ）(1992/1992)
DEATH BECOMES HER

 **52%**

監督／ロバート・ゼメキス
脚本／マーティン・ドノヴァン、デイヴィッド・コープ
出演／ゴールディ・ホーン、メリル・ストリープ、ブルース・ウィリス、イザベラ・ロッセリーニ

[総評]

　ゴールディ・ホーンとメリル・ストリープは、革新的なスペシャル・エフェクトにひけをとらずすばらしい。いっぽうゼメキスの風刺は、映画がおちょくっている世界と同じぐらいにからっぽだ。

[あらすじ]

　マデリーン・アシュトンとヘレン・シャープは、若い頃からのライバル同士。ふたりの恨み骨髄の争いは、それぞれが若さをとり戻し不死になる秘薬を手に入れたとき、新たな局面を迎える。

[わたしたちが好きなワケ]

　スペシャル・エフェクトの画期的な新技術は、いつだってアクションやファンタジーのブロックバスター映画をとおし、わたしたちの目に触れてきた。たとえば『ターミネーター2』[1991]に出てくる液状の殺人マシーンT-1000や、『ジュラシック・パーク』[1993]の車をぶっ壊すT-レックス、あるいは『ロード・オブ・ザ・リング』シリーズ[2001・2002・2003]や『アバター』[2009]で実を結ぶ画期的なモーションキャプチャー。もうひとつ、1990年代に編みだされた革新的なエフェクトが、シンプルなブラックコメディ——先達の『ジュラシック・パーク』とその技術に影響を受けた映画——で使用されたが、登場するモンスターといえば、あでやかにおめかしをしたメリル・ストリープとゴールデン・ホーンのふたりのみだ。

　『永遠に美しく…』のふたりは、宿敵同士を演じる。ストリープは若さにしがみつく盛りを過ぎた映画スター、ホーンは自分よりもグラマラスな生活を送るフレネミー（友人のふりをした敵）にしがみつく有名作家。ふたりとも、説明のつかない理由により、ダサい整形外科医のアーネスト（ブルース・ウィリス）にご執心だった。だが、WWEのレスリング同様、物語の筋立てはどうでもいい。目当てはファイトであり、ゼメキスと主役たちは、そのつとめを果たした。女性ふたりは映画の大半で不死身になるという設定により、監督はなんでもできる自由を獲得し、インダストリアル・ライト＆マジックがつくりだす映像は忘れがたい。ある時点では、ストリープが階段を真っ逆さまにころげ落ち、首が背中側によじれる。そののちには、ショットガンで至近距離から撃たれたホーンが噴水から起きあがると、ぽっかり「穴が、お腹にあいてる！」。ストリープがホーンの穴ごしにのぞきこむ。

　当時はじめてお目にかかる光景であり、いまでも新鮮だ。

　もうひとつ新鮮なのが俳優の演技で、ホーンとストリープはすごく楽しそうにディーバぶりを争い、あたかもセットのどこか外から「命がけでくさい演技をするのよ！」とけしかけるドラァグ・クイーン、ルポールの声がきこえてきそうだ。驚くにはあたらないが、映画はLGBTQコミュニティで人気の1本になる。だがこれは、ドラァグ仕様の華やかさと、はっちゃけたディーバのお遊び（絶対にそうではあるが）だけの映画ではない。ストーリーは悲劇味を帯びている。ふたりの悲しくも孤独な女性が、非現実的なほど魅力にあふれ、成功していながら、なおも自分と相手を八つ裂きにしてでも、世界から承認してもらおうとする。男からの承認を。

　ふたりはアンフェアな闘いをアンフェアな世界で闘い、人生の大部分を束縛されてきた身からすれば、それはかつても経験した闘いなのだ。

ザナドゥ **(1980/1981)**
XANADU

✳ **24%**

監督／ロバート・グリーンウォルド
脚本／リチャード・クリスチャン・ダナス、マーク・リード・ルベル
出演／オリヴィア・ニュートン＝ジョン、ジーン・ケリー、マイケル・ベック

[総評]

スパンデックスとど派手なミュージカル・ナンバーでさえ、『ザナドゥ』の微妙な演技、肩すかしのエフェクト、ロジック不在のストーリーを救えなかった。

[あらすじ]

ソニーは激しい出世競争を抜け出して、アーティストとしての名声をつかむ日を夢みる。ある日、ローラースケートを履いた謎めいた人物からキスを受けるが、その人物の正体は女神で、ソニーはクラリネットを吹く夢多き人物と出会い、新たなビジネスパートナーとなる（そのとおり。これがでまかせのあらすじじゃないと考えるには、多大な努力を要する）。

[わたしたちが好きなワケ]

想像してみて。千々に破いた水彩画が、そよ風に乗って吹きとばされ、あまりに力強い絵だったため、歩道の壁画に描かれたあでやかな女たちに命が吹きこまれ、踊りはじめる世界を。それが、『ザナドゥ』。ストーリーはあまりにも奇妙な飛躍を――いや、ピルエット（訳注：1本足で回転するステップ）を――するため、ひとは不信の念を棚上げにするひらひらのパステルドレスを自らまとい、（ローラースケートの）ライドを楽しまなければいけない。

標準的な「ボーイ・ミーツ・ガール」のお話をつくる代わりに、フィルムメーカーたちは「ボーイがローラースケートを履いたヘンテコなガールに恋をし、その子はゼウスの娘で、ベニス大通りを挑発的に駆け回り、ローラースケートリンク兼ナイトクラブを開く」熱に浮かされたような夢をつくりあげる。オリヴィア・ニュートン＝ジョンと、伝説のジーン・ケリーによる映画のスーパーノヴァをおおざっぱな筋立てに放りこみ、フィルムメーカーたちは一貫した、機微のあるストーリーは与えず、ひどくユニークな旅を――酔狂のきわみの夢を提供する。

『ザナドゥ』は往年のミュージカルのハットを脱ぎすて、グリッターとネオン色のアニメーションのアクセサリーを散りばめて、愉快な1980年代風に仕上げた。ケリーは古風なタップダンスで見せ場をつくるが、そのあと映画は彼にローラースケートを履かせ、買い物シーンのモンタージュで、おもに桃色のズートスーツを与える。ヒット曲のつまったサウンドトラックと、霊感を頼りに魔法の壁画に飛びこみ、オリンパスへ導かれる主人公によって、『ザナドゥ』は若さの熱狂と、スケートで心のなかを駆け抜ける夢の機会を与えてくれる。

ガンモ (1997/1998)
GUMMO

 **35%**　脚本・監督/ハーモニー・コリン
出演/ジェイコブ・セーウェル、ニック・サットン、ジェイコブ・レイノルズ、クロエ・セヴィニー

評者：エリック・コーン　Eric Kohn
　エリック・コーンはニューヨークを拠点とし、ウェブサイト《IndieWire》の編集長および批評主筆をつとめる。また、上昇志向のジャーナリストのための教育的なワークショップ《クリティックス・アカデミー》を開き、ニューヨーク大では映画批評を教える。

　2012年の『スプリング・ブレイカーズ』によって、ハーモニー・コリンの反抗的な姿勢と、胸をつくイメージのユニークなとりあわせにはじめて触れ、ファンになった者は多いかもしれないが、『ガンモ』はずいぶん昔にそこへ到達していた。公開当時はあしざまにいわれたが、時とともに正当な評価を得た『ガンモ』は、コリンが内に蓄えてきた傑出した風変わりさに、重要な舞台を提供している。『スプリング・ブレイカーズ』のチンピラ、エイリアンが自分の〝有形財〟をふてぶてしく誇り、「おれのクソをみろ！」とうそぶくいっぽう、『ガンモ』はなにも持たないひとびとの、狂おしい毎日に分けいっていく。

　また、『ガンモ』は美しい汚物でもあり、ぞっとする、心をかき乱すような脱線をくり返して意図的に鑑賞者をいたたまれなくさせ、不安をかきたてさえする。信じがたいかもしれないが、田舎町と常軌を逸した住民を描いて物議をかもしたこの肖像には、パンクな表面の下に誠実さを潜ませている。1997年に劇場公開されたとき、批評家は『ガンモ』を嫌悪した。一部には、映画の描く無軌道な変わり者たちにお目にかかったためしがなく、いたずらに誇張しているとみなしたため。多くのレビューで、映画が途方にくれたひとびとをただポカンとみつめているだけだと、とがめだてた。だが、ポカンとみつめているのはだれ

なのか？　『ガンモ』は、社会の底辺に生きるひとびとの魔法のような肖像画で、孤立した存在を強調しようという意志を、はっきり示している。

　キャンディでくるんだフロリダ・オデッセイ『スプリング・ブレイカーズ』を脚本・監督した15年前、監督デビュー作で、コリンはシュールな行動にからめとられた様々なひとびとが、壊れた世界のみすぼらしい片隅を無目的にうごめく、とほうもないコラージュを世に問うた。映画の舞台となるオハイオ州ジーニアの代役をナッシュヴィルがつとめたが、実をいえば、アメリカのどこの町だっていい。

　コリンの書いた『KIDS／キッズ』[1995]の脚本が、わいせつなニューヨークのティーンをリアルに描いて異彩を放ついっぽう、『ガンモ』は同じアウトサイダーのエネルギーを、より開放的な、散漫なアプローチで描く。できあがったのは、ヘビーメタルのサンプリン

> “『ガンモ』はなにも持たないひとびとの、狂おしい毎日に分けいっていく。”

グとロックオペラ、感傷的なボードヴィル演技、それに、セクシュアリティや人種やさらには死にまつわるだらだらしたセリフの、印象的なごった煮だ。映画はオフビートな瞬間をつぎつぎに突き進み、まるで、ある特徴的な場所でキャプチャしたソーシャルメディアのクリップを、くり返し再生しているかのようだ。アメリカ映画には登場しない顔やものごしの多彩なアウトサイダーたちを急ぎ足でとらえたコリンの描写は、アメリカという国が、大勢の顧みられなかったひとびとの存在に気づきはじめたいま、より価値を高めている。公開時にどれほど退けられようと、『ガンモ』は時代の先を行っていた。

コリンは、観客に心構えをさせる役目を果たした。穏やかな口調のティーンのソロモン（ジェイコブ・レイノルズ）が、町をずたずたにした竜巻の破壊的なインパクトについて語りかける。竜巻のあと、疲れきった若い住民たちは、まるでおとなの社会をあとにしてくびきから開放されたかのように、無関心に瓦礫（がれき）のあいだをうろつく。そこから先、『ガンモ』は一連の短い場面を突っ走る。ある場面はほかよりも肉づけされ、自然なセッティングのなかで組みあげられて、不条理主義の華やかさで色づけされた。

それらささやかな冒険は順繰りに魅了し、うんざりさせ、不可解になり――だが、社会学的なふくみを持

ち、豊かでもある。不満を抱いたこども、ソロモンと友だちのタムラー（ニック・サットン）は、ＢＢ弾を手に近所をうろつき、むとんちゃくに界隈（かいわい）の猫を殺しては地元の中華料理店に売りつける。別の場面では、３人姉妹（ひとりを成長株のクロエ・セヴィニーが演じる。セヴィニーは当時コリンの恋人だった）がベッドルームでふざけ回り、のちには地元の小児性愛者の誘惑を払いのける。頑健な白人男たちが、酔っ払って腕相撲をはじめるが、いちばんの腕自慢が、仲間のアフリカ系アメリカ人の小柄な男に負かされる！　それぞれのできごとは、登場人物たちの行動を突き動かす気性と状態について、興味深いヒントをくれる。

もし、映画のアンサンブルに紛れもない愛情を感じとれなかったとしたら、粗雑な搾取をしたとのそしりをコリンはまぬがれなかったかもしれない。どきっとするようなとある場面で、知的障害のある女の子の兄が、妹にソロモンとタムラー相手の売春をさせるが、コリンはグロテスクなオチをつけるのではなく、やせこけた大きな目のタムラーと、名前のない女の子が目を見交わし、ていねいにやりとりをする、意外なほど優しい出会いに落ちつく。唾棄（だき）すべき状況が、思いがけない温かみを帯びる。

漂うようなボイスオーバーが、ときおりはっとするほどの洞察をする。「難読症の男を知っているけど、

そいつは斜視でもあるから、すべてうまく収まった」とタムラーはひとりごち、印象的なセリフが、映画の声明になる。

『ガンモ』をみるのはマジック・アイ・パズルを眺めるのに似ている。はじめは方向音痴になって、とほうにくれるが、そのうち隠れた意味が焦点を結ぶ。目まいがするような結末のモンタージュに映画がたどり着き、ロイ・オービソンの「クライング」が流れる頃には、ひとコマごとの中心に複雑な感情を映しこむ新鮮なリズムを、コリンは獲得している。

映画の中心人物はことばを発しないが、その姿は脳裏に焼きつく。巨大なピンクのうさぎ耳をつけた少年（ジェイコブ・セーウェル）が汚れた駐車場をよろめき歩き、特徴のない橋から車の往来をのぞきこむ。ある魅惑的なシークエンスでは、少年は便座に座ってアコーディオンを弾いている。場面が転換するたび、折に触れてこの無口な証人に映画は戻り、中心的なモチーフへの、一種の無口なギリシャコーラスの役回りを果たす。時が経つにつれて、うさぎ少年はアメリカのざらついたカウンターカルチャーのアイコンになり、群衆のなかで目立ちたがるやいなや、いわゆる〝部屋のなかのおとな（分別のある者）〟に追い出される（うさぎ少年のタトゥーを入れている『ガンモ』信者はすくなくない。インスタグラムで確認できる）。

陰うつな雰囲気にかかわらず、『ガンモ』は楽しむことをおそれない。映画の比較的愛すべきシークエンスで、元気な未亡人（すばらしいリンダ・マンツ）が亡き夫のタップダンスシューズをみつけ、やせこけた息子のまわりを踊りまわり、その間息子は銀器を使ってワークアウトの真似ごとを熱をこめてやろうとする。そのあとで、バスタブにつかる息子に、パスタの載った汚らしい皿を与える。このシークエンスでヴェルナー・ヘルツォークの心をつかんだのも不思議はない。ヘルツォークは『ガンモ』公開当時の数すくないスーパーファンだ。ヘルツォークの初期作品（とりわけ『小人の饗宴』）を定義づけた独特なキャラクター研究は、公開時に『ガンモ』は観客をとまどわせるとみなしたアメリカ映画界において、なによりも精神的ないとこの感触がする。

悲劇、快、不快を交互にくり返す『ガンモ』は、あまりにもしばしば因習にとらわれがちになる映画というメディアから、独創性を掘り起こそうとする斬新な実験作だ。日々のけだるく気ままな行為を自由奔放に組みあわせてコリンはあなたをすくみあがらせ、そのあとで、その反応の裏にある衝動について考えさせる。それは、バッドボーイの服を着た、寛容についての時代を超えた教訓であり、年とともに叡知を深めていく。

[《ロッテントマト》の総評]
『ガンモ』の大胆な挑発は、因習に縛られないタイプの観客をうならせるかもしれないが、それ以外の者にとり、ハーモニー・コリンのどうしようもなく不愉快な語り口を咀嚼するのはむずかしいだろう。

ラスト・ドラゴン (1985/1985)
THE LAST DRAGON

 **59%**

監督／マイケル・シュルツ
脚本／ルイス・ヴェノスタ
出演／タイマック、ヴァニティ、クリス・マーニー、ジュリアス・キャリー、フェイス・プリンス、ケシア・ナイト・プリアム

[総評]

『ラスト・ドラゴン』は、スタイル、ロマンス、それに伝染性のあるカンフー愛をつめこんで、複数のジャンルをマッシュアップした派手な映画だ。だが観客はめまぐるしく変わるトーンに、親しみを覚えるよりも間が抜けたように感じるかもしれない。

[あらすじ]

ニューヨークに住む若きカンフーの初心者が、〝マスター〟をさがし、〝輝き〟として知られるマーシャルアーツの究極的なレベルに到達しようとする。その行く手で、彼は卑劣なカンフーの達人と闘い、マニアックな音楽プロモーターから美しい歌手を救い出し、求愛しなくてはいけない。

[わたしたちが好きなワケ]

ベリー・ゴーディの名前をタイトルの前に冠しても、1985年には何の恩恵もなかった。モータウンのキングメーカーは独善で知られ、製作者の名前をクレジットの前にでかでかと出そうものなら、映画をつくれると思いこんだミュージシャンによる虚栄の産物として、現代の批評家たちは顧みなくなる。だが、『Cooley High』[1975・日本未公開]、『カー・ウォッシュ』[1976]のマイケル・シュルツが監督し、カンフー映画とロマコメをミックスしたこの映画は、最良の形での情熱のたまものだ。本作は、マーシャルアーツ映画のあらゆる成功作の精神を利用した。つまり、心をこめたのだ。〝ブレイジアン（アフリカ系とアジア系のハーフ）〟シネマのいちばん商業的なヴァージョンたる『ラスト・ドラゴン』は、『ブラック・サムライ』[1976]、『黒帯ドラゴン』[1974]、『激突！ドラゴン・稲妻の対決』[1973]、そしてもちろん、ブルース・リーがスクリーンで披露したすべてから盗用し、トリビュートしている──黒人の主人公で全面的にリ・イマジネーションして。スタントマンから俳優に転身したタイマック演じる『ラスト・ドラゴン』のわれらがヒーロー、リロイ・グリーンは、彼がカリスマとあおぐ人物に匹敵する危険な戦闘能力を持っていた。グリーンは義侠心から、危険にまっすぐ飛びこむ。復讐のためでも、個人的な利益のためでもない。彼には気高い理由があり、だからこそ、わたしたちとヒロインのローラはぞっこんになるのだ。

映画は昔の作品にたくさんのオマージュを捧げ、ときにマンガっぽくなる演技、すごく引用しやすいセリフと、名作カルトとなるための愉快な条件を備えている。映画は、ポップカルチャーの用語辞典のなかで、いまでも正当な位置を占める（「だれの家だ？ ショー・ナフ！ いちばんのワルはだれだ？ ショー・ナフ！」）そして、真夜中のカルト映画上映会の常連だ。とりわけアフリカ系アメリカ人のコミュニティで愛されている。バスタ・ライムス、ウータン・クラン、「インセキュア」[2016-]、それにブーツ・ライリーが監督した2018年の不条理ダークコメディ『ホワイト・ボイス』は、すべて『ラスト・ドラゴン』にオマージュを捧げている。

ＭＴＶ世代の究極の産物──年増のシンディ・ローパーかぶれまでそろった──『ラスト・ドラゴン』は、ミュージック・ビデオにときおり印象的な格闘場面をはさんでごた混ぜにする。おそらくは『パープル・レイン』[1984]とB級映画『ベスト・キッド』[1984]をミックスしたできのせいで、批評家の多くはあまり感心しなかったが、いかにも1980年代なＣＧをいくらか使った勝利のエンディングが、映画を輝かせ──もとい、グローさせた。

エンパイア レコード (1995/1996)
EMPIRE RECORDS

29%

監督／アラン・モイル

脚本／キャロル・ヘイッキネン

出演／リヴ・タイラー、イーサン・エンブリー、ロリー・コクレーン、ロビン・タニー、レネー・ゼルウィガー、アンソニー・ラパリア

[総評]

　すばらしいサウンドトラックと駆けだし時代のレネー・ゼルウィガーの力強い演技にもかかわらず、『エンパイア レコード』はだいたいにおいて、ばかげた予定調和のティーン向けコメディドラマでしかない。

[あらすじ]

　音楽を愛してやまない《エンパイア レコード》の店員たちが、大手企業の買収の手から店を救おうと立ちあがる。秘めたる恋や、以前からの反目でばらばらになりそうになりながら。ああ、それから今日は、レックス・マニングの日だ。

[わたしたちが好きなワケ]

　ビデオはラジオスターを殺したかもしれないが、『エンパイア レコード』を救った。アラン・モイルが監督したこの作品は劇場公開時、完膚なきまでにコケた。上映館はわずか87館、一週目で15万1,000ドルの興行成績をあげたのち、14日間後に消える。たとえそうであろうと、90年代にまともな若者だった世代にきけば、『エンパイア』のセリフをいくつも引用でき（「ショックショック、反抗期ってか！」）、サウンドトラックの曲目をそらでいえ、レックス・マニングの日がいつだか教えてくれるはずだ（4月8日）。おそらく、スカートをはいたリヴ・タイラーをど真ん中に据えたアイコン的なポスターを、一時期壁にはっていたかもしれない。それもこれも、すべてVHSビデオのおかげだ。『エンパイア レコード』名作カルト化への道は、ビデオ店へ直結している。国中のレンタルビデオチェーン《ブロックバスター》の「コメディ」コーナーで、好奇心あふれる多くのティーンが、ジーナ、A.J.、コリーその他店員たちと知りあい、彼らの店が《タワーレコード》形式の会社に乗っとられるのを防ごう

と奮闘し、もちろんその過程で、自分たちを発見する物語に触れた。この映画には、ひどく響いてくるものがある。それは、必ずしも、ティーンが夢中になったクールな若者たち——《エンパイア レコード》で実際に働く自称音楽通——ではなく、その代わり、彼らのようになりたかった子たち、クランベリーズはまだ最先端で、シネイド・オコナースタイルに頭をそりあげるのがまだ究極の過激な行動だと思っていた子たちに共鳴するのだろう。「今日は変だぞ、今日は」というセリフが深いと思う子たち、映画の登場人物に追いつこうと躍起になる子たち。

　彼らはまた、趣味のいい若者でもあったようだ。当時の批評家に見限られた『エンパイア』は、ティーン時代の一片の思い出として、広く浸透した同時代の作品となって生き残った。登場人物たちは、いまなら（もしくは5年前までは、たぶん）「ダサかわ」と呼ばれたかもしれない。とりわけイーサン・エンブリー演じるおばかなマークには、ピッタリくる。〝店を救え〟プロットは、全編に緊迫感と楽観主義のほどよい空気を与えている（これは《タワーレコード》や《ボーダーズ》のようなチェーン店が、携帯電話とKindleよりも中小企業を脅かしていた時代の話で、本作や『ユー・ガット・メール』[1998]などの映画は、彼らの奮闘を美化して描いた）。そして、脚本がぐらつくところでは、演技が押しあげた——鼻っ柱を折られる自信家のジーナを演じた若きレネー・ゼルウィガーが、なかでも強力だった。

　脚本のキャロル・ヘイッキネンは、映画のブロードウェイ・ミュージカル版に動いている。だがクールな若者たちは、あきれて天を仰ぐかもしれない——ミュージカルなんて、レックス・マニング並みにイケてない、だよね？　けれど、オープニングナイトにはきっと駆けつける。

バーレスク (2010/2010)
BURLESQUE

 **36%**

脚本・監督／スティーヴ・アンティン
出演／クリスティーナ・アギレラ、シェール、スタンリー・トゥッチ、クリステン・ベル、カム・ジ
ガンデイ、エリック・デイン

〝キャンプ〟でありきたり、『バーレスク』は「ひどい」と「ひどすぎてイケてる」のあいだをぐらぐら行き来する映画で、才能あるキャスト（予想に反し、いい演技をみせるクリスティーナ・アギレラをふくむ）の無駄遣いだ。

[あらすじ]

いなかからロサンゼルスに出てきた歌手志望のアリは、たちまちにしてバーレスク・クラブのカクテルウェイトレスから主役のパフォーマーに出世する。クラブのオーナー、テスはアリのなかにスターの素質を見抜くが、ぽっと出にお株を奪われて、だれもが収まっているわけではなかった。

[わたしたちが好きなワケ]

ポッドキャスト《How Did This Get Made》はポール・シーア、ジューン・ダイアン・ラファエル、ジェイソン・マンゾーカスが２週間に１度、１本の特別〝ひどい〟映画を分析しているが、栄えある第１回目の放送に『バーレスク』を選んだ。2010年後半に公開されてから１ヶ月も経っていなかったが、このミュージカルのダメぶりを掘りさげていきながら、番組のホストたちは、フィルムメーカーがもっと激しくクズ加減を追求し、ＰＧ－13ではなくＲ指定に仕上げていたら、もうすこし骨のある作品になったかどうか意見を交わした。もうちょっと、「あまりにひどくて崇めたてまつられた」『ショーガール』［1995］ぐらい徹底していたら、と。

３人には悪いが、そしてほぼ10年近い後知恵的見地からいえば、わたしたちが『バーレスク』を支持するのは、ずばりまっすぐな、ういういしい目をしたＰＧ－13アプローチをとったがゆえだ。ちょうど、映画のとびぬけた主人公と同じように。ロサンゼルスの夢見びとを物語るあけすけな語り口には、ひどく愛嬌があ

る。演じ手たち——ソフトフォーカスの気丈なヒロイン、アリを全力で演じたクリスティーナ・アギレラ。粋な女性経営者テス役のシェール。そして、とりわけ底意地が悪く、縄張り意識の強いダンサー、ニッキを演じたクリステン・ベル——の役への入れこみぶりがいとしい。それはつまり、脚本・監督のスティーヴ・アンティンによるばかげたセリフが、堂々キャンプ認定を受けたことを意味する。たとえば、スタンリー・トゥッチのショーンが〝アリ〟はなんの短縮形かと本人にたずね、返事をきくと、チェシャ猫笑いを浮かべて「アリス？ そうかい。不思議の国へようこそ」という。

そういった瞬間を楽しむため、スパンコールや、トップハットや、誘いかけるピルエットの、このうす暗いクラブにわたしたちは足を踏みいれる。最高に楽しめるのは、ベル扮するニッキが「あんなあばずれ女に主役を奪われてたまるか、肺のオバケのくせに」とたんかを切るときだ。正直、フィナーレで熱唱するアギレラの声を聴けば、捨てゼリフの後半部分が的外れではないと合点がいく。

また、アギレラの声と音楽目当てでみるのは、いうまでもない。映画のサントラが愛聴されるには、それなりの理由がある。ためしに、アギレラが共同で書いたクロージングナンバー「ショウ・ミー・ハウ・ユー・バーレスク」に合わせて肩をゆすりたくなる衝動に抗ってみるといい。とはいえたぶん驚くには当たらないが、映画の真の立役者は、シェールだ。愛するクラブを失うまいと、テスが苦悩する映画のいちばん暗い場面で、ダイアン・ウォレンの書いたバラード、「ユー・ハヴント・シーン・ザ・ラスト・オブ・ミー」を歌いあげるシェール。歌が盛りあがり、シェールの深い声が響きわたるとき、演じ手と役柄が溶けあう。シニカルなポッドキャスター３人組でさえ、むせび泣くのだ。もしくは、すくなくとも、わたしたちはそう思う。

ザ・クラフト (1996/1996)
THE CRAFT

 **57%**

監督／アンドリュー・フレミング
脚本／ピーター・フィラルディ、アンドリュー・フレミング
出演／ロビン・タニー、ファルーザ・バーク、ネーヴ・キャンベル、レイチェル・トゥルー、スキート・ウーリッチ、クリスティーン・テイラー、ブレッキン・メイヤー

評者：テリ・ホワイト　Terri White
テリ・ホワイトはイギリスの映画雑誌〈エンパイア〉の編集主幹をつとめ、〈パイロットＴＶ〉誌を創刊した。過去には〈タイムアウト・ニューヨーク〉誌の編集主幹、〈ライフ＆スタイル・ウィークリー〉誌の編集長をつとめた。

　90年代の青春映画に登場するティーンは、ごく特定のタイプに限られる。もっと明確にいえば、ごく限られた女の子だ。リッチで不機嫌でわがまま、はだか同然のデザイナーズ・ブランド服に身を包み、50代の親は決まって1年中日に焼け、マティーニ片手に遠くの地からこどもを見守っている。彼女たちが重荷に感じることがあるとすれば、圧倒的な人気と、重すぎる髪の毛ぐらいだ。1995年の秋に公開された『クルーレス』が、この時代のこの手の映画を代表している。だが、そのわずか7ヶ月後に公開された作品が、映画的なティーンの類型を、完璧にひっくり返した。単に類型をいじって遊ぶだけでは終わらず、90年代の観客がなじんでいたティーンの女の子の特定なタイプにけんかを売った。それが『ザ・クラフト』だ。

　『ザ・クラフト』に出てくるブロンドのナルシストたちは、主役ではない。4人の主人公の敵役だ。そして、われらが主人公たちは、ただのティーンの女の子

ではない。魔女なのだ。「魔女」とは、社会の規則や規範からはずれて生きる女たちに貼られた歴史的なアイデンティティだ。ここでその名前を冠されるのは、ナンシー（ファルーザ・バーク）、ボニー（ネーヴ・キャンベル）、ロシェル（レイチェル・トゥルー）、そしてサラ（ロビン・タニー）。

　はじめに4人を結びつけるのは、アウトサイダーであり、フリークスとしての立場だ（「怪しい連中って、わたしたちのことだよ、ミスター」と、ナンシーは友好的なバスの運転手にいう）。彼女たちアウトサイダーは、必死に内にこもり、自分を変えずにいようとはしない。その代わり、学校を歩くスローモーションの場面——ほかの映画だったら、平凡な変身がうまくいった印——で、はっきりとメッセージを伝える。「あたしたちはあんたたちとは違うし、それを気に入っている」。けばけばしく、派手で、強情。その違いが、うなり声とつりあがった眉に現れる。

> ## "90年代の観客がなじんでいたティーンの女の子の特定なタイプにけんかを売った。"

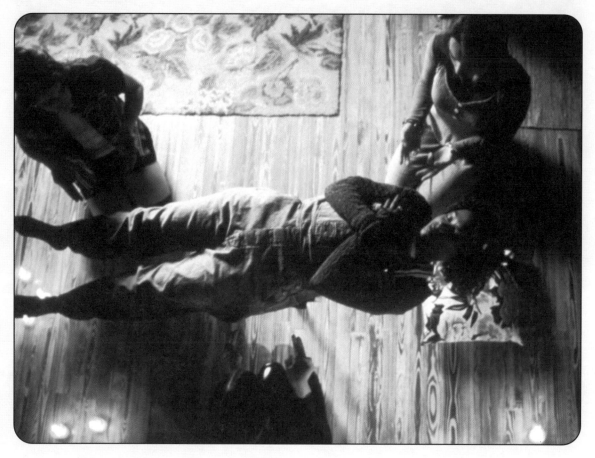

　4人の友情はほんもので、共感もできる──温かさ、不確かさ、移ろいやすさが、素早くいちどきに4人のあいだを漂う。酒とたばこをまわしのみ、辛らつなことばを投げあう。互いにすべてをさらけだす。「最悪だったとき、自殺しようとした」と、サラがナンシーにうち明ける。「よく幻覚をみたよ。目を閉じるとヘビや虫がウジャウジャいた」この情報は、映画の最後にナンシーがサラを攻撃する手段として使う。女の友情が絶えるときの描写が残酷なほど正直なのと同様、それが生まれるときの、ぼんやりした卑屈さもうまくとらえている。これは、完璧な女の子が満点の成績をとろうとする話でも、完璧なクオーターバックのボーイフレンドを手に入れようとする話でもない。『ザ・クラフト』は、4人が苦しむ人種差別、貧困、虐待、身体問題、それから心の病を扱っている。あらゆる面で、ただなんとかやっていこうとしているだけ

の不完全な女の子たちだ。自分自身を、お互いを、そして世界を生きのびようとしている。とりわけ、4人の住む世界の男たちから。
　手に負えない女性蔑視（ミソジニー）が彼女たちの行動の自由を縛り、手荒にあつかう様子が描かれる。ミソジニーにたきつけられ、若く、恵まれた境遇の白人男性の典型として、同級生のミット（ブレッキン・メイヤー）がサラを「あのヤリマン」と呼ぶ。映画はまさに、この毒性がどう沸騰し、スラット・シェイミング（女性をあばずれ呼ばわりすること）や、ガスライティング（精神的に追いつめること）や性的暴行に発展していくのかを追求する。
　これに対する回答──革新的な回答だ、実際──は、ありとあらゆる必要な手段に訴えた女性パワーの再生だ。「権利の呪文を唱えろ」と、予告編は呼びかける。これは、映画冒頭でさらに補強される決意の表

> ## 4人の友情はほんもので、共感もできる。

明だ。魔術の道具に囲まれ、ナンシー、ボニー、レイチェルが輪になって唱える。「時はきた、いまこそわれらの魔法を、パワーを呼び戻せ」

4人がついに宇宙の創造主マノンを呼び出す場面は、無類の力強さだ。そして、あることを露にする。生まれてから常に競いあい、敵対しあうよう仕向けられてきた女たちはバラバラでいるより、力を合わせたほうがパワフルだという事実だ。女たちには、意義のあること、すばらしいことを成し遂げる力がある。なぜなら男抜きでやるからであり、男抜きでやるにもかかわらず、ではない。

さらに物議をかもすのは、『ザ・クラフト』が自己中心的なパワーを肯定している点だ。多数のためでなく、個人のために使うパワーを容認している。バランスを——4人のバランスを調整するために。性差別主義者の運動選手クリス（スキート・ウーリッチ）をナンシーが責めるとき、こう叫ぶ。「おまえにできるのは女を売春婦扱いすることだけだ。おまえこそ売春婦じゃないか。こんなことは終わりにしてやる」ナンシーの叫びは、うそをつかれ評判を貶められ火をつけられたすべての女を代弁する。男にノーといってもイエスとしか受けとられない女たちの声を。4人の少女が復讐をするとき、その復讐は——はじめは——公平

と正義のためだ。

魔術を通じて正義を行うのは確かだが、怒りによってターボチャージされ、意味を与えられ、形づくられる。明晰さと意図をもって表現される魔術なのだ。特定の場所から生まれ、ひとつの結果がある。怒りは正当化でき、意味があるが、美しくもないし反省もしない。ナンシーがとうとうクリスに復讐する場面は、おそろしくて醜い。ナンシーの頭はのけぞり、首筋が怒りでむきだしになり、とり憑かれたように叫ぶ。

明らかに、『ザ・クラフト』は完全無欠ではない。流した血と失われた命の代償をだれかが払わなければならず、そのだれかとはナンシーだ。彼女は最終的に精神科病棟のベッドに拘束され、自分の〝パワー〟についてとりとめなく話す。だが、映画の終わりになってもサラはまだ全能で、より強力になってみえる。コントロールのしかたも身につけたようだ。人生のコントロールを。いまでもひとと違うことを誇りにし、反骨心がある。そしてまわりには、デザイナーズ・ブランドのスカートも、ウオッカ・マティーニも見当たらない。

※編注：2020年、続編／リブートの"The Craft : Legacy"が全米でオンデマンド配信された。

[《ロッテントマト》の総評]

『ザ・クラフト』の〝キャンプ〟な魔術は、しばしば物語の核を成すフェミニストのメッセージを上書きしてしまうが、魅力的なキャストとポストモダンな視点は、それでも散発的な魔力を発揮する。

マーズ・アタック! (1996/1997)
MARS ATTACKS!

 **53%**

監督／ティム・バートン
脚本／ジョナサン・ジェムズ
出演／ジャック・ニコルソン、グレン・クロース、アネット・ベニング、ピアース・ブロスナン、ダニー・デヴィート、マーティン・ショート、サラ・ジェシカ・パーカー、マイケル・J・フォックス

　ティム・バートン監督によるエイリアン襲来ものの
パロディは、低俗な50年代SFやエド・ウッド映画
のうすっぺらな登場人物とずさんなストーリーを、忠
実に再現している──たぶん、観客にとってはいささ
か忠実にすぎた。

[あらすじ]

　ギョロ目で頭でっかちな火星人の軍勢が地球を訪れ
たのは、平和のためではなかった。さまざまな政府要
人と無名のひとびと──全員を超有名なひとびとが演
じている──が、彼らを止めようと奮闘する。

[わたしたちが好きなワケ]

　1996年、2本のエイリアン襲来映画が劇場で公開さ
れた。2本とも、おぞましい宇宙生物が寄せあつめの
地球人たちと戦う（そして、名所を破壊する）。2本
とも、ポスト冷戦時代の名作──『地球の静止する
日』[1951]、『宇宙戦争』[1953]、『博士の異常な愛情ま
たは私は如何にして心配するのを止めて水爆を愛する
ようになったか』[1964]など（だがこれに限らない）
がもとネタだ。だが『インデペンデンス・デイ』の地
球外生命体が、手ごわく、進んだ科学力と戦略に長け
た軍事力を持つのに対し、『マーズ・アタック！』の
インベーダーはまぬけで粗野、『グランド・セフト・
オート』で遊ぶ13才のこどもが悪ふざけするようなノ
リで、だれかれ構わず虐殺していく（アメリカ政府
丸ごとをふくめ）。『インデペンデンス・デイ』のメッ
セージは、人類は一致団結してこそ、最大の力を発揮
するというものだ。『マーズ・アタック！』は、醜く
ていじわるなちびの嫌われ者と自分たち人間が、たい
して違わないかもしれないと暗に示唆する。

　偶然の類似にもかかわらず、「胸を熱くする」作品
は「シニカル」な作品より売れ線を行き、たぶん意外
ではないが、『インデペンデンス・デイ』が好意的な
評価を受け、1996年最大のスマッシュヒットへの道を
歩んだのに対し、『マーズ・アタック！』は、興行面
でも評価の面でも期待はずれに終わる。

　ティム・バートンがこの素材で本領を発揮している
のは、いうまでもない。ディズニーのアニメーター
だったキャリアの初期から、バートンは異形の者、

社会のはみだし者、そして、彼の愛する映画（すなわ
ち、感嘆符つきのタイトルと、お粗末な作品価値
の低級SF映画）に住まう孤独なモンスターを、愛情
をこめ、崇高な存在に押しあげる作品を撮ってきた。
なんと、バートンはクズの1950年代B級映画を愛する
あまり、当時いちばんのクズの、もっとも無能な、映
画作家のなりそこない、エド・ウッドの心にしみる伝
記映画をつくり──アカデミーの眼鏡にかなう！

　だが、ウッドの『プラン9・フロム・アウタースペー
ス』[1959]のような作品の魅力は、志と実行手腕のあ
いだにあいた大きな溝にある。一部の批評家は『マー
ズ・アタック！』の不敬なトーン（とりわけ『インデ
ペンデンス・デイ』の散発的な大まじめぶりに比べ
て）を楽しんだものの、大半はスター総出演の、大予
算をかけたオマージュが、影響を受けた作品の精神に
反するのではと首をひねった。

　だがそれ以外の者は、同じ理由で『マーズ・アタッ
ク！』を歓迎した（もとネタのトップス・トレーディ
ングカード同様、映画は熱心なカルトを生む）。1970
年代の仰々しい災害映画のように、『マーズ・アタッ
ク！』は豪華キャスト（ジャック・ニコルソンの2役
は抜きにして）をそろえることで、展開の不条理さに
華を添えたようにみえる。傑出しているのは、とはい
えそれに限るわけではまったくないが、好戦的な将軍
役のロッド・スタイガーと、ひときわひと目を引く無
口な火星人スパイを演じるリサ・マリー・スミス。ブ
ロックバスターで飾りつけられても、ほこりっぽい
ポップカルチャーのがらくたに注ぐバートンの愛情を
ありありと感じる。地球を守る戦いは、聴くにたえな
いスリム・ホワイトマンの歌声のおかげで勝利する。

　そして、人間嫌いの評判に反し、『マーズ・アタッ
ク！』は若いカップルが愛をみいだし（いじめられっ
子のルーカス・ハースが火星人の弱点を発見し、前大
統領の娘で現大統領のナタリー・ポートマンとくっつ
く）、別のカップルはよりを戻し（ジム・ブラウンと
パム・グリアは再会し、結婚生活をやり直す）、さら
にまた別のカップルは、つかの間心を通わす（ナタ
リー・レイク［サラ・ジェシカ・パーカー］の生首
と、ドナルド・ケスラー教授［ピアース・ブロスナ
ン］はキスをしたあと、宇宙船の墜落に巻きこまれて
死亡した模様）。

ザ・セル (2000/2001)
THE CELL

 **45%**

監督／ターセム・シン
脚本／マーク・プロトセヴィッチ
出演／ジェニファー・ロペス、ヴィンセント・ドノフリオ、ヴィンス・ヴォーン、マリアンヌ・ジャン＝バプティスト、ディラン・ベイカー

[総評]
『ザ・セル』の映像は、心をかき乱し、目を瞠(みは)る美しさだが、練り込み不足でうすっぺらなプロットに真新しさはなく、せっかくの効果もかすんでしまう。

[あらすじ]

連続殺人犯が昏睡(こんすい)状態に陥ったため、捜査班は新たな犠牲者の所在地をまったくつかめずにいた。早く発見しなければ、犯人のしかけた罠(わな)で犠牲者が溺死してしまう。万策つきた捜査官は、開発中の新しいテクノロジーに目をつけ、若い心理学者を文字どおり連続殺人犯の心のなかに送りこみ、答えを求めてシュールな捜査にあたらせる。

[わたしたちが好きなワケ]

1900年代の映画界は、想像しうるあらゆる種類の連続殺人犯を観客に投げつけた。皮膚から服をつくる者、犠牲者の犯した罪を利用して抹殺する者。ほかの連続殺人犯の模倣(もほう)をする者がいれば、犠牲者の骨のかけらを集めるタクシーの運転手もいる。それどころか堕天使アザゼルにとり憑かれた男までいた(その男の出てくる作品『悪魔を憐れむ歌』[1997]は、デンゼル・ワシントン主演の完璧にばかげた失敗作だ)。

そして、2000年、『ザ・セル』のカール・ルドルフ・スターガー(ヴィンセント・ドノフリオ)が登場する。彼は犠牲者をガラスの独房(セル)で溺れさせ、自分は背中に埋めこんだフックでつり上がり、上からそれを眺める性癖を持つ。

『ザ・セル』は、輪になったフィルムメーカーたちに向かって、つぎのような質問を投げかけたときに生まれる映画だ。「いまや連続殺人犯ものが大はやりだが、どうすればつぎの段階に進めるかね?」そういうわけで、われらが殺人犯は児童虐待を受けた犠牲者で、統合失調症をわずらい、自らを切り刻み、大がかりな拷問装置を組み立てる。腕のいい配管工にして、髪の毛でできた角を生やし、イカしたケープをまとった獣になる夢をみる。そういうわけで、単純に手がかりをさがし、DNAサンプルをテストし、データベースを隈々まで調べてスターガーを追いつめる代わり、われらがヒーローたち——犯罪捜査は門外漢の児童心理学者(ジェニファー・ロペス)と丸顔の刑事(ヴィンス・ヴォーン)——は文字どおりスターガーの心のなかへ入り、彼のさまざまな分身と闘い、最新の犠牲者のいどころを突きとめなければいけない。

ミュージック・ビデオ・ディレクターのターセム・シンは本作で長編デビューを飾り、ふたりにひどく異常な精神と対決させた。シンのつくりだした心象風景は忘れがたい。スターガーの頭のなかの王国では、人形のような犠牲者たちはけばけばしいメイクを施され、手足をもがれ、こちらが不安になるほど落ち着きがない(「アメリカン・ホラー・ストーリー」[2011-]のオープニングシークエンスのクリエイターは絶対参考にしたはずだ)。ロペスが奇怪な宝石で顔をおおったり、聖母マリアに扮したりするうち、彼女の演じるキャサリン・ディーンは、空想と現実を区別する意志と能力を失いはじめる。ある時点で、ダミアン・ハーストにヒントを得たシンが、落ちてくるガラスの壁で馬を瞬時に12個の肉片に切断してみせるのは、ただ単に——と思われる——クールにみえるからだ。ありとあらゆるものプラス、切断された馬の演出は、映画の熱心なファンダムを生む。だが、ロペスがいなければ、本書にこの作品の居場所はなかっただろう。ロペスは一点集中型で同情心あふれるディーンを演じ、地に足のついた感覚を映画に与えつづけた。ポップスターのジェイロー自身が、ちょっと〝やりすぎ〟と思うような衣装とメイクに包まれてさえ、ロペスは人間的なつながりを保ち、映画が正気を失おうと、ハートを失(な)くさなかった。

愛と憎しみの伝説 （1981／日本劇場未公開・TV・DVD）
MOMMIE DEAREST

 **50%**

監督／フランク・ペリー
脚本／フランク・ヤブランス、フランク・ペリー、トレイシー・ホッチナー、ロバート・ゲッチェル
出演／フェイ・ダナウェイ、ダイアナ・スカーウィッド

フランク・ペリー監督の〝キャンプ〟なメロドラマは確かに説得力があり、タイトルロールに扮するフェイ・ダナウェイの演技もたっぷり堪能できる。だが残念ながら物語は秩序に欠け、うしろめたい楽しみ以上を提供してくれない。

[あらすじ]

ジョーン・クロフォードの娘、クリスティーナがこども時代を回想した痛烈な自伝を映画化。『愛と憎しみの伝説』のジョーン・クロフォードは完璧なモンスターとして描かれ、必死の努力にもかかわらず女優としてのキャリアは下り坂になる。

[わたしたちが好きなワケ]

ジョーン・クロフォードを演じるフェイ・ダナウェイの比類ない演技は、おそらく彼女の着る衣装のひとつにその本質がいちばんよく表れている。テリー織のバスローブ。特徴のない、すぐに忘れるタオル地のローブと混同するなかれ。これは完全にあつらえたもので、普通は映画賞のシーズンに女優が着るみごとなガウンでしかお目にかかれないような肩パッドがはいっている。ローブを着ている女優本人のように、過剰だ。それは、『愛と憎しみの伝説』に、キャンプな楽しみがみつかることをほのめかす。

ダナウェイのジョーンはローブの腰ひもをなにげなく縛りながら、幼い娘に向かって、試合で母親を負かすほどのいい水泳選手には絶対になれないという。映画がもとにした回想録によれば、ジョーンと過ごす、日常的な日曜日のひとコマだ。

ときに批評家は、ジョーンと過ごすこれらのおそろしい日曜日（と月曜から土曜まで）から、単なる短い断片以上の中身を求める。彼らは従来の映画鑑賞で得られる楽しみ、よく練ったプロットや含蓄のあるセリフなどを欲しがる。〈タイム〉紙のリチャード・シスケルは、この映画を「金切り声の場面の寄せあつめ」と評して切り捨てた。彼は「張りつめた物語もなければ、人間的興味をそそりもしない映画と向きあい、ついにはペンキが乾くのを眺めるしかなくなる——フェイ・ダナウェイの顔の上で」と書いている。

だが、ペンキが乾いていくその顔の、なんと傑作なことだろう。ダナウェイ演じる『愛と憎しみの伝説』の悪役は、ユニークで大胆で、忘れがたい——だからこそ、この作品はカルトの名作として生き残り、熱心なファンは、ワイヤー製ハンガーについて怒りをぶちまけるときのダナウェイ並みに、目をひんむいて鑑賞する。ダナウェイのジョーンは、古典映画に出てくる忘れがたいモンスターだ。描写が実物に忠実だろうとなかろうと、関係ない。クリスティーナ役のダイアナ・スカーウィッドは、役柄上のおおげさな母親への怒りを抑えて表現し、映画のなかで唯一のバランスをもたらしている。それ以外は、床をきちんと磨かなかったり、メイク用品で遊ぶこどもに気が違ったように当たり散らすダナウェイを、ひたすら見守るしかない。

クロフォードが深みに欠ける、頭のおかしな女優以外の何者でもないことを物語りはしないものの、性格描写のためにフランク・ペリー監督が組み立てた場面の数々には一見の価値がある。『愛と憎しみの伝説』のクロフォードを、古典ホラー映画のモンスターと戦わせたら、わたしたちはクロフォードの勝利を予想する。傷ひとつなく、バスローブをすこしも乱さずに。

ロッテンの殿堂

ここにたたえよう、
最低に〈ロッテン〉な映画たちを……

スーパーヒーローもの

マックス・スティール
(2016)
＊0%

オスカー受賞作 いそしぎ
(1965)

＊10%

「シャドウ・オブ・ユア・
スマイル」でオスカー
歌曲賞を受賞。

音楽家
マドンナ
主演作
スウェプト・
アウェイ
(2002)

＊5%

尼僧
ムービー

＊7%

天使に
ラブ・ソングを2
(1993)

年間興行収入トップ
永遠のアムバア
(1947)

＊11%

同じ監督
（ゲラ・バブルアニ
によるリメイク
ロシアン・ルーレット
(2011)

＊8%

ビデオゲームの映画化
ブラッドレインⅡ
(2007)

＊0%

＊0%

レビュー数
29件

タイトルに
感嘆符のある映画
ビッグ・ランニング
(1994)
WAGONS EAST !

巨大ロボット映画

パワーレンジャーターボ
誕生！ターボパワー

(1997)

✳ **16%**

✳ **0%**

80年代スラッシャー

悪魔のサンタクロース2
(1987)

そして史上最低
〈ロッテン〉賞は……

バリスティック

(2002)

✳ **0%**

レビュー数117件

"ラリー"
フィッシュバーン出演作

ローレンス・
フィッシュバー
ンがまだ〝ラ
リー〟と名のっ
ていた頃の
ワースト映画。

✳ **0%**

BAND
OF THE
HAND
マイアミ5
(1986)

タイトルに
"トマト"がつく映画

リターン・オブ・ザ・
キラートマト

(1988)

0%

続編のジンクス

✳ **0%**

『スティング』
[1973]の93%と
『スティング2』
の0%は続編映
画における〈ト
マトメーター〉
最大の落差。

スティング2 (1983)

サメ映画

✳ **0%**

ジョーズ'87
復讐篇
(1987)

レスラーの
ハルク・ホーガン
出演作

クロオビ・キッズ
メガ・マウンテン
奪回作戦

(1998)

0%

映画シリーズ 『ATLAS SHRUGGED』

✳ **10%**
パート1 (2011)

✳ **4%**
パート2 (2012)

✳ **0%**
パート3 (2014)

時代の先を行く

ああ、そういうことだったのか

カリン・クサマ監督の『ジェニファーズ・ボディ』——2009年に公開され、ミーガン・フォックスが悪魔に憑依された高校生役を、アマンダ・セイフリードが彼女と対決しなくてはいけない親友役を演じる——は、その短い命のあいだ、極めて劇的に評価が変わった。公開にあたり、『ジェニファーズ・ボディ』はぐっしゃり潰れた緑色の〈ロッテン〉トマトを浴び、批評家からは、ホラーとしてもコメディとしても中途はんぱなジャンル映画として切り捨てられた。いまでは無数の再評価の対象となり、有害な男性性をすっぱりぶった切った先見の明を、封切り時に宣伝担当も批評家もきちんと〝理解〟しなかったとされる（わたしたちはだいたいそれに同意見だ。理由は140ページを参照）。『ジェニファーズ・ボディ』はわたしたちが〝過小評価した〟と呼んでいる映画の1本だ。最初に批評家がみなしたよりも、たぶんもうすこし思慮深くつくられている。ときどき、批評家は表面的な傷——たとえば、『プラクティカル・マジック』[1998]のジャンル

の混乱や、ＳＦ／ホラーの人気作『イベント・ホライゾン』[1997]の安易なおどかし戦法（批評家のビルゲ・エビリがこの章で論じている）——に目くじらを立て、より奥深い喜びを見落とす。そして、ときには時間が味方となって、そういった映画が実はどれほど大きな影響力を秘めていたのかがみえてくる（『ブレイド』[1998]がスーパーヒーローものとアクションもののひな型になり、『ストレンジャーズ　戦慄の訪問者』[2008]が発展性を秘め、広く研究されるスラッシャー映画となるのを刮目すべし）。だが、ときどき、批評家たちの評価が後手にまわった、純粋な傑作だってある。オーストラリアの批評家デイヴィッド・ストラットンがジュリー・テイモアの野心的なミュージカル『アクロス・ザ・ユニバース』[2007]をそうだと主張するように。どんな理由で過小評価されたにせよ、それらの映画は今日まで持ちこたえて生きのび、〈ロッテン〉の判定を受けたからといって、新鮮な目でみなおすのをやめるべきではないと、ひとびとに告げている。

ストレンジャーズ 戦慄の訪問者 (2008/2009)
THE STRANGERS

 **48%**

脚本・監督/ブライアン・ベルティノ
出演/リヴ・タイラー、スコット・スピードマン、ジェマ・ワード、キップ・ウィークス、ローラ・マーゴリス

『ストレンジャーズ　戦慄の訪問者』は、心底ぞっと
なる場面が数箇所あるが、標準的なスラッシャー映画
以上のできに押しあがるまでにはいたらなかった。

[あらすじ]
　人里離れた一軒家に住む若いカップルは、何者かが
ドアをノックしたあと、自分たちが包囲されたことに
気づく。夜どおし、カップルはマスクをかぶった３人
組の襲撃者をだし抜こうと試みる。３人組は、ふたり
を殺そうと決意していた――なんの理由もなく。

[わたしたちが好きなワケ]
　ブライアン・ベルティノの『ストレンジャーズ
戦慄の訪問者』は、2008年に最初に公開されたとき、
不快な、サディズムのちょっとした習作だとして切り
捨てられた。一部の批評家が映画づくりの巧みさをし
ぶしぶほめ、多くがスコット・スピードマンとリヴ・
タイラーの主演演技を正当に評価するいっぽうで、大
半が、その才能の使い道に疑問を呈した。映画は明ら
かに、なにも描いていない。そして、からっぽである
以上に、やすっぽい。さらにはろくでもない。また、
ゆがんでもいる。つまるところ、下劣だ。
　11年が経ち、続編が１本つくられたあと、一部のひ
とびと――批評家もふくむ――はこの映画を、2000年
代のスラッシャー映画を代表する名作だといいだし
た。やっと気がついたらしい、とわたしたちは思う。
『ストレンジャーズ』を再評価し、学術的な目を投
げかけた多数の者が、しばしば９・11後のアメリカに
ついて描いた映画として解釈した。その昔、スラッ
シャー映画の犠牲者はセックスや酒、その他ウェス・
クレイヴンの『スクリーム』[1996]で、登場人物のラン
ディ・ミークスが挙げたホラー映画の〝べからず
集〟を実践して自らの最期を〝招きよせ〟たのに対

し、ここではマスクをした無口なサイコパス３人組
に、いまでは有名な、単に「家にいたから」という理
由で襲われる。暴力は無目的で、特定の標的もなく
――アメリカ国民がわずか数年前に経験し、再び経験
するのではとおびえる、無作為の襲撃そのものだ。
　そのような分析は、教室に置いていこう。わたした
ちが『ストレンジャーズ』を愛するのは、ホラー映画
として大成功しているから――つまり、とんでもなく
怖いからだ。映画は、しばしばミヒャエル・ハネケの
『ファニーゲーム』[1997]にたとえられるが、真のいと
こを問われれば、わたしたちはジョン・カーペンター
の『ハロウィン』[1978]と答える（続編でつくりあげ
た伝承にまかれて忘れがちだが、ローリー・ストロー
ドはもともとそこにいあわせただけの縁もゆかりもな
いベビーシッターで、『ストレンジャーズ』のタイラー
とスピードマンのカップルのように、たまたま家にい
たのだ）。
　殺人鬼がかぶる店で買ったやすっぽいマスクだけ、
武器に選んだナイフだけが２作の共通項ではない。『ハ
ロウィン』同様、『ストレンジャーズ』はぎりぎりま
で機能をそぎ落とした、ひとを恐怖に陥れるのが目的
のマシーンだ。映画前半でみせる、精妙なフレーム割
りの演出による「うしろにいるぞ！」――『ハロウィ
ン』のクライマックスで、暗闇に包まれた玄関から
ゆっくりと現れるマイケル・マイヤーズをほうふつさ
せる――から、後半を占める追いかけっこまで、映画
は立派に使命を果たす。そして、そう、スピードマン
と、とりわけタイラーの演技がすばらしい。
　最近の続編、『ストレンジャーズ　地獄からの訪問
者』[2018]は価値あるフォローアップで、１作目の陰
うつな雰囲気から一転、明るい、わざと80年代レトロ
なスラッシャーの趣きへと舵を切った（明るいポップ
なサントラもついて、完璧だ）。批評家はもちろん嫌っ
たが、10年後には気が変わるかもしれない。

白昼の幻想 (1967/1968)
THE TRIP

 **36%**

監督／ロジャー・コーマン
脚本／ジャック・ニコルソン
出演／ピーター・フォンダ、ブルース・ダーン、スーザン・ストラスバーグ、デニス・ホッパー

『白昼の幻想』のしびれるエフェクトと現代的なメッセージは、荒っぽい演技、冗長なストーリー、ドラマに欠けるプロットを克服できずに終わる。

[あらすじ]
テレビCMのディレクター、ポールは妻サリーとの離婚協議中だった。息抜きのため、麻薬を吸い、フリーラヴの信奉者とつきあい、はじめての〝白昼の幻想〟を体験する。

[わたしたちが好きなワケ]
60年代、アメリカのインデペンデント映画は隆盛を極めた！　ジョン・カサヴェテス監督の先駆的な『アメリカの影』[1959] が青写真をひく。それは、スタジオが興味を持たない、ちいさな内面のドラマだ。大いなる真実を不器用に手さぐりする個人的なストーリーを、生々しいメソッド演技が支える。『白昼の幻想』の場合、メソッド演技のリサーチとは、つまり、ピーター・フォンダ、ロジャー・コーマン、ジャック・ニコルソンによるLSD集会だ。3人組の冒険をとおして彼らが生きるカウンターカルチャーを等身大に描き、その小社会では、ひとりが築いた壁の上へ無意識の欲望を漂わせ、サイケデリックなロックで一晩中踊り明かし、互いの体に押しつけたフリーラヴを体験する。

フォンダ演じるポールは差し迫った離婚で仕事に影響をきたし、ひげ面の優しいシャーマン、ジョン（ブルース・ダーン）を訪ねる。ジョンはアップルジュースでひとびとに現実に戻れとうながす。ジョンが手に入れたLSDを試してトリップした直後、ポールは内面の穴に落ち、そこでまどろんでいた自己への疑問に正面から向きあって答えを出す。マントをまとい、マスクをした人物が馬でポールを追いかける。肉体的な喜びの追憶がある。現実と空想があいまいになりはじめる。ポールは、彼が一部となる存在の超個体と堕し、宇宙の全生命とつながる。ひと切れの果物から注ぎ出るエネルギーを感じる。洗濯機に向かって笑いかける。

旅のはじめは愉快だが、その後悪夢に転じる。遍歴は、カレイドスコープのようなエフェクト、投影された照明の洪水、アバンギャルドな編集、それにめまぐるしい、どことなく脈絡のある幻影でつづられる。

批評家の一部は、『白昼の幻想』のど派手で悪ノリした演出、陳腐な演技、ふらつくプロットに激しくいらだち、現在適切な精神状態にない状態（えへん）で映画をみる者の目には、お笑いぐさとしか映らないかもしれない。だが、草の根のボヘミアンにとって、これは正しい場所、正しい時期に現れた。1967年、アメリカの目は、〝サマー・オブ・ラヴ〟の黎明を迎えたサンフランシスコに注がれ、ロサンゼルスが舞台の『白昼の幻想』は、南カリフォルニアからのまとまりのないポストカードのようだった。アメリカのインデペンデント映画（いまや総天然色だ！）はわたしたちの世界を広げ、日々存在することで経験するちいさなドラマ、ちいさな勝利、後退を誠実に描く。そして、ここでは心の最前線をのぞきこむ試みが行われている。

イベント・ホライゾン (1997/1997)
EVENT HORIZON

 **27%**

監督／ポール・W・S・アンダーソン
脚本／フィリップ・アイズナー
出演／ローレンス・フィッシュバーン、サム・ニール、キャスリーン・クインラン、ジョエリー・リチャードソン、リチャード・T・ジョーンズ

評者：ビルゲ・エビリ　Bilge Ebiri
　ビルゲ・エビリは、元〈ヴィレッジ・ヴォイス〉誌の映画批評家。現在は〈ニューヨーク・マガジン〉〈ニューヨーク・タイムズ〉紙〈ローリング・ストーンズ〉誌に寄稿している。2004年、初監督作品『New Guy』［日本未公開］を公開、〈トマトメーター〉で〈フレッシュ〉の判定を受ける。

　『イベント・ホライゾン』は冷酷非道な映画だ。それが1997年の公開時、批評家からあれほど忌み嫌われた理由の説明に、一部なるかもしれない。ポール・W・S・アンダーソン監督が、批評家のお気に入りだったことはいちどもない——彼の映画はたいてい無遠慮で暴力的、安直なスリルを盛りこみたがる——が、長編映画3作目となる野心的なSFホラー映画のレビューは、とりわけひどい拒否反応を示された。「退屈で、血まみれの失敗作」と〈ピープル〉誌のレア・ローゼンは評した。「だれかの鼓膜が破れるたびに、サウンドデザイナーは歩合をもらえるらしい」と、ライアン・ギルビーがイギリスの〈インデペンデント〉紙に書いている。

　『イベント・ホライゾン』がときおり特定の名作映画を想起させる（すくなくとも想起させようとした）のは、もちろん評価の足しにはならなかった。フィリップ・アイズナーの脚本は、『禁断の惑星』［1956］、『惑星ソラリス』［1972］、『シャイニング』［1980］、『エイリアン』［1979］、（それと『エイリアン2』［1986］をちょっぴり）を混ぜあわせたものだと表現しても構わないが、た

だし、あかぬけないセリフが飛びかい、繊細さのかけらもないのはいうにおよばず、大衆の低俗趣味に迎合した奇襲戦法を全面採用しているのに目をつぶらなければならない。

　それでもやはり、それらすべてのために、おそらく『イベント・ホライゾン』はとうてい忘れがたく、ドギマギし、そう、エキサイティングでありつづける。アンダーソンの直截なアプローチ、登場人物へのきびしい扱い、血なまぐさく凄惨な暴力をいとわない姿勢が、彼の作品に特有の容赦ない、いたたまれない雰囲気をつくりだす。そして、イベント・ホライゾン号そのもの——文字どおり、地獄に行って戻ってきた、悪霊に憑依された殺人宇宙船——に、監督は完璧な舞台設定をみいだした。

　アンダーソンの映画は、宇宙での危険な任務にまつわるおなじみのSF話ではじまる。2047年、救難船ル

> " **地獄は実在するだけでなく、どうやら宇宙船と、なにやらこみいった数学を通じて行けてしまう。** "

イス&クラーク号は、ストイックだが思いやりのある
ミラー船長（ローレンス・フィッシュバーン）指揮の
もと、行方不明だったが不可解にも発見された宇宙船
の調査に向かう。みつかった船の設計者、ウェアー博
士（サム・ニール）がルイス&クラーク号の新たな遠
征に同乗し、行方不明だった船は、実は最高機密の使
命を帯びていたとクルーに告げる。それは、時空を曲
げて「一箇所から数光年離れた別の場所へ同時にジャ
ンプできるゲート」をつくりだすことだった。なぜ、
どうやって船が帰還したか──または何年間もどこへ
行っていたかは、だれにもわからない。彼らがつか
んでいる手がかりはイベント・ホライゾン号から送ら
れた古い救難通信のみで、船のだれかがラテン語で
「Liberate me（助けて）」というのがかすかにききと
れる。

その不気味なメッセージは、暗い、空洞めいた船内
とあわさって、ゴシック風の悪夢のエッセンスを呼び
覚ます。イベント・ホライゾン号の調査に向かった主
人公たちは、目のない浮遊死体と壁にべっとりついた
おぞましい血のコーティング以外、クルーの痕跡をみ

つけられなかった。船内は、ときに最新鋭の宇宙船
というよりも、巨大でものものしい中世の拷問器具に
みえる。なぜだかドアにはとげさえついている。〝重
力コア〟──船の時間と空間を曲げるゲートの動力源
となる奇妙な、巨大な装置（この作品のえせ映画科学
は、実にそれらしい）──は、鋲がついた巨大な首輪
2個に囲まれて回転する、巨大な戦棍のようだ。

ほどなく、ルイス&クラーク号のクルーはいちばん
つらい記憶の幻覚に悩まされる。すでに精神的にもろ
い状態だったウェアー博士は、映画の冒頭、悪夢めい
た妻の幻覚をみる。どうやら妻が自殺した何年も前の
晩を、博士はくり返し生きているらしい。船の医療隊
員ピータース（キャスリーン・クインラン）は、障が
いのある息子が足におぞましいケガを負う幻覚をみる。

やがて、イベント・ホライゾン号自体が、それらの
幻覚をみせているのだと判明する──別次元へ旅した
ことで船は意識を持ち、というかより正確には、何者
かに憑依された。「船はわたしたちの宇宙に穴をあけ
た。別次元への入り口を──純粋なカオス、純粋な悪
の次元への」と、ウェアー博士がいう。それは要する

> **自分で選んだジャンルの典型的なルールで プレイするのを拒んだ映画。『イベント・ホライゾン』では、なんでもできる。**

に……地獄？「地獄はただのことばにすぎない。現実はもっと、もっと悪い」

　ＳＦホラーというサブジャンルは、本質的に矛盾している。すくなくとも表面上は異なる衝動を持つふたつのジャンルのハイブリッドで、ひとつは科学的、もうひとつは超自然の言語を話す。もちろん、どちらも説明のつかない現象への興味をあおり、科学自体がしばしば驚くような、怪物的な創造をする。宇宙は無関心。地獄は残酷だ。ふたつの概念には微妙な違いがあるが、一緒に合わせることで、『イベント・ホライゾン』は心底ぞっとする妄想を呼びよせる。ぞっとするが、ばかばかしい。この映画のコンセプトでは、地獄は実在するだけでなく、どうやら宇宙船と、なにやらこみいった数学を通じて行けてしまう。

　そんなことに、いったいどうすれば真顔でとりくめるのか？　秘訣は、真顔でとりくむのだ。アンダーソンは、〝キャンプ〟や照れ隠しのジェスチャーを拒んだ。コンセプトを真剣に受けとめ、もしくはもっと砕いたいいかたをすれば、そこへ向かっていく。ルイス＆クラーク号のクルーが、イベント・ホライゾン号のクルーになにが起きたかを理解するとき、彼ら（とわ

たしたち）が目撃するのは並みはずれて不穏な光景であり、拷問、苦悶、苦行にあえぐ人物らが瞬間的に映る。ほのみえるのはつかの間ながら、何点もある。正確に、なにをみているのかさえしばしば定かではないが、想像力を完全に思わしくない方向へ暴走させるにはじゅうぶんだ。血まみれの、しかめ面をした男がわたしたちに目を差し出すイメージを振りはらうのはむずかしい。

　『イベント・ホライゾン』はユニークな、すばらしくとち狂った映画だ。ある意味、批評家たちは正しい。おどかしと不意打ちと無意味な大音響に満ちたそれは、想像力の乏しいフィルムメーカーが独創的な恐怖を考案する労を惜しんでとる戦略だと、しばしばみなされる。だがそのような要素はまた、わたしたちを真に不確かで、不安な状態に放りこみもする。カメラのうしろにいる存在を、船そのものに匹敵するほど無情なのではと感じさせる──主要登場人物を殺し、ほとんどの映画が回避するような場面をみせるのもいとわない監督という人物を。自分で選んだジャンルの典型的なルールでプレイするのを拒んだ映画。『イベント・ホライゾン』では、なんでもできる。

[《ロッテントマト》の総評]

ＳＦスリラーの王道を思わせる出だしに反し、『イベント・ホライゾン』は急速に中味より形式にこだわりはじめ、瞬間的なエフェクトと執拗なまでの残虐さ（ゴア）は、ホラーの常套句（クリシェ）に頼りすぎていることを隠しそこねている。

ジェニファーズ・ボディ (2009/2010)

JENNIFER'S BODY

 **44%**

監督／カリン・クサマ
脚本／ディアブロ・コディ
出演／ミーガン・フォックス、アマンダ・セイフリード、アダム・ブロディ

[総評]

『ジェニファーズ・ボディ』はときおり鋭い会話をきかせるものの、ホラー／コメディ映画の設定としては、おもしろさもおそろしさも中途はんぱだ。

[あらすじ]

　ジェニファーは美人のチアリーダー、ニーディは内気なおたくだが、ふたりは高校の親友同士。ところがこどもの頃からの友情に影が差しはじめる。男の子の肉に飢えた悪魔にジェニファーがとり憑かれたとき、内気なニーディは勇気を出してふたりの魂のために闘う。

[わたしたちが好きなワケ]

　この革新的な映画はあまりに新しすぎて、批評家たちはいまだに監督のカリン・クサマと脚本のディアブロ・コディがいかに狡猾で破壊的だったか、把握できていない。代わりに、ふたりのフィルムメーカーがホラーの常套手段から逸脱した——もしくはぎこちなく利用した——のを、単なる偶然で片づけた。クサマはすでに大予算のハリウッド映画進出時に足をすくわれており、ＳＦアクション『イーオン・フラックス』[2005]は最終承認の段階で彼女の手からとりあげられ、結局は迷走してコケた。『ジェニファーズ・ボディ』はクサマの復帰作になるはずで、『JUNO／ジュノ』[2007]でブレイクして表面上は一夜にして権力を手にしたコディは、クサマに映画を託す。不幸にも、『ジェニファーズ・ボディ』が封切られた当時は、世界がまだフェミニズムの大きな流れに触発されておらず、マーケティングは赤面ものだった。

　インタビューで、クサマはマーケティングチームが宣伝のため、ミーガン・フォックスにセックスワーカーとのビデオインタビューをさせたがったと明かしている。フォックスの役柄は未成年で、映画はセックスワークとは何の関係もないというのに。最終的に採用されたポスターでは、セクシーなスカートとハイヒールをはいたフォックスが、教室の机に誘いかけるようにもたれかかっている。フォックスは実際に映画のなかでセクシャルな存在を演じたが、同時にナイーヴで、希望に満ち、陽気で、傷つきやすい側面も体現していた。フォックスがポルノに出たのではなく、女子高生とホラー映画の悪役たちを巧妙に風刺した作品に出たと知ると、ネットの掲示板は失望の声で炎上する。一部の批評家は彼女の演技をこきおろした。〈シカゴ・トリビューン〉紙のマイケル・フィリップスいわく、「底の浅い性格づけの主人公を演じるミーガン・フォックスは、とんでもない大根だ。彼女はコディのユーモアセンスを理解していないらしい。これっぽっちも」。

　はばかりながら、同意しかねる。フォックスにただポーズをとってきれいにみえることを期待しただけの者にとって、さらに都合の悪いことに、女優はすばらしい、厚みのあるコメディ演技をみせた——いまでもフォックスの最高演技だ。

　この映画の問題は、ひとびとが映画に成功して欲しくなかったことと、フォックスにジョークネタになった『トランスフォーマー』[2007]の美尻の持ち主ではなく、コメディ女優として成功し尊重されるようになって欲しいと望まなかったことだ。ジャンル映画ファンのなかには、クサマと女性監督たちへのネガティヴな意見を決定づけたがる者もおり、コディはあまりに早く大成したため、一部の人間にとってはかんに障るほど大きな力を持つアウトサイダーの女性になった。『ジェニファーズ・ボディ』はいまではホラー映画の正史に名を連ね、女の子同士の関係を印象的、現実的に描き、高校はまさしく生き地獄だと証明してみせた。

フリスコ・キッド （1979／日本劇場未公開・ビデオ）
THE FRISCO KID

 **50%**

監督／ロバート・アルドリッチ
脚本／マイケル・エライアス、フランク・ショウ
出演／ジーン・ワイルダー、ハリソン・フォード、ペニー・ペイサー

[総評]

　穏やかなジーン・ワイルダーと、威勢のいいハリソン・フォードをもってしても、『フリスコ・キッド』の単調さを救えなかった。ゆるいお笑いコントの羅列に終始し、映画は一編の物語としての印象を残さない。

[あらすじ]

　不運なポーランド人のラビは、サンフランシスコに新しくできたシナゴーグにトーラーの巻物を届けに西部を旅する任を負っていた。道中、ならず者に殴られ金品を盗られたラビは、銀行強盗と仲よくなり、思わぬ味方に助けられる。

[わたしたちが好きなワケ]

　当時72歳のジョン・ウェインは、他界する1年前、『フリスコ・キッド』の出演を断り、その代わりに36歳のハリソン・フォードという名のぽっと出が抜擢される。彼の出演作で金になったのは、『スター・ウォーズ』[1977]という小品だけだ。悪賢いが、根は優しい銀行強盗をウェインが演じていたら、観客はこの映画の方向性を理解しただろうが、海のものとも山のものともつかぬフォードでは、デューク（ウェインの愛称）の乾いたユーモアは再現できても、頑固な尊大さまではかもし出せなかった——そのときは。

　さらに観客をとまどわせたのは、ジーン・ワイルダーまでがいつも演じるタイプとは反対の、賢いおひと好しのラビに扮したことで、ワイルダーにいわせれば、彼の出演した唯一のユダヤ映画になった。だがクレジットされていないものの、ワイルダーは脚本を書き直し、映画のトーンをドタバタとブラックと不条理なユーモア、それに心温まるドラマとが混じりあったものにした。批評家たちは、この映画をどうみなしたらいいのかわからなかった。ロジャー・イーバート

は、「だれ向けでもない」映画だと評した。トーンは錯綜しているかもしれないが、『フリスコ・キッド』は反暴力のウェスタンであり、ワイルダーはもっとも微妙な、成熟した演技をみせている。

　しばしばワイルダーが松葉杖のように頼みにしてきた得意のおどけた仕草は、映画のなかでいちどもみせない。虚飾をはぎとられた演技、複雑で無防備な演技だ。ワイルダーは、感情の機微を目の演技のみに頼らねばならないときもあった。たとえば、杭に縛られたラビが、彼の携えている謎めいたトーラーの書について先住民に尋問された場面などで。映画がつくられた当時にしては、意外にも、先住民を単細胞の野蛮人には描かず、彼らとラビは、白人キリスト教徒の新世界におけるアウトサイダー同士として共鳴しあう。にもかかわらず、ワイルダーの演技は批評家たちに失望をもって迎えられた。彼らは『ヤング・フランケンシュタイン』[1974]でみせたワイルダーの突拍子もない天才的コメディ演技をいたく惜しんだのだ。

　監督のロバート・アルドリッチは、『何がジェーンに起こったか？』[1962]のようなサイコな老女の物語、ノワール映画のシニシズム、それに1967年のヒット作『特攻大作戦』でみせた過激なヴァイオレンスで知られる。〈ワシントンポスト〉紙のゲイリー・アーノルドは、アルドリッチは「人種問題を扱ったウェスタン・コメディを監督するには、おそろしく不適任」と書いた。だが、アルドリッチはキャリアをとおして常におそろしく不適任でありつづけ、自分自身を10年ごとに刷新しては、成功を収めてきた。本作ではもっとも抑えた演出をみせ、映画全編をワイルダーの演技の優しさで輝かせ、それによって偉大な傑作ではないにしろ、終始気持ちよく優しい、ウェスタンでは滅多にみられない作品に仕上げた。

ケーブルガイ （1996/1996）
THE CABLE GUY

 **53%**

監督／ベン・スティラー
脚本／ルー・ホルツ・Jr
出演／ジム・キャリー、マシュー・ブロデリック、レスリー・マン、ジャック・ブラック

『ケーブルガイ』の示唆に富む、破壊的なウィットの暗い閃き(ひらめ)は、ムラのあるストーリーの語り口であおられるストレスを、ときどき——いつもとはいかないもの——やわらげてくれる。

[あらすじ]

愛に飢えた、マンガちっくなほど活気にあふれたケーブルテレビの配線工が、新たな顧客と必死に友情を築こうとする。彼に狙われた平凡な男の生活はたちまちかき乱され、妨害にあう。

[わたしたちが好きなワケ]

スマート。ダーク。腹がよじれるほど、ばかばかしくておかしい。あえていえば、まぎれもなく予言的だ。だとすればなぜ、このジム・キャリー映画は公開時、アメリカの観客から一様に冷ややかな反応を受けたのだろう?

あまりに良作すぎたのだとしよう。『ケーブルガイ(イットボーイ)』が1996年に公開されたとき、コメディ界の寵児、キャリーはあらゆるヒット映画に顔を出していた。『ケーブルガイ』までの2年間で、キャリーは——大きく息を吸って——『エース・ベンチュラ』『マスク』『ジム・キャリーはMr.ダマー』[1994]、『バットマン フォーエヴァー』『ジム・キャリーのエースにおまかせ!』[1995]に出演した。そんなにいちどきにキャリーのゴム顔のおふざけを浴びせられては、いい加減大衆がうんざりして、『ケーブルガイ』がその後の数年間、高価な駄作だったとみなされたのもうなずける(「シンプソンズ」のエピソードのひとつで、《プラネット・ハリウッド》タイプのレストランにいるホーマーが、文字通り脚本を破り捨て、「ばかな脚本だ! ジム・キャリーのキャリアを破滅させかけたんだぞ!」と叫んでいた)。

だが、許せないのは、20年もあとになって、この映画をなかったことにしている点だ。もともとは、スクリーンで重量級の存在感があるコメディアン仲間、クリス・ファーレイのために書かれた脚本が何度か改稿

され、監督のベン・スティラー、製作のジャド・アパトゥ、そしてキャリー(一日2,000万ドルが懐に入った)で最終的にストーリーを練り直し、コメディタッチのサイコスリラー、いわば『ケープ・フィアー』[1991]に下品なジョークをまぶしたような作品に仕上げた。テレビ漬けのストーカーに扮したキャリーの演技は、あとからふり返れば、当意即妙だ。あるときはアドレナリン全開、かと思えばおとなしく(だが変わらずあほらしく)て素直。キャリーのブロマンス的な愛情の対象を演じたマシュー・ブロデリックは、四角四面な演技をつらぬきとおし、キャリーの狂気をなだめている。

まあ、ほぼつらぬきとおしている。キャリーが『羊たちの沈黙』[1991]のハンニバル・レクターのものまねで絶好調の場面では、ブロデリックがカメラの外で笑いそうになるのがわかる。この映画が引用するポップカルチャーは、それで終わりではない。『羊たち』の気の利いたセリフを吐いた数分あとに、1960年代のテレビ番組「宇宙大作戦」のとっくみあいを巧みに再現する。そのほか『ローリング・ストーンズ・イン・ギミー・シェルター』[1970]や『ミッドナイト・エクスプレス』[1978]から、テレビドラマ「パパ大好き」[1960-72]、『フェリスはある朝突然に』[1986](メタの極地)にいたるまで、盛りだくさんだ。

すべてがテレビとテクノロジーにどっぷり溺れた世代に対する痛烈な批判となり、助演陣(ジャック・ブラック、レスリー・マン、オーウェン・ウィルソン、ボブ・オーデンカーク、デイヴィッド・クロス、ジャニーン・ガラファロー)の顔ぶれは、ブレイク間近なタレント人名録の感がある。そういうわけで、ひとびとは当時、スティラーと仲間たちがなにを目指していたのか、理解しなかった(ロジャー・イーバートは「不愉快さの習作」と評し、1996年の最低映画にリストアップした)。だが12年後、最後に笑ったのはスティラーかもしれない。彼の風刺パロディ『トロピック・サンダー 史上最低の作戦』[2008]は、公開するなりばか受けだった。

イシュタール (1987/1988)
ISHTAR

 **38%**　脚本・監督／エレイン・メイ
出演／ダスティン・ホフマン、ウォーレン・ベイティ、チャールズ・グローディン、イザベル・アジャーニ

ウォーレン・ベイティ、ダスティン・ホフマン、それに、お笑いそのものが砂漠で迷子になる。名作ロードムービーの肥大化したパロディ作品『イシュタール』は、相性の悪いミスキャストの主演俳優ふたり組に台なしにされた。

[あらすじ]

ふたりのどじなニューヨークのラウンジシンガーが、モロッコでショーを演じる契約を結ぶ。救いがたくひどい歌を作曲中、ふたりはＣＩＡの作戦に巻きこまれ、盲目のらくだに乗って砂漠をさまよい、人間狩りの標的にされる。

[わたしたちが好きなワケ]

女性監督が大金を与えられると、しばしば激しくこきおろされる。エレイン・メイの場合、『おかしな求婚』[1971]、『ふたり自身』[1972]、『マイキー&ニッキー』[1976]と、評価の高いコメディドラマを過去に数本撮った実績がある。大物俳優との仕事歴もあったが、『イシュタール』はメイにとってはじめての大予算映画で、北アフリカの砂漠でのロケ撮影が予想外に長引くと、エンターテインメント系のジャーナリストはメイがさらなるキャッシュを要求しているぞと早くも怒り心頭で伝えた。ジャーナリストたちのその件に関する報じかたは、有り金ぜんぶを靴代に使った美しいマダムに舌打ちしてみせるのと大差なかった。メイにはどうしようもないことだ。現実の中東情勢が緊張したせいで、撮影が中断したのだから。

だが、時間と資金面のゴタゴタを差し引いて、『イシュタール』の作品そのものを評価するなら、極めて

すばらしく調子のはずれたコメディなのがわかる。当時の２大スター──ダスティン・ホフマンとウォーレン・ベイティ──は二枚目路線を捨てて情けない役になりきり、醜態をさらし笑いをとりにいく。そのガッツをほめてやるべきだ（ブラット・ピットとジョージ・クルーニーの『バーン・アフター・リーディング』[2008]の役に通じるものがある）。ふたりに魅力がないのは意図的で、メイはホフマンたちに三ばか大将かマルクス兄弟の定番でみるような、ドタバタ・コメディを演じさせた。実のところ、『イシュタール』のストーリーは、ビング・クロスビーとボブ・ホープ主演の名作ロードムービーを発展させて、登場人物のどちらも実は歌えない、というひねったお楽しみを加えたものだ。

批評家の多くが、メイはたぶん自分の撮った砂漠の場面に飽きて、脚本を書いているときも調子が出なかったのだろうと決めつけたが、彼らはまた、酒びたりのナイトクラブ場面の脚本と演出は、メイのいつもの水準に達していると認めた。〈ワシントンポスト〉紙のハル・ヒンソンは、泥まみれの映画のなかで、「ひどい曲の歌詞……それに、ホフマンとビーティがモゴモゴつぶやくセリフは、河床できらりと光るピカピカの金貨」だ、と指摘している。

これは、メイの最高傑作だろうか？　たぶん違う。だが、彼女がはじめて手がけた大予算映画に目くじらをたてた批評家たちから、ひとりよがりの憎悪を吐きかけられるいわれはない。なにはなくとも、ハリウッド映画のルールをメイが大胆に破ったという理由だけで、必見の映画だ。主人公をばかみたいなぼんくらに貶め、大物俳優たちが数段自分を下げて汚れ役を演じているのだから。

アクロス・ザ・ユニバース (2007/2008)
ACROSS THE UNIVERSE

 **53%**

監督／ジュリー・テイモア
脚本／ディック・クレメント、イアン・ラ・フレネ
出演／エヴァン・レイチェル・ウッド、ジム・スタージェス、ジョー・アンダーソン、デイナ・ヒュークス、Ｔ・Ｖ・カーピオ

評者：デイヴィッド・ストラットン　David Stratton

デイヴィッド・ストラットンは〈オーストラリアン〉紙の映画批評家で、ＡＢＣの人気番組「At the Movies」の共同司会をつとめる。それ以前は、ＳＢＳの「The Movie Show」に出演していた。

『アクロス・ザ・ユニバース』は壮観で、ひとを惹きつける要素にあふれている。まず手はじめに、ビートルズの名曲30曲を使用した。つぎに、才能あるイギリスの脚本家チーム、ディック・クレメントとイアン・ラ・フレネが脚本を書いた。ふたりはテレビ界で活躍し、「Not Only But Also」[1964-70]、「The Likely Lads」[1964-66]、「Auf Wiedersehen Pet」[1983-86] といった無類のコメディシリーズを手がけ、『ザ・コミットメンツ』[1991] などの映画の脚本も担当した。加えて、ジュリー・テイモアの演出がある。テイモアのミュージカル劇『ライオンキング』は、ブロードウェイやそのほかの地で大当たりをとり、過去にはすばらしい長編、〈フレッシュ〉保証された『フリーダ』[2002] を撮っている。芸術家フリーダ・カーロの伝記映画は、サルマ・ハエックが主演した。

これだけの才能が結集したとあれば、つまらなくなる可能性なんてありえないのでは？　わたし自身はテイモアの波長にピピッと反応したが、明らかに、多数の人間が感心しなかった。

『アクロス・ザ・ユニバース』は、ビートルズのオリジナル音源を使用していないが——劇場公開時の宣伝キャンペーンでは彼らを引きあいに出しもしなかった——レボリューション・スタジオはレノン、マッカートニー、ハリソン作曲の曲の使用料として１千万ドルを支払ったといわれる。オリジナルの代わりに、クレメント＆ラ・フレネの脚本では曲を再創造＆再発想(リ・イマジネーション)した。そのため、リバプールの４人組を世界中に知らしめた1963年のメガヒット、明るいボーイ・ミーツ・ガールソングの「抱きしめたい」は、孤独なバイセクシャルのプルーデンス（Ｔ・Ｖ・カーピオ）が、オハイオ・カレッジの美しいチアリーダーを憧れをこめてみつめながら歌うソウルフルなトーチ・バラードに変えられた。

映画はふたつの大陸を舞台に、1960年代なかばからはじまる。『アクロス・ザ・ユニバース』のおもな楽しみは、場所と時間をまたいだ物語を、有名な楽曲を使って突き進める手腕と閃きによってもたらされる。イングランドのリバプール。肉体労働者の若者ジュード（ジム・スタージェス）が寒そうな海岸に座り、

> " テイモアは並々ならぬ映画的センスを発揮し、国内で対立するアメリカの姿をさらけだす。 "

「ガール」を歌って物語の幕を開ける。「ぼくの話をきいてくれるかい？」ジュードはシングルマザーのマーサ（アンジェラ・マウンジー）と同居しているが、まだみぬ父親に執着していた。父親は、第2次大戦時に母親とねんごろになり、息子の顔をみぬまま帰国した米兵だ。ダンスホールで恋人（リサ・ホッグ）と「ホールド・ミー・タイト」に合わせて踊ったあと、ジュードは恋人に別れを告げて（「オール・マイ・ラヴィング」）ニューヨークへ船出する。

手がかりを頼りに、プリンストン大へ足を運んだジュードは父親がそこに勤めていると信じるが、大学に着くと父親ウェス（ロバート・クロヘシー）は彼の想像したような教授ではなく、管理人だった。プリンストンでジュードは明るい反逆児（「ウィズ・ア・リトル・ヘルプ・フロム・マイ・フレンズ」）のマックス（ジョー・アンダーソン）と出会い、家に連れていかれ、感謝祭を彼の家族と過ごす。マックスの妹ルーシーの婚約者はヴェトナムに出征しており（「イット・ウォント・ビー・ロング」）、ジュードとルーシーのあいだに気持ちが通いあう（「夢の人」）。

ヴェトナム戦争への反対運動が勢いを増し、ハーレムが人種暴動で激震する頃、主要登場人物がグリニッチ・ヴィレッジに集まる。ジュードとマックスはセイディ（デイナ・ヒュークス）と意気投合する。セイディの恋人ジョジョ（マーティン・ルーサー・マッコイ）はギタリストだ（「カム・トゥゲザー」）。ルーシーはどんどん反戦派に傾き、ジュードと遠慮がちにつきあいはじめ（「恋におちたら」）、マックスはいやいや軍に徴兵される（「アイ・ウォント・ユー」）。ここまででテイモアは並々ならぬ映画的センスを発揮し、国内で対立するアメリカの姿を、60年代後半の暴動や分裂を赤裸々に描いてさらけだし、ミュージカル映画ではあまりみられないレベルの現実感を達成する。

その後に続く長めのセクションは、映画中もっともひんしゅくを買った。ルーシーとジュードはLSD信奉者のロバート博士（U2のリーダー、ボノ）に引きあわされ、長いサイケデリックな旅（「アイ・アム・ザ・ウォルラス」）に同行し、ミスター・カイトという奇妙な興行師と遭遇（「ビーイング・フォー・ザ・ベネフィット・オブ・ミスター・カイト」「ビコーズ」）する。一連のシーンは、視覚的なぜいたくに走るテイモアの趣味が高じてロジャー・コーマンの『白昼の幻想』[1979]やミロシュ・フォアマンの映画版『ヘアー』[1979]の域に突っこみかけるが、音楽の使い

> **ハッピーなエンディングでは、政治的・社会的に激動する社会をヴィヴィッドに写しとりながら、息をのむようなラヴストーリーをみごとに成就させる。**

かたと映画の濃厚なエネルギーによって、行きすぎたトリッピーの落とし穴を免れる。

　冬のニューヨークに戻り、ジュード——今ではアーティストとして働いている——はウェイトレスをして生活費を稼ぐルーシーと過激派の友人との親しい関係に嫉妬し（「サムシング」）、反戦運動の動機について口論になる（「レボリューション」）。ジュードはもめごとを起こし、テレビでマーティン・ルーサー・キングJr.の訃報を知る（「ホワイル・マイ・ギター・ジェントリー・ウィープス」）。国外追放された（「アクロス・ザ・ユニバース」）ジュードは、リバプールに戻る。

　物語の軌跡がひとつになり、大団円を迎え、映画は「ドント・レット・ミー・ダウン」「愛こそはすべて」「ルーシー・イン・ザ・スカイ・ウィズ・ダイアモンズ」などのビートルズの名曲を巧みに織りこむ。「ヘイ・ジュード」のシークエンスは、ふたつの大陸が交錯する最高の見せ場だ。ハッピーなエンディングは、まゆつばに思えるかもしれないが（国外追放されたジュードがどうやってビザを手に入れて合衆国に舞い戻ったのか？）、政治的・社会的に激動する社会をヴィヴィッドに写しとりながら、息をのむようなラヴストーリーを、みごとに成就させる。

　思いきった試みのすべて——忘れがたい曲、共感で

きる登場人物、革新的な演出、そしてスタイリッシュなカメラワーク——が裏目に出て、映画は観客の支持を得られず、わずか3,000万ドル足らずの世界興収に終わる。批評は真っぷたつに割れ、ロジャー・イーバートの4つ星の絶賛（「大胆、美麗、視覚的に魅了、奔放」）から、オーウェン・グリーバーマンのCマイナス（「ビートルズが『アクロス・ザ・ユニバース』の報いを受けるなにをしでかしたのかと、あなたは首をかしげるだろう」）まで、幅広い反応があった。〈タイムアウト・ニューヨーク〉誌のメリッサ・アンダーソンは、映画ファンに「映画代は『HELP!　4人はアイドル』[1965]のDVD用にとっておけ」とアドバイスした。わたしがマーガレット・ポメランツと共同司会をつとめるオーストラリアの長寿番組「At the Movies」でわたしは激賞し、マーガレットはなじった。

　だが、友人に映画を見せると、必ず気に入ってくれた。クルーズ船で上映したことさえあったが、大成功だった。『アクロス・ザ・ユニバース』は、愛するか憎むかのどちらかの映画のようだが、否定的な映評で避けているのなら、試しにみて欲しい。プルーデンスがバスルームの窓から入ってきて、マックスが（銀の？）ハンマーを握りしめる場面をみるためだけにも。

[《ロッテントマト》の総評]

サイケなミュージカル・ナンバーでは、『アクロス・ザ・ユニバース』のつきなみなラヴストーリーと登場人物のうすっぺらさは隠せない。

呪われた森 (1980/1982)
THE WATCHER IN THE WOODS

 **48%**

監督／ジョン・ハフ、ヴィンセント・マケヴィティ（ノンクレジット）
脚本／ハリー・スポルディング、ブライアン・クレメンス、ローズマリー・アン・シッソン
出演／ベティ・デイヴィス、リン＝ホリー・ジョンソン、キャロル・ベイカー、カイル・リチャーズ

　『呪われた森』は不気味な雰囲気じゅうぶん、そして
ベティ・デイヴィスがいつもの力強い演技を見せるも
のの、せっかくのお膳立ても結末で盛大な肩すかしに
あい、すべてが水の泡に。

　とある家族がイギリスのいなかにある古屋敷に引っ
越してくる。その直後、長女は何年も前に行方不明に
なった同じ年頃の少女の幻覚に悩まされる。

　ディズニーはいまや、〝マーベル・シネマティック・
ユニヴァース〟、『スター・ウォーズ』、ピクサーと、
金のなる木をいくつもおさえている。そのため〝ネズ
ミの館〟にも試練の時期があったなどと想像するのは
むずかしい。だが、1970年代の終わりから80年代はじ
めにかけてがそうだった。チューチュー声のクリーン
なイメージを払拭しようと、スタジオは『ブラック
ホール』[1979]、『トロン』[1982]など、スペシャル・
エフェクト満載のSF映画から、『テックス』[1982]
のような感動の青春映画までの多様な映画に手を染め
る。『呪われた森』にかけられた期待は高かった――
ある重役は、ディズニーの『エクソシスト』[1973]に
なるといったといわれている――だが、散々な先行上
映のあと、スタジオはフィルムを劇場から引きあげて
手直しした。それでもなお、結末を変更してさえ、タ
イトルで投げかけている質問の答えを出していない。
すなわち、森の監視者とはだれ（またはなん）
のこと？
　スタジオがひねり出した答えは、ヒストリーチャン
ネルの番組ホストでおなじみジョルジョ・A・ツォカ
ロスの言葉を借りれば、基本的に「わからない、だか
らエイリアンなんだ」――もしくはより特定すれば、
リドリー・スコット監督作『エイリアン』[1979]の、
ゼノモーフのでき損ないみたいななにかだ。つきなみ

なスペシャル・エフェクトで、なんの前触れもなしに
ふいに現れ、一瞬後にはかき消える。完璧に頭のおか
しくなった結末を思えば、批評家が熱狂しなかったと
しても責められない。
　けれど、都市伝説やうろ覚えの怪談のように、『呪
われた森』は、80年代にこどもだった大勢のひとびと
の記憶のなかで、ちらちら瞬いている。あなたがもし
奇遇にもその世代に属しているなら、『呪われた森』
があなたのはじめてみたホラー映画の可能性はそれな
りに高い――そして、はじめてふるえあがった可能性
が。
　逸話めいているが、保護者はVHSのケースに載っ
ているディズニーのロゴをみて、安心してこの映画を
借り、図らずも、悩める魂や、幽霊にとり憑かれたち
いさな姉妹や、不在か信じないか壊れてしまっている
おとながてんこもりのお話に、わが子をさらした。
　映画を最後までみたこどもは、ホラー映画一式の短
期集中コースを受けることになる。『13日の金曜日』
[1980]風のもっともらしいジャンプスケアや、不吉な
主観ショットから、オルゴールの不気味な音、視界の
端にみえそうでみえない（または目の前にみえる。長
年行方不明だったカレンが鏡をとおしてコミュニケー
トしようとする場面は、心底おそろしい）不安なひと
かげまで。
　おとなになってからもういちどみると、『呪われた
森』はちっとも悪い映画ではない。（複数の）まずい
結末をのぞいては。すくなくとも、ジョン・ハフ監督
（ディズニーのまた別のこども向け超自然映画『星の
国から来た仲間』[1975]の監督でもある）の手堅いお
化け屋敷映画だし、ベティ・デイヴィスがすべてに厳
粛さを与えている。だがつまるところ、この映画の魅
力は、舞台設定につきるかもしれない。冒険好きのこ
どもは全員、大きな古いお屋敷、深い森、またはうち
捨てられた建物を探検したいと思うものだし、『呪
われた森』には3つともぜんぶそろっている。

イン ザ カット (2003/2004)

IN THE CUT

 **33%**

監督／ジェーン・カンピオン

脚本／ジェーン・カンピオン、スザンナ・ムーア

出演／メグ・ライアン、ジェニファー・ジェイソン・リー、マーク・ラファロ

[総評]

監督・共同脚本のジェーン・カンピオンは『イン ザ カット』でサイコ・セクシャル・スリラーのジャンルを壊そうとするが、自らの抽象性に混乱をきたす。

[あらすじ]

女性の猟奇殺人を捜査中の刑事とエロティックな関係を結んだ文学講師が、出会う男全員を疑うようになり、刑事に感じる欲望でさえ制御できなくなっていく。

[わたしたちが好きなワケ]

ジェーン・カンピオンが監督したこの作品は、ニコール・キッドマンの製作で、キッドマンは私生活に時間を割くために主演を降板している。代役がメグ・ライアンに決まると、ライアンは不気味にも、キッドマン風の髪型で撮影にのぞんだ。ライアンはそれまでのキャリアを通じ、快活な、ある意味病的なまでに好感の持てる役柄を演じてきており、『イン ザ カット』は冷たくてよそよそしい、度しがたい人物を演じるまたとない機会となった。

ライアンが新境地を拓いたのは確かだ。たとえ、映画がアメリカン・エロティック・スリラーというよりも、キャラクターピース（ストーリーより登場人物に重きを置いた作品）であることに、批評家たちがいらだったとしても。90年代のそのジャンルは、男性監督の独壇場で、カンピオンはもっとアートハウス的な、ややソフトな解釈をしてみせた——ときにはムードで、ときには形式で。形式のときは、フレームのふちが、夢のなかのようにぼやける。

危険なエロティシズムに対するカンピオンのヴィジョンでいちばんハッとさせるのは、性的な行為をある種の優しさをもって描いている点だ。ごまんとある

このジャンルのほかの映画では、セックスは汗臭くて濃厚で、支配と服従を強調する。この映画では違う。ライアン扮するフラニー・エイヴリーが恋人の刑事に絶対的な快感を与えられるとき、カンピオンは気づかいと保護を強調する。すごくホットだ。だがそのアプローチの分岐はまた、映画をより論理的にもし、刑事を殺人犯ではないかと疑っていてさえも、フラニーが刑事に肉体的な抱擁を求める理由の説明になる。もしそれが、たとえ一瞬でさえ至福と安全の聖なる瞬間に通じるのなら、進んで自分の肉体と命を犠牲にしようという心情。

一見ノーマルな女性の登場人物が、百も承知で破滅と災厄に向かって歩いていくのを受けいれる心の準備が、観客にはまだできていなかった（キッドマンは2004年のジョナサン・グレイザー監督作『記憶の棘』で同じ傾向を持つ別の役をのちに演じ、やはり役柄の正気を疑い、そのため好感を持てずに終わった批評家から一様に酷評された）。リチャード・ローパーは、ライアンの「胸に迫る」演技をほめた数すくない批評家の、第1号だ。また、〈LAタイムズ〉紙のマノーラ・ダルジスは、「今年でいちばんいらだたしく、不完全な傑作」と呼んだが、残りはライアンのアートハウス作品への進出を、ほとんど冗談としてみなした。〈デトロイト・ニュース〉紙のトム・ロングは「ひとびとが『イン ザ カット』に呈するかもしれない疑問は結局、『メグ・ライアンはこんな役のために服を脱いだのか？』だろう」と書いた。

今日であれば、ニューヨークにひとり住まいの、自分を見失い、満たされない思いを抱えるシングル女性を演じるライアンは、賞レースの話題にのぼっていたはずだ。

バッフィ　ザ・バンパイア・キラー (1992/1993)
BUFFY THE VAMPIRE SLAYER

 **35%**

監督/フラン・ルーベル・クズイ
脚本/ジョス・ウェドン
出演/クリスティ・スワンソン、ドナルド・サザーランド、ルーク・ペリー、ポール・ルーベンス、ルトガー・ハウアー、ヒラリー・スワンク、リストがこんなに長いなんて信じられる？デイヴィッド・アークエット、スティーヴン・ルート

[総評]

　『バッフィ　ザ・バンパイア・キラー』のスーパーナチュラルな青春物語は、貧しい演出と、さらに貧しいプロット倒れになるも、クリスティ・スワンソンとポール・ルーベンスの果敢な演技でなんとか杭を打ちこむにいたる。

[あらすじ]

　チアリーダーのバッフィは、甘やかされた高校生活をとるか、人類をヴァンパイアから守ると誓ったスレイヤーの末裔になるかの選択を迫られる。

[わたしたちが好きなワケ]

　まずは、この問題を片づけておこう。1990年代のテレビ番組と、それに先立つこの映画は同じタイトル（原題）で、どちらもヴァンパイアを退治する金髪の女子高生が主人公だが、共通点はそこどまりだ。どちらの企画も脚本にジョス・ウェドンの名前があるが、ウェドンは映画版が彼の望む形にならなかったと、公言している。「わたしはエンパワーされた女性が主役のホラー映画を書いたのに、よくあるコメディにされてしまった」とウェドンはいう。「ショックだった」。サラ・ミシェル・ゲラーが主演した7シーズンにわたるテレビ番組は、ウェドンによる映画の是正版として受けとめられた。だがウェドンは、すこしばかり映画に厳しく当たったかもしれない──そしてスレイヤーにも。

　映画版のバッフィは、役立たずではない。確かに、上等な服を着たお嬢さままで、オゾン層は「排除しなきゃいけない」ものだと思っているが、バッフィはまた、機転が利き、モーレツで、おもしろい。バッフィ役のクリスティ・スワンソンを一流のタレントが支え、故ルーク・ペリーはバッフィからダンスと杭打ち仲間のお相手に選ばれる、イケメンのパイクを演じる。やはりいまは亡きルトガー・ハウアーも顔をみせ、ロトス役で後方支援にまわる。そして、スタッフはまんまとドナルド・サザーランドを丸めこんでメリック役を引き受けさせた。クリスティ・スワンソンのバッフィが張りこみ中（ハハハ、おわかり？──ステイクアウトだって）、メリックにガムをねだると思えば、メリックは女子更衣室のバッフィの頭めがけてナイフを投げつけ、90年代最高のでこぼこコンビぶりを示す。

　『バッフィ』は現代の観客に、おばかなギャルが実はそうおばかでもなかったことが判明するというプロットになじむ用意をさせた。その代表格が『クルーレス』[1995]の主人公シェールで、『バッフィ』の3年後に公開されている。ある意味、『バッフィ』は一見普通の女の子を甘くみてはいけないというひな型をつくった。そして、おばかから強力なスレイヤーへの転身──おたくな男の子が内なるヒーローに目覚めるコミックブックの古典的なストーリーに相当──は、典型的なアメリカ人ティーンエージャーの女の子と、流血アクションのひねりを加えたとき、ほとんど革命的になる。

　ハリウッドはウェドンのもともとの意図に水を差したかもしれないが、彼のメッセージの持つパワーを嗅ぎ出しそこねた。

ハーレム・ナイト (1989/1989)
HARLEM NIGHTS

 **21%**

脚本・監督／エディ・マーフィ

出演／エディ・マーフィ、リチャード・プライヤー、レッド・フォックス、デラ・リース、ダニー・アイエロ、マイケル・ラーナー、アーセニオ・ホール、ジャスミン・ガイ

[総評]

　せっかくのコメディ界のスター総出演も、うすっぺらいプロットと苦痛なほどぎこちないセリフで無駄になった。美術面ではスタイリッシュな点もあるが、監督の明らかな力量不足から目をそらせるにはじゅうぶんではない。

[あらすじ]

　1930年代のニューヨークでナイトクラブを経営するオーナーが、ライバルの経営者、悪徳警官、角つきあわせてばかりの従業員に頭を悩ませるいっぽう、けんかっ早い養子を守り、よき手本になろうとする。大企業があがりの分け前を欲しがったとき、クラブオーナーはつぎの、そしておそらくは最後のプレイをくわだてる。特技で競争相手を倒し、あぶく銭をがっぽりせしめるために。

[わたしたちが好きなワケ]

　もしあなたが80年代当時のエディ・マーフィで、リチャード・プライヤー、レッド・フォックス、それにロビン・ハリス（マーフィのアイドル）をキャステングして監督デビューを飾れるとしたら、ためらうだろうか？　くだんの映画『ハーレム・ナイト』をあなたがどう思おうと、そんなおいしい話に乗らないわけがない。人気の絶頂期にあったマーフィは思いどおりにやり、自分流ブラック・ギャング映画を監督、製作、脚本、主演した。『SET IT OFF』[1996]、『ニュー・ジャック・シティ』[1991]、『奴らに深き眠りを』[1997]はいずれも批評家から本作よりもっといい点数をもらったが、どれもみな、マーフィの先駆的な作品にすこしづつ恩恵を受けている。

　フランシス・フォード・コッポラの『コットンクラブ』[1984]に刺激を受けたに違いないマーフィが、時代物の映画に出たいといったとき、『星の王子ニューヨークへ行く』[1988]、『ビバリーヒルズ・コップ2』[1987]などのヒット作で興行成績ランキングを席巻中の俳優の望みとあれば、パラマウントが彼の自己満足企画に1,600万ドルを与えない理由はみあたらなかった。完成作品を、批評家は格好だけで中味はからっぽ、気の抜けた物語にマーフィのつきなみなセリフが輪をかけているとくさした。AP通信のドロレス・バー

クレイは「マーフィの脚本は、日曜学校のクラスほどもシャレている」と皮肉った。

　だが、脚本中に（正直）いくつかみられるあらさがしにばかり気をとられていると、『ハーレム・ナイト』のスターたちが起こしあう強力なケミストリーを見逃すことになる——とりわけデラ・リースとフォックスのとり合わせは大きな笑いを引き起こし、やがては笑い以上の情感を生む。さらには、映画の目的をも見逃してしまう。すべてのコメディ同様、ここでのゴールはウケることで、『ハーレム・ナイト』はお腹がよじれるほど笑えるネタをスクリーンにたくさん映しだし、マーフィ、プライヤー、フォックス、ホールの罵りことば満載の早口は、格別におかしい（とはいえコメディの王族に囲まれてさえ、どもりのボクサー、ジャック・ジェンキンズ役のスタン・ショウが登場するたびに、ちゃっかり場面をかっさらう）。

　衣装と美術には、本作ならではの革新性がみられる。1930年代が舞台の豪華な時代物はこれがはじめてではないが、主要キャストを黒人で固めた最初の1本であり、その点を留意してデザインしたジョー・I・トムキンスの衣装は際だって斬新だった。マーフィの白いスーツとハットがその最たる例で、ジャスミン・ガイのぜいたくなガウンの数々がそれに続く。トムキンスの仕事ぶりは正当に評価され、オスカーにノミネートされた。

　映画はスパイク・リーの『ドゥ・ザ・ライト・シング』[1989]とロバート・タウンゼントの『ハリウッド夢工場　オスカーを狙え!!』[1987・日本劇場未公開]の公開後ほどなくしてつくられた。2作とも好意的に評価され、じゅうぶん利益を生んだため、すわスタジオをバックにつけたブラックシネマの波が起きる予兆か、と色めきたつ者もいた。当時それにはいたらなかったものの、マーフィの切実な野望がこの映画には感じられる。1930年代のニューヨーク——公民権運動は何十年も先だ——を生きた黒人と、自分の運命をおとなしく受けいれようとしない者たちを、マーフィはスクリーンによみがえらせた。彼らはまわりの人間よりも機転が利き、抜け目がなく、ついには大がかりな強盗をやってのけ、アメリカン・ドリームを手に入れると、夕日に向かって馬を走らせた。

誘拐犯 (2000/2001)
THE WAY OF THE GUN

45%

脚本・監督／クリストファー・マッカリー
出演／ライアン・フィリップ、ベニチオ・デル・トロ、ジュリエット・ルイス、テイ・ディグス、ニッキー・カット、ジェームズ・カーン

評者：デイヴィッド・フィアー　David Fear
デイヴィッド・フィアーは〈ローリング・ストーンズ〉誌の批評家・編集者。過去には〈タイムアウト・ニューヨーク〉誌の映画評を担当した。フィアーは〈ニューヨーク・タイムズ・マガジン〉〈スピン〉誌〈エスクァイア〉誌〈ヴィレッジ・ヴォイス〉紙〈ＮＹデイリーニュース〉紙〈フィルムコメント〉誌その他に執筆している。

いまを21世紀初頭と仮定しよう。他の大勢と同様、たぶんあなたは過去10年、犯罪映画をみてたくさんの時間を過ごした。どれでもいいわけじゃない、気をつけて——ヒップなサウンドトラック、早口でまくしたてる思わせぶりなセリフ、ショッキングな暴力の、〝映画学校で教えるにはクールすぎる〟スピリット限定だ。一時期、その手のジム・トンプソン風ストーリーの量産型（それを『パルプ・フィクション』［1994］サブジャンルと呼ぼう、なぜならほら、〝いったもん勝ち〟だから）が大盛況だった。

それで、新たなる千年紀がはじまったこの期におよび、あなたは新しい犯罪映画が劇場にかかっているのを発見したと仮定しよう。ポスターをみると、どこかでみた性格俳優が何人も宙をにらみ、古株もいれば新顔もいるが、全員ストイックな顔つきをしている。ひとりは銃を構えている。別に意外ではない。タイトル（原題）には〝銃〟の文字が入っている。『ユージュアル・サスペクツ』［1995］の脚本を書いた男の監督作だ。あなたは思う、「どうせどれも同じだろ？」

まあ、同じでもあり、そうでもない。クリストファー・マッカリーの『誘拐犯』が封切られた2000年9月がどんな時期だったか、思い出せばヒントになるだろう。クリントン大統領時代にはびこった、クレイジー・セクシーな犯罪映画のひな型がのき

なみ収穫逓減し、映画ファンは、批評家スコット・トバイアスいうところの「クェンティン・タランティーノ疲れの急性症例」を発症していた。『誘拐犯』は、よくある〝チーズ・ロワイヤル・バーガー〟の温めなおしと思われた。

クリストファー・マッカリーの初監督作をみはじめて5分間は、そう考える以外の材料がみあたらない。ふたりの男がバーから出てくる。サラ・シルヴァーマン（！）のおかげで汚いことば遣いの応酬がはじまり、受けて立つ男をライアン・フィリップが演じている。シルヴァーマンはホモセクシャルを侮辱するのに使う、とりわけ口汚いののしりことばをまくしたて、フィリップは「おまえの口にねじこんでやるぞ」と申し出る。おつぎは当然殴りあいに……だが、フィリップがシルヴァーマンの彼氏より先に、女のほうに殴りかかるとは、予想もしない。悪意をふくんだ出だしで、

> **脚本家兼監督が、タランティーノになることに興味がないと明らかになる。**

さらに悪意たっぷりな精子提供クリニックのシークエンスが続く。

また、フィリップと相棒のベニチオ・デル・トロ演じる役柄のあだ名、パーカーとロングボーは、ブッチ・キャシディとサンダンス・キッドの本名だ。これは幸先が悪い。

さらに驚くのは、マッカリーが〝レザボア・わんちゃん〟第二世代につきものの、利口ぶったメタなタッチを大半捨て去り、それよりも前の時代のグルーヴに入りこんだときだ。本筋の流れがみえてくる頃――ふたりはケチな犯罪者で、身重の女性を誘拐して手っとり早く大金を手に入れようとするが、決して〝手っとり早く〟はならない――には、脚本家兼監督が、タランティーノになることに興味がないと明らかになる。もっと大きなゲームを目指している。彼が考えているのは、別の70年代映画、登場人物の毛穴から、ウィスキーと倦怠感がにおってくるような映画だ。ここでの試金石は、『パルプ・フィクション』ではなくサム・ペキンパーなのだ。

マッカリーは『誘拐犯』で〝血まみれサム〟の精神にチャネリングを試みたことを否定し、いまは亡き偉大な映画監督のトレードマークたるグランギニョル

的な見せ場は、本作に出てこない。マッカリーはふたりの共通項を見落としていると、わたしたちは慎重に指摘するだろう。『誘拐犯』は、サム・ペキンパーの常套手段だった詩情と運命論をミックスさせるのに成功した、まれな1本だ。それに加え、この映画独自の傷ついた男性性と〝わが子を守るためならなんでもする〟母性本能を混ぜこめば、マッカリーの真のトーン、誤解された、荒野のアウトロー・ブルースがきこえてくる。

傷ついた男性性は、スクリーンに出てくるほぼすべての男性登場人物の形をとってやってくる――おもに、フィリップのやさぐれた、イタチみたいな殺し屋と、デル・トロの格調高い哲学者（ノトーリアス　ＢＤＴについては後述）に顕著だが、パーカーとロングボーの敵で、テイ・ディグスと『バッド・チューニング』[1993]のニッキー・カットが演じるガチョウのクソ並みに上品なふたりのボディガードにしてもそうだ。ふたりが護衛に雇われた代理母（ジュリエット・ルイスが危険な母性本能を体現する）は、スコット・ウィルソン演じる腐敗した金持ち野郎のこどもを宿し、また、雇い主の息子で、代理母の産科医（ディラン・クスマン）に目を光らせるのも、ふたり

> ## これはほんとうのところ、引くことの映画、スローダウンし、自分が目にしていること、なぜその人物を応援しているのかを、考えさせる映画だ。

の役目のひとつだった。

彼らの相互作用は、思わぬ方向へ向かう。ルイス演じるロビンは、何度か起きる印象的な銃撃戦のひとつに巻きこまれるが、銃が発射される場面はほとんど画面に映らない。その代わり、静まったあと、地面に横たわる死体が映される。悪党としてしか認識していない端役だ。映画は意図的に、予想の４倍長くそのショットにとどまり、ヴァイオレンスそのものではなくヴァイオレンスの結果に長居するほど効果が増す。カーチェイスにしても、あえてサードギアに入れることはなさそうだ。

しばしば、沈黙が落ちる。たとえば、だれもがテンパるなかでデル・トロが自分のケツを救うか、産気づいたロビンを救う危険を冒すか決断しなければいけない局面で。演技に目を向ければ、デル・トロが首を倒して片手を目に当て、超音波検査図を眺めるカットがある。映画をみなおすと、完璧だとわかる。感動のスピーチも、ヒロイックな仕草もない。まさに、スタンドプレーの俳優が避けることだ。

要するに、マッカリーは観客がなにを望んでいるのかわかっている。だが与えない、すんなりとは。この映画を撮ったとき、マッカリーは業界への不満を抱えていたと認めている。犯罪映画しか撮らせてくれず、

『帰ってきたユージュアル・サスペクツ』みたいなものを求められた。脚本家兼監督は、はらを決める。デル・トロに軽く打診したあとで、怒りをページにこめようと。できあがった映画は、まさにシネフィル的な喜びに満ちていた。ジョー・クリーマーのカスタネットを多用したスコア。撮影監督ディック・ポープの職人芸により、70年代レトロにどっぷり浸かった映像。

だが、これはほんとうのところ、引くことの映画、スローダウンし、自分が目にしていること、なぜその人物を応援しているのかを、考えさせる映画だ。確かに自意識過剰だが、わきまえてもいる。ただの〝ビデオ店に置かれているクールな映画〟にはならなかった──観客が劇場へみに来なかったのも不思議はない。映画はときに、重苦しく、ゆっくり進む。たとえ、最高にパルプなときでさえ──批評家の多く（でもぜんぶじゃない）がブーイングしたのも納得できる。『誘拐犯』はたとえ、女の子と銃と、タフを気どるフォトジェニックな男たちが登場し、凡百の映画と同じ素材を料理しようとも、独自のけものに仕立て、ティファナと無人地帯へ足を引きずりながら向かわせられると証明してみせる。わたしたちファンが、何度も何度もみなおすのも無理はない。

[《ロッテントマト》の総評]
スタイリッシュな『誘拐犯』で、脚本家クリストファー・マッカリーはカメラのうしろにまわったときの力量を示したかもしれないが、脚本は退屈な人物造形と不必要にひねりすぎたプロットで行きづまり、たいていの観客は結末を待たずに飽きてしまうだろう。

プラクティカル・マジック (1998/1999)
PRACTICAL MAGIC

 **21%**

監督/グリフィン・ダン
脚本/ロビン・スウィコード、アキヴァ・ゴールズマン、アダム・ブルックス
出演/サンドラ・ブロック、ニコール・キッドマン、ダイアン・ウィースト、ストッカード・チャニング

[総評]
『プラクティカル・マジック』の耳障りな変調は、オフビートなストーリーの持っていたすくない可能性を沈没させたが、ニコール・キッドマンとサンドラ・ブロックのケミストリーは、将来のコラボレーションへの強い足がかりになる。

[あらすじ]
　愛の呪文をかけることのできる魔女のふたり姉妹は、家族にかけられた愛の呪いにも耐えなければならない。それは、ふたりが恋に落ちる男は早すぎる死を遂げるという呪いだった。

[わたしたちが好きなワケ]
　批評家が考える『プラクティカル・マジック』のいちばんの欠点——グリフィン・ダン監督がこの映画をラヴロマンスにしたいのか、ファミリードラマにしたいのか、それともホラー映画にしたいのか決めかねた——は、最大の美点にもなりえる。まごついた脚色とスターパワーの無駄づかいと判断された映画は、1996年のカルトヒット『ザ・クラフト』（119ページを参照）ですでに魔術に魅了されていた大勢のティーンの女の子たちの琴線に触れた。だが『プラクティカル・マジック』はもっとおとな向けで、姉妹やおばや娘たちのポジティヴな関係性を描いた作品を死ぬほど求めていた若い女性に訴えかけ、さらには虐待的な関係と悼みという、より深刻な問題にも踏みこんでいる。主役のふたりはずいぶんとひと好きのする魔女だ。
　ダンはマイケル・ナイマンの陰うつな曲をやめて、よりきらきらしたアラン・シルヴェストリのアレンジに差し替えた（ナイマンの曲は、のちにアントニ

ア・バードの真っ黒なホラー・コメディ『ラビナス』[1999]に使われる）。まるで、ダンはいったんホラー映画を撮り、そのあとですこしずつ、この映画をロマコメとして宣伝部が売りこめそうな予告編をつくれるまでに軟化させたみたいだ。これを〝ライトホラー〟と呼ぶこともできる。90年代にそう呼ぶのはリスキーだったが、いまではほぼスタンダード化した。「トゥルーブラッド」[2008-14]、「リバーデイル」[2017-]、「サブリナ：ダーク・アドベンチャー」[2018-]など、テレビのヒット作をみればわかる。
　それでも当時、ロジャー・イーバートでさえダンの目的に思いいたらず、「映画はどんなトーンにすべきか迷っているらしく、ホラーからコメディ、ラヴロマンスへと、不安そうにくるくる変わる」と評した。ほかの批評家はもっと辛らつで、〈シカゴ・トリビューン〉紙のマーク・カーロは「脚本にクレジットされている3人組は、完璧な想像力の欠如を露呈している！」と手厳しい。だが、ジャンルのごった煮を仕組んだ脚本家たちは、与えられた評価よりももっと想像力が豊かだったようだ。
　映画の殺人と悪魔憑きのくだりは、驚きとスリルをきっちり提供しているが、ファンはあるひとつの場面、三世代の女たちが集まって、キッチンで飲めや踊れのどんちゃん騒ぎをする場面に、連帯感を覚えた。うわさでは、ニコール・キッドマンはその晩実際に安テキーラを持ちこんで、俳優たちは合法的にほろ酔いしたという。だがそんなリアリズムがなかったとしても、この場面は暗闇のなかからたくさんの喜びを発散している。町の住民に誤解され、おそれられ愛を失った魔女たちを、いとしく思わずにはいられない。

アメリカン・ドリームズ （2006／日本劇場未公開・DVD）
AMERICAN DREAMZ

 **38%**

脚本・監督／ポール・ワイツ
出演／ヒュー・グラント、マンディ・ムーア、サム・ゴルザーリ、デニス・クエイド、マーシャ・ゲイ・ハーデン

[総評]

　楽しくて、ばかばかしい風刺劇だが、残念ながら焦点の定まらない『アメリカン・ドリームズ』は、無数の標的を狙ったはいいが鋭さに欠け、まともにとりあげるような社会批判までにいたらない。

[あらすじ]

　2期目の再選を果たしたばかりのステイトン大統領は、「アメリカン・ドリームズ」の特別審査員として出演する契約を結ぶ。アメリカ中で一大センセーションを巻き起こした「アメリカン・ドリームズ」は、「アメリカン・アイドル」[2002-]と偶然の一致以上に似通った歌のオーディション・リアリティ番組だ。番組のクリエイター兼主審は、フレッシュなタレント——感動を呼ぶ身の上を持つタレント——を物色し、オールアメリカンなサリー・ケンドゥーと、アメリカにきたばかりの番組のファン、オマールを発掘する。

[わたしたちが好きなワケ]

　2000年代のアメリカ——イラク解放作戦が終わり、国内は「アメリカン・アイドル」の候補者、キャサリン・マクフィー派とテイラー・ヒックス派で真っぷたつ——を総括するのに、ポール・ワイツのこのなまくら風刺劇をしのぐものは、たぶんないだろう。『アバウト・ア・ボーイ』[2002]、『イン・グッド・カンパニー』[2004]の脚本・監督は、本作を政治的というよりは「文化的な風刺劇」と呼び、それが的を射ていると思えるのは、彼の映画が標的にしているのが、まあ、ほぼだいたいあらゆるものだからだ。ごちゃごちゃして、ぼんやりして、天狗になった「アメリカン・アイドル」のフィナーレ同様に抑えが効かず、ひたすら楽しい。

　ジョージ・W・ブッシュがステイトン大統領（つぶらな瞳のデニス・クエイド）の名を借りて登場し、新聞をおそらくは生まれてはじめて手にとると、衝撃のあまり肝を潰す（大統領を元気づけようとする、つるっぱげのチェイニー風副大統領をウィレム・デフォーが怪演）。「アメリカン・アイドル」の審査員サイモン・コーウェルは「アメリカン・ドリームズ」の企画人にして唯一のレギュラー審査員、マーティン・トゥイード（下衆モードのヒュー・グラント）の姿を借りて登場する。だが、映画は野心に燃えるアメリカの恋人、サリー・ケンドゥー（マンディ・ムーア）と、オマール（サム・ゴルザーリ）に多くの時間を費やす。オマールはテロリストのいとこから、特別審査員として出演する大統領を暗殺する任務を課されるが、彼がほんとうにやりたいのは、歌って踊ってコンテストに勝つことだった。

　ワイツの脚本は、こちらが望むほどの痛烈な辛らつさよりは軽めだが、音楽産業界隈に小気味いいイヤミをすこしばかり放って軟着陸する。「[エージェントは]わざと欲深くて底意地悪く振る舞い、あなたを善人に思わせるの」とジェニファー・クーリッジ扮するケンドゥーの母親が喝破する。『アメリカン・ドリームズ』でメジャー映画がみせる思いきった大胆さは、それだけでスカッとさせてくれる。だが、みごとなほどマンガ風に徹底した意地悪さをもって、一瞬たりとも退屈なカリカチュアに陥らないキャストの献身的な演技がなければ、どれもうまくいかなかっただろう。

　みかけよりも知恵者のケンドゥーを演じるムーアは、とりわけ味がある。ティーン・ポップ歌手だった自分のキャリアと、あとにつづけとばかりに「アメリカン・アイドル」のスター製造マシーンを勝ち進んでいく志望者の臆病さ、その両方をこきおろしてみせるムーアは、おそろしい〝フェイム・モンスター〟だ。わたしたちは間違いなく彼女に1票入れるだろう。

ブレイド (1998/1999)
BLADE

 **54%**

監督／スティーヴン・ノリントン
脚本／デイヴィッド・S・ゴイヤー
出演／ウェズリー・スナイプス、スティーヴン・ドーフ、クリス・クリストファーソン、ウンブッシュ・ライト

[総評]

　筋立てが単純すぎると感じる者もいるかもしれないが、『ブレイド』のアクションはすさまじい迫力で、量も大盤振る舞い、コミックブックの映画化作品としてふさわしくも、スタイリッシュだ。

[あらすじ]

　妊娠中、ヴァンパイアに変身した女性から生まれたブレイドは、ヴァンパイアの長所をすべて備えながら、欠点は受けつがなかった。ほかのヴァンパイアは彼を〝デイウォーカー〟と呼び、太陽を浴びても動じぬ彼の能力を欲した。ブレイドのほうは、ヴァンパイアの絶滅を願った。

[わたしたちが好きなワケ]

　批評家はもっと濃い中味を求めるが、『ブレイド』はスタイルこそが、最大の呼びものだ。

　オープニングの血のレイヴパーティシークエンスは、このヴァンパイア・スーパーヒーロー映画の、すべてが正義であることのいいお手本だ。スタイルを極め、ニューオーダーの「コンフュージョン」のイカしたテクノリミックスにのったヴァンパイア・パーティのメインコースは、未来の「ザ・シールド ルール無用の警察バッジ」[2002-2008] レギュラー、ケネス・ジョンソンだ。ストロボ照明、ジャンプカット、深紅の血しぶき。そこへブレイド（ウェズリー・スナイプス）の登場となり、ほぼ完璧なスタートを切る。『ブレイド』のデビュー後、〝血のレイヴ〟のヴァリエーションが映画に登場しつづけたのも無理はない。

　長年にわたって、あまりにたくさんの映画がスタイルとストーリーを模倣したため、『ブレイド』をみなおすと、いささかマンネリに感じる。タイトルキャラクター、ブレイドがヴァンパイアにしかける個人戦、

金持ちのエリートとして描かれるクリーチャー、さらには、革製品への映画の偏愛さえも、時代遅れ感はいなめない。それが、おそらく日陰の存在に追いやられた理由かもしれないが、この映画によってマーベルフィルムのブランドが始動し、20世紀フォックスをして『X-メン』[2000]のコンセプトはうま味のある企画になりそうだと確信させた。

　つまるところ、『ブレイド』は自身の影響力の犠牲になった。格闘シーンの振りつけ、ブラックレザー、抑えた色味をとりいれてトーンを真似た映画群──『X-メン』『リーグ・オブ・レジェンド　時空を超えた戦い』[2003]、もっと最近の『マン・オブ・スティール』[2013]、『バットマン ｖ ｓ スーパーマン　ジャスティスの誕生』[2016]など──が、『ブレイド』を越えていく。だが、『ブレイド』ほどヴィジュアルとヴァイブをうまく映画に落としこんだ作品はまれ（不幸にも、スティーヴン・ノリントン監督がこの革新の功績を認められたことはない）。

　『ブレイド』をみることは、〝シネマティック・ユニヴァース〟の外に存在する映画をみる行為であり、いまでは標準となった原点への表敬行為といえる。『ブレイド』は孤高の存在として、ニック・フューリー、アイアンマン、もしくは『ゴーストライダー』からのカメオの助けを借りず、独自のユニヴァースを定義づけた。そして、映画はスナイプスの広い肩の上に立つ。彼はみごとに『ブレイド』の世界のよりどころとなり、血液学者カレン・ジョンソン（ウンブッシュ・ブライト）とともに、ヴァンパイアの治療法を求めるブレイドの役柄に厳格なカリスマを与えた。

　スナイプスの存在感と、ダークでスタイリッシュな映画の革新的なヴィジョンは、２本の続編[2002・2004]を生みだした。そろそろリブートの頃合いだが、だれか手を挙げる者は？

二度見に値する続編

魔法を再現──もしくは独自に奇妙な魔法を編みだした続編

「1作目を越える続編なし」が、映画ファンのゴスペルとなって久しい。《ロッテントマト》が登場したとき、それは真理であると証明してみせた──裏づけとなるデータをそろえて。もちろん、まれには1作目を越えてくる続編も存在する。多くの者が『ゴッドファーザーPART II』[1974] は『ゴッドファーザー』[1972] よりいい映画だとみなし（〈トマトメーター〉はぎりぎり1パーセント、1作目が上まわっているが）、サム・ライミのスーパーヒーローものの傑作『スパイダーマン2』[2004] は、〈トマトメーター〉93%の〈フレッシュ〉を保証され、同じくライミが監督し称賛された2002年のスパイダーマン第1作を3％上まわる。だが、よりひんぱんなスコア大暴落が、昨今の風潮だ。批評家は、しばしば続編を1作目の焼き直しか、1作目の魔法を再現しそこねたか、しようとしてやりすぎた（ライミでさえ、2007年の3作目のスパイダーマン映画でこの3つ目の罠に陥り、辛うじて〈フレッシュ〉の判定を受ける）として酷評する。この章でとりあげる〈ロッテン〉映画は、そういった続編の罪を犯している──『ロッキー4 炎の友情』[1985] について書いたエイミー・ニコルソンは、映画が上記すべてにおいて有罪で、それゆえに真実すばらしいと書いている──が、わたしたちは進んで許し、受けいれもする。それぞれがそれぞれなりに、ただの焼き直し以上の独自性を出そうとしている。なかにはリスクを冒す作品もあり、たとえば大急ぎで舞台を日本に移し替え、キャラクターを総とっ替え（きみのことだ、『ワイルド・スピードX3 TOKYO DRIFT』[2006]）してみたり、あるいは真にとっぴな方向転換を（『続・猿の惑星』[1970] のミュータントを覚えてる？）してみたり、もしくは単に設定を変え（性別を入れ替えた『グリース2』[1982]、場所を変えた『ホーム・アローン2』[1992]）たりと、ちょっとだけひねった思いつきで、新たな魅力を獲得している。彼らは〈フレッシュ〉ではないかもしれないし、たいていはある種の〝札付き〟になったが、シリーズはそれらを混ぜいれることで、ずっと豊かに（そしてずっと奇妙に、ワイルドに）なった。

ホーム・アローン2 (1992/1992)

HOME ALONE 2: LOST IN NEW YORK

 32%

監督／クリス・コロンバス
脚本／ジョン・ヒューズ
出演／マコーレー・カルキン、ジョー・ペシ、ダニエル・スターン、キャサリン・オハラ、ジョン・ハード、ティム・カリー、ブレンダ・フリッカー

　ところを変え、ついでに感傷と暴力を増量しても、『ホーム・アローン2』は、新味に欠ける前任者の焼き直しでしかないという事実をごまかせなかった。

[あらすじ]
　あの一家が、またしでかした。マイアミへの飛行便に乗り遅れまいと急ぐあまり、マカリスター家は8歳の少年ケヴィンをオヘア空港で見失い、図らずもニューヨーク行きの便に乗せてしまう。はじめのうち、〝おうちにいない〟のは夢みたいだった——ケヴィンはプラザホテルにチェックインし、オモチャを買いにでかける——が、まもなく、1年前彼が退治した当の強盗が、マンハッタンの通りをかっ歩しているのを目撃する。

[わたしたちが好きなワケ]
　クリスマスのスマッシュヒット『ホーム・アローン』[1990]の続編をつくるにあたり、脚本のジョン・ヒューズと監督のクリス・コロンバスは、大成功した方程式にこだわりすぎないように注意した。実際、タイトル（原題）の場所を変えた以外、『ホーム・アローン2』は……〝『ホーム・アローン』再び〟だった。カオスな空港シーン、1度ではなく2度の、事実を悟ったときの「ケヴィン！」の叫び声、おそろしいけれど最後には優しいとわかる、『アラバマ物語』[1962]のブー・ラドリー的な人物、それに、もちろん〝ウェット強盗〟あらため〝スティッキー強盗〟にしかけるたくさんのドタバタ・ヴァイオレンス。
　観客のなかには、場所を変更しただけではデジャヴのぼんやりした感覚をぬぐえずにいる者もいた。だがそれ以外の、とりわけケヴィン・マカリスター式の冒険を夢みたこどもたちにとって、この映画はアイスクリームのおかわりみたいなものだった。それも、ベッドで食べるアイスクリーム。口うるさい両親はまわりにいない。
　続編で、ケヴィン（マコーレー・カルキン）がニューヨークに現れた状況は、ばかばかしい——目にあまる両親の育児放棄、航空会社のうっかり、できすぎな偶然の積み重ね。映画冒頭のこれら一連のシーンでみせる脚本家の仕事は、ケヴィンの複雑怪奇

な拷問装置と同じぐらい無理がある。だが、いったんマンハッタンに到着すると、映画は勢いづく。おもに『ホーム・アローン2』が1作目から引き写した要素を、完璧にキメているからだ。ケヴィンのカセットレコーダーにまつわるすてきなシークエンスは、ほぼ丸ごと1作目からの使いまわしだが、だからといっておもしろさでは引けをとらず、〝鳩おばさん〟（ブレンダ・フリッカー）——セントラルパークでケヴィンが出会う、最初はおっかない人物——は、最初から最後までマーリーじいさんのエピソードと同じぐらい、ジーンとくる。ケヴィンがアッパー・ウェストサイドの無人の豪邸で強盗と対決するクライマックスは、1作目より悪意があり、それは一部には、ケヴィンがオフェンス側にまわったせいだ。今回のケヴィンは、自宅でデフェンスをしているのではない。強盗をおびき寄せている。
　ジョン・ウィリアムズの耳に残る感傷的な曲は、テーマに2、3の新味を加え、全体をとおしてすばらしい。
　だが、『ホーム・アローン2』はただの焼き直しではない。『ホーム・アローン』のなかからすべてのこども心に訴える要素——家でひとりきりになってやりたい放題——をとりだして、それを押し広げ、世界一の都市を遊び場にしてしまう『ビッグ』[1988]に似た幻想を、観客に与えてくれる。巨大なおもちゃ屋を探検し、豪華なホテルでルームサービスの領収書を気前よく積みあげ、セントラルパークを遊びまわり、誇張された大都市のおとなたちをからかう不品行の数々を、90年代のこどもは全員、ケヴィンの目をとおして覚えている。
　映画はまた、ニューヨークへの愛すべきトリビュートにもなっている。フィルムメーカーたちは、市のより不吉な面を強調することもできた——ジュリアーニが市長になる以前の、タイムズスクエアがディズニー化する前の話だ——が、暗い街角はにおわすにとどめ、わくわく、希望、そしてニューヨークの名高い共同体意識を全面に押し出した。ここは、路上強盗とポルノ劇場だけではない、8歳のこどもがひとりでうろついても、安全な街。ワールドトレードセンターのてっぺんに立ち、眼下に待つたくさんの冒険を、ほくそ笑みながら想像できる街だ。

ミュータント・ニンジャ・タートルズ2 (1991 / 1992)
TEENAGE MUTANT NINJA TURTLES II: THE SECRET OF THE OOZE

 **35%**

監督／マイケル・プレスマン
脚本／トッド・W・ランジェン
出演／ペイジ・ターコウ、デイヴィッド・ワーナー、アーニー・レイズ・Jr、ヴァニラ・アイス

　幼稚なセリフが耐えがたいだけでなく、身体的暴力に対するタートルズの鈍感でのんきな態度は、こどものロールモデルとしては失格だ。

[あらすじ]

　第1作から間もなく、タートルズは新たな家をさがし、自分たちの謎めいたオリジンを知る。いっぽう、邪悪なシュレッダーは、フット団の再興と復讐（ふくしゅう）に乗りだす。

[わたしたちが好きなワケ]

　ノスタルジアの激しい衝動と、タートルパワーの前には、通常の映画批評がかすむときもある。

　1990年、『ミュータント・ニンジャ・タートルズ』がはじめて実写映画化されたとき、スティーヴ・バロン監督がヒーローたちにざらついたダークな照明を当てたのは、陰影に富む原作コミックの絵柄からインスピレーションを受けたためだ。続編の『ミュータント・ニンジャ・タートルズ2』を監督したマイケル・プレスマンは、より明るく、思いきりコミカルに仕上げ、90年代に人気を誇ったカートゥーン番組のほうをより参考にしたようだ。タートルズは冴えないセリフをしゃべられ、カビの生えたヴォードヴィルの出し物同然の演技をし、全編にわたるハッピーで明るいライティングのもとでは、いかにもつくりもののマスクでパクパクやる口の動きとセリフのずれを、無視するのはむずかしい。

　よりこども向けに舵（かじ）を切った映画づくりはまた、タートルズが武器の使用を大幅に控えることも意味した。フィルムメーカーたちは、ヴァイオレンスをトーンダウンさせ、ヌンチャク、サイ、刀や棒は装飾品になりさがり、タートルズは代わりにキッチン用品と落とし穴で敵を攻撃した。また、ヴァニラ・アイスが派手なカメオ出演をして、疑うことを知らない世代のこどもに「ニンジャ・ラップ」を披露した（いまだに歌詞をぜんぶ覚えている）。

　いいかえれば、ミケランジェロ度がすこしばかり行きすぎた。

　だが、わざとそうしたのだ。これらの変更は、きわめて確固とした方向性を示している。ずばり、「楽しい映画にするぞ」。1作目をみたこどもの大半は、どうしてカートゥーンの『タートルズ』と違うんだろうと首をかしげながら劇場をあとにし、スタジオは同じ過ちをくりかえすまいとした。ムードの変更により、映画はたくさんの過ちをおかした。ジョークは中学生以上の人間には、ほぼ笑えない。カートゥーン版に登場するビバップとロックステディのコンビを映画に移し替えたトッカとレザーは、ちっとも脅威ではなく、突然変異した〝スーパーシュレッダー〟との対決でさえ、ハラハラもドキドキもしない。

　それでも映画はひとつだけ、すごく、すごく正しいことをした——それは、タートルズの真のファンには重要なことだ。1990年代はじめのTMNTブームのエッセンスを、完璧にとらえているのだ。カートゥーンのフィーリングを尊重しつつ、1作目と原作コミックの暗いムードをいくらか引きつごうと試みた本作は、にぎやかなタートルズの歴史に、図らずも名を残す。ファンサービスが徹底していたという点において。

　意味不明な「ニンジャ・ラップ」は、スマートフォンや住宅ローン、それから果てしないTMNTリブート（真のファンは当然、公然と敵視しないとしても、うさんくさがった）以前の、より単純な時代のファンたちの賛歌となる。確かに、とるに足らない映画だが、『ミュータント・ニンジャ・タートルズ2』は、ローラースケート場で撮ったセピア色の写真の、いわばVHSテープ版だ。懐かしい、ひどくまぬけな一瞬を、完璧に切りとった。ときどき収納箱から引っぱりだしては、眺めたくなる。

ロッキー4　炎の友情 (1985/1986)
ROCKY IV

40%

脚本・監督／シルヴェスター・スタローン

出演／シルヴェスター・スタローン、タリア・シャイア、ドルフ・ラングレン、バート・ヤング、カール・ウェザース、ブリジット・ニールセン

評者：エイミー・ニコルソン　Amy Nicholson

エイミー・ニコルソンは〈ヴァラエティ〉誌〈ガーディアン〉紙〈ワシントンポスト〉紙の映画ライター・批評家で、映画ポッドキャスト《The Canon and Unspooled》のホストをつとめる。ニコルソンの処女作『Tom Cruise: Anatomy of an Actor』[2014・未邦訳]は、カイエ・デュ・シネマより出版された。

『ロッキー4　炎の友情』で、シルヴェスター・スタローンはモスクワの共産主義をＫＯする──ほかでもない、クリスマスに！──が、自国の映画批評家からボコボコにされた。かつてはオスカーをとるべきだとエールを送った元負け犬のチャンピオンが、冷戦時代の乱暴者に変身したことに、がくぜんとしたのだ。とある上映にいあわせた批評家は、ドルフ・ラングレン扮するソヴィエトのボクサー、イワン・ドラゴが、東側対西側のエキシビジョン・マッチで誤ってアポロ・クリードを殴り殺したとき、あまりに腹を立てた観客たちが自然発生的に、ブルース・スプリングスティーンの「ボーン・イン・ザ・ＵＳＡ」を歌いだすのをきいて、びくびくした（80年代のギター賛歌は、映画のサントラにつめこまれてはいない）。脚本・監督も兼ねたスタローンは、体裁をとりつくろうとする。ロッキーが〝槌と鎌（ソ連の国章）〟に鉄槌をくらわしたあと、核戦争におびえる冷戦時代の緊張を、ええと、殴りあいで緩和することについて、平和主義のスピーチをする。「リングの上で、おれたちふたりは互いに殺しあう」と、スタローンはわめいた。「でも、２千万人が殺しあうよりマシだろう」実世界の観客は、耳を貸さない。ある観客は、こう野次った。「ああ、だけどおれたちが勝ったぞ！」

批評家と映画ファンは、しばしば対立する──今回は観客の勝ちだ。『ロッキー4　炎の友情』は冬の興行成績を記録更新し、ジャーナリストたちは、もし「『ロッキー』サーガが民意を代弁しているとすれば、最寄りの核シェルターの場所を調べておくべきかも」

> ラングレンのおかげで、クルーカットの髪型が再流行した。スタローンはいつもどおり、成功に対する返礼に、これで終わりにすると形ばかりの脅しをかけた。

と恐々とした。ラングレンのおかげで、クルーカットの髪型が再流行した。スタローンはいつもどおり、成功に対する返礼に、これで終わりにすると形ばかりの脅しをかけた。「ロッキーのためだ」とスタローンは誓った。「おそらくは、史上最強の戦闘マシーンと闘った。生化学が生んだソヴィエトの格闘家だ。そのあとはなにをすればいい？ つぎになにをしようが、ヤボになるだけだ」

そう、そのとおり。『ロッキー4』はさらに4本の続編を生み、最新2作『クリード　チャンプを継ぐ男』［2015］、『クリード　炎の宿敵』［2018］は、ドラゴがアポロに引導を渡さなければ、存在しなかったはずだ。それひとつとっても、スタローンのボクシングの殿堂入りには議論の余地がある。とはいうものの、『ロッキー4』は、魅力的な必見のタイムカプセルだ。

単純であると同時に破壊的、あまりにたくさん頭にパンチを受けすぎて、発言がすべてダダイズム調になるボクサーみたいなのだ。

薄情なソヴィエト社会主義共和国連邦の戦略へ見舞ったジャブと同じ数だけ、『ロッキー4』はロナルド・レーガンのアメリカにパンチをくらわした。ソヴィエト連邦が、ドラゴを工場製のホルスタイン並みに突っつきまわす、軍服の兵士と医者のいる凍りついた風景だとすれば、アメリカ合衆国は、退廃の腐臭がする。もはや小金のために他人の指を折らずにすむロッキーは、スポーツカー、当時としては最新のビデオカメラ、もと肉屋のポーリーおじさん（バート・ヤング）の執事兼恋人になるべくプログラムされた6フィートのしゃべるロボットを押しこめた豪邸をのし歩いている。現代のマリー・アントワネットたちに

とって、人生はあまりに豪勢すぎて、ロッキーはつづけてふたつの場面で違うケーキを2個食べるいいわけをみつける。「パーティはまだ終わりじゃないぜ!」と、妻にニッコリ笑いかけるロッキー。エイドリアン(タリア・シャイア)はため息まじりにたしなめる。「今日は水曜日でしょ?」

エゴ——ドラゴじゃなく——がアポロ・クリードを殺した。もと軍人の無敵のゴールドメダリストにして、アポロより4インチ高く、40パウンド重い巨人相手の闘いに備えて実際にトレーニングする代わり、アポロはシャンデリアとショーガールとステージでクルクルまわるジェームズ・ブラウンのど派手なショーを開く。打ちあう準備は万端のドラゴがリングの花道を歩いてくると、ばかでかいアニマトロニクスのヤギ頭の前で花火を打ちあげるアポロ・クリードをあおぎみる。「あいつらクレイジーなアメリカ人は、なにを崇(あが)めてやがる?」ドラゴ対アポロはまともな試合にならない。2ラウンドで決着がつく。

ラングレンのドラゴは滅多にしゃべらないが、例外として、いくつかキャッチフレーズを吐き、いちばん有名なのが「おまえをぶっ潰す」だ。妻のルドミラ(ブリジット・ニールセン)がもっぱらおしゃべり担当なのは、おそらくニールセン自身が、スタローンと結婚間近だったからだろう。それでも、ルドミラの夫のセリフを観客が真似ながら劇場をあとにするいっぽう——わたしの個人的お気に入りは、ほとんど禅宗の公案みたいな「もしそいつが死ぬなら、死ぬ」だ——ルドミラも記憶に残る名言を口にする。夫が殺害の脅迫を受けたあと、記者会見で目を潤ませて「わたしたちは政治家ではない。わたしが望むのはただ夫が無事でいること」と、いい張る。「あなたがたはこの国がとてもいい国で、わたしたちはとても悪いと信じている——あなたがたはすごく公正で、わたしたちはすごく残酷だと信じている」

『ロッキー4』のロシア語アクセントはめちゃくちゃだ。ロシアの地理もめちゃくちゃだ(ロッキーはエイドリアンに向かって自分の意地でモスクワ戦をやるんだとどなりつけ、怒りにまかせて車に乗りこむと、まるで急げばベーリング海峡を渡れるかもしれないとでもいうようにぶっ飛ばす)。だがルドミラの見せ場において、『ロッキー4』は鏡を掲げ、アメリカ人のセルフイメージを映しだし、観客はそれを直視する心の準備がまだできていない。

いまでは心構えができており、映画はもっと正確に標的めがけ、拳を打ちこんでくる。映画自体が双子の試合構造をとり、ガラスのような大西洋ごしに互いをみつめ返す。ふたつの外国人、ふたつの敵意ある観客、ふたりの倒れた国民的英雄、そして、ふたつのすごく異なる反応。

肝心なのは、ロッキーの勝利ではなく——映画館でのぼせあがって野次った男には悪いが——映画内のボクシングファンの反応だ。アメリカ人はドラゴが入場するとブーイングし、彼が勝ちはじめるとコロリと応援に転じ、勝ったときにはいきりたつ。ロシア人はロッキーが入場すると罵倒し、負けはほぼ決定的なのに倒れず、長い間持ちこたえ、ドラゴを床にたたきのめすと、ゆっくり拍手の波を起こす。わたしたちは勝った、そのとおり。だが、ソ連側のほうがいい敗者だ。ロシアとアメリカの関係が再度カチコチに凍りついた今日の観客は、『ロッキー4』により複雑な感情を抱くだろう。それでも、バルボア自身と同じく、みかけほどばかじゃない。

> ## "バルボア自身と同じく、みかけほどばかじゃない。"

[《ロッテントマト》の総評]
『ロッキー4』はアクションが不条理なまでにインフレを起こしているが、結局は、シリーズ最初の3本と基本的に同じビートを刻むストーリーのおかげで、そらぞらしく響く。

女ドラキュラ （1936／日本公開不明・TV放映タイトル「吸血鬼ドラキュラの娘」）
DRACULA'S DAUGHTER

 **55%**

監督／ランバート・ヒルヤー
脚本／ギャレット・フォート
出演／グローリア・ホールデン、オットー・クルーガー、マルゲリーテ・チャーチル、エドワード・ヴァン・スローン

[総評]

『女ドラキュラ』は、ユニバーサルの〝ホラー・ユニヴァース〟を興味深い方向に押し広げるが、おしゃべりな脚本と柔和な雰囲気が、野心に影を落とす。

[あらすじ]

ザレスガ女伯爵は、父親からヴァンパイアの血を受けついでいた。当初、女伯爵は渇きをとりのぞこうと精神科医を頼る。それがとんだおためごかしだと気づいた女伯爵は、次善の策をとった。すなわち、ぴちぴちした若い女性を誘拐して、おいしくいただくわ！

[わたしたちが好きなワケ]

ドラキュラものの第1弾『魔人ドラキュラ』[1931]は、ユニバーサルのモンスター映画が黄金時代を迎える先鞭をつけた。フランケンシュタインの人造人間、透明人間、ミイラ男その他もろもろが、映画の上映時間中のみならず、シネマティック・ユニヴァースでつながりあった時代だ──きみたちのキャプテン・アメリカとワンダーウーマンより、何十年も前に。ユニバーサルは素早くフランケンシュタインの続編を大量生産した（〝大量生産〟には、さらなる傑作『フランケンシュタインの花嫁』[1935]もふくめるとする）が、『魔人ドラキュラ』の後釜にスタジオががぶりと食らいつくには、それより長い時間を要した。『女ドラキュラ』が公開されたとき、実世界ではすでに5年の歳月が流れていたが、映画のなかではほんの数分しか経っていない。ヴァン・ヘルシング──失礼、ヴォン・ヘルシングは、ヴァンパイアを殺して警察に拘束されるが、だれも彼のコウモリ話を真に受けなかった。同じ晩、外套をまとった人物が警備員に催眠術をかけ、ドラキュラの死体を盗む。ヴォン・ヘルシング

の疑い深い弟子、精神科医のジェフリー・ガースが支援に呼ばれる。もし1936年の精神医学がどんな状況だったか興味をお持ちなら、ガース博士の治療法を例に挙げよう。アル中患者をコップ1杯の酒と一緒に部屋に閉じこめ、1時間以内に手を出したら罰を与える。博士には、全幅の信頼を置けそうだ。

ジェフリーに新たな患者ができる。マリヤ・ザレスカ女伯爵は、完全にはうち明けられない超自然的な気質に悩んでいた。女伯爵はドラキュラ伯爵の娘で、自分の魂を清めるために、父親の死体を盗みだして埋める。それでもやはり血への渇きは収まらず、精神医学に助けを求めたものの、すぐにヴァンパイアの暗い習性に屈服する。契約上しかたなくザレスカを演じたグローリア・ホールデンは、ホラー映画を忌み嫌い、敵意を役に反映させて、演技に潤いを一切与えなかった。「わたしの名場面集にこいつをほんのすこしでも加えようとしてごらん」撮影の合間にホールデンの歯ぎしりがきこえてきそうだ。だが、ホールデンのあいまいな演技は、望んだのとは反対の効果を生む。演技を強烈に印象づけ、ヴァンパイアが自分の存在にいらだっている証にみえた。

女王然としたザレスガのうわべから、不安と居心地の悪さがにじみ出る。絵のモデルとして服を脱いだ無防備なナン・グレイとのシーンが、あまりに怪しげなため、映画がにおわせるレズビアンのふくみに関し、百万の眉毛がつりあがり、百万の論文が書かれた。さぐり、ひとを射抜くまなざし以外、黒いビロードの外套に包まれた女伯爵は、ユニバーサル映画のモンスター結社のどんな悪党にも引けをとらずに不気味だ。ホールデンはホラーアイコンをつくりあげながら、一片も顧みることはなかった。

ダイ・ハード3 (1995/1995)
DIE HARD: WITH A VENGEANCE

 **52%**

監督／ジョン・マクティアナン
脚本／ジョナサン・ヘンズリー
出演／ブルース・ウィリス、サミュエル・L・ジャクソン、ジェレミー・アイアンズ、グラハム・グリーン、コリーン・キャンプ

[総評]

『ダイ・ハード3』は幕開け早々猛スタートを切り、ブルース・ウィリスとサミュエル・L・ジャクソンのとげのあるやりとりはいい味を出すが、仰々しい結末までずっとがなりどおしで、全体的に新鮮なアイディアに欠けるのをカバーしようと、むなしく試みる。

[あらすじ]

ジョン・マクレーンは酒と妻との別居が災いして、警察を停職処分になる。サイコな爆弾魔が彼をからかいはじめ、ニューヨーク市を爆破すると脅す。ジョンは犯人の指示どおりに動き、与えられたヒントをすべて解かなければならない。

[わたしたちが好きなワケ]

ブルース・ウィリスとサミュエル・L・ジャクソンは、ふたりとも『ローデッド・ウェポン1』[1991]とクエンティン・タランティーノの『パルプ・フィクション』[1994]に出ているが、一緒の場面で顔を合わせたことはなかった。『ダイ・ハード3』にて、ふたりの記念すべき映画上のパートナーシップがはじまり、『アンブレイカブル』[2000]、『ミスター・ガラス』[2019]の両作へと行きつく。ふたりの笑いの間のとりかたと、互いをからかってばかりいるところは、歴代の名コンビをほうふつさせるが、なかでもメル・ギブソンとダニー・グローヴァー、リチャード・プライヤーとジーン・ワイルダーに似て、とっぴな話術を競いあう。だが、ウィリスとジャクソンのあいだに流れる魔法の秘密は、ふたりの気むずかしさにある。腹違いの短気な兄弟といったところだ。マクレーンがジャクソンのゼウス・カーバーに出会うシーンに、それが表れている。二日酔いのマクレーンが（爆弾魔の命令で）ハーレムのまんなかに立ち、人種差別的なメッセージを書きこんだサンドイッチマンの広告板をかけている。近寄ってくるゼウスは怒っているのではなく、憤激し、マクレーンがそっくり同じ調子でやり返すのに驚く。「すごく運の悪い日になるぞ」と、ゼウス。「わかってるさ」あきらめたようにためいきをついて、マクレーンがいう。

シリーズ2作目で、マクレーンは頼れる助っ人に途中で恵まれるという設定をすでに確立し、管理人のマーヴィン（トム・バウワー）がそのちょい役を果たした。マクティアナン監督は、マクレーンがひとりきりで悪者に立ち向かうパターンに観客が飽きるかもしれないと予測をつけ、シリーズものの失速を振りはらうべく、脚本のジョナサン・ヘンズリーが助っ人役をすこし格上げして、完全に肉づけした登場人物にした。

批評家の一部は、マクレーンに相棒ができるのを気に入らなかった。〈ワシントン・ポスト〉紙のリタ・ケンプリーは、「『ダイ・ハード』シリーズは、たったひとりで勝ち目のない相手と闘う映画であるべきで、主人公が社交術を練習する場ではない」と断じた。だが、ニューヨーク市を舞台にした時点で、イカレたテロリストを止めるためには、共同体としてのアプローチをとる流れになるのは必至、友人や隣人がいやいや協力し合って正しいことをする。どちらにしろ、シリーズが完全に一から出直すのはまれだ。だがジャクソンに加え、現実的な世界と現実的なひとびとのなかでアクションを起こせる都市を設定に選んだことで、マクティアナンはシリーズのリフォームに成功し、『ダイ・ハード』とマクレーンに新たな命を吹きこんだ。

ヘンズリーは〈ロッテン〉評価をあと8作分積みあげていき、『ジュマンジ』[1995]、『コンエアー』[1997]、『アルマゲドン』[1998]などの、愛すべき映画の脚本を執筆する。

グリース2 (1982/1982)
GREASE 2

 **38%**

監督／パトリシア・バーチ
脚本／ケン・フィンクルマン
出演／マックスウェル・コールフィールド、ミシェル・ファイファー、ローナ・ラフト、モーリーン・ティーフィー

[総評]

『グリース2』が手堅い歌と、よく振りつけられたダンスシークエンス満載なのは否定しがたいが、はるかに楽しめた前作の騒々しい焼き直しだという事実はごまかしようがない。

[あらすじ]

ライデル高校の新学期がはじまり、めまぐるしい最終学年を生徒たちが歌い踊って迎えるなか、イギリスからやってきたマイケルは、自分の素性を隠して《ピンク・レディーズ》のステファニー（ミシェル・ファイファー）のハートを射止めようとする。

[わたしたちが好きなワケ]

呼びたいように呼べばいい——蛇足でも、シラけているでも——が、『グリース2』は1作目の劣化したコピー版だとの評判を跳ね返す、"キャンプ"な映画だ。

1作目から3年後の設定ながら、『グリース2』は『グリース』［1978］とほとんど同じはじまりかたをする。マッギー校長（イヴ・アーデン）と秘書のブランチ（ドディ・グッドマン）は、印象的な1年になるようにと願うものの、早速「バック・トゥ・スクール・アゲイン」の不意打ちをくらう。これは大がかりなナンバーで、新たな登場人物のお披露目と、美容学校を落第したフレンチー（ディディ・コーン）の再紹介がなされ、オープニング・クレジットのシークエンスとして流れる。フランキー・ヴァリの「グリース」の曲に合わせたアニメーションによる1作目のクレジットの控え目な魅力には欠けるが、続編が持ちこんだエネルギーと、前作に匹敵しようと果敢にとりくむ姿勢が反映されている。

また、当時の批評家がいちばん問題視した点をも露呈する。つまり、なにかが欠けているような感覚だ。

1作目のスターたち（ジョン・トラヴォルタとオリヴィア・ニュートン＝ジョンはふたりとも復帰を断った）を失い、『グリース2』は立場を逆転させて自らを救おうとした。マックスウェル・コールフィールドのマイケルは基本的にサンディの役回りで、ミシェル・ファイファーのステファニーは、ダニーの《ピンク・レディーズ》版だ。たとえその逆転がチープに思えても、登場人物は自分たちをおのおの興味深い方法で際だたせる。ステファニーが登場するとき、彼女は《ピンク・レディーズ》と《Tバーズ》がくっつくというお約束に飽きて、《Tバーズ》のリーダー、ノジェレッリ（エイドリアン・ズメド）を捨て、最終学年をシングルで過ごす。また、マイケルが彼女の勉強のチューターをはじめたとき、ステファニーはバイカーの彼女になる以上の向上心を持ちあわせていることがわかる。いっぽう、あかぬけたマイケルは事実上のスーパーヒーローの役回りを引きうけ、ステファニーをデートに誘おうとする。

発想は空気ほどに軽いかもしれないが、コールフィールド、ファイファー、監督のパトリシア・バーチ（1作目の振付師）とその他のキャストはコンセプトに熱心にとりくみ、続編の完成を急がされたときに、スタジオの思惑よりも役柄の持つよそよそしさをなるべく減らそうとした。キャストとクルーの献身は、ダイナミックな1曲、「クール・ライダー」——頭から追い出そうとしてみてほしい——と、すくなくとも、あと2曲のすばらしいミュージカル・シークエンスで結実する。

2匹目のドジョウを狙った恥知らず？　もちろん。だが、ときには無心に踊りたくなるものだ。

スクリーム3 (2000/2000)
SCREAM 3

 **39%**

監督／ウェス・クレイヴン
脚本／アーレン・クルーガー
出演／ネーヴ・キャンベル、コートニー・コックス、デイヴィッド・アークエット、パーカー・ポージー、パトリック・デンプシー

[総評]

　驚きの展開をいくつかみせるものの、『スクリーム3』はポストモダンの気まぐれのままに、かつて自分がバッサリ切り捨てたおなじみのホラー方程式とお約束に、シリーズを引き戻した。

[あらすじ]

　90年代のスラッシャー映画にセンセーションを巻き起こした（自称）3部作の掉尾を飾る本編で、ゴーストフェイスはハリウッドへ場所を移す。映画内映画『スタブ3』のキャストが発表され、シリーズの〝ファイナル・ガール〟シドニー・プレスコットは、もういちど過去と闘わなければならない……それと、携帯電話とも。

[わたしたちが好きなワケ]

　『スクリーム2』［1997］はまれな作品だった。1作目と同じぐらいできがいいと多くの者が思ったホラー映画の続編で、〈トマトメーター〉が告げるには、実際わずかにうわまった。『スクリーム3』はまれという点では、それよりもずっと劣る。すなわち、安易な金儲けに走って1作目を裏切ったと多くのファンが感じ、〈トマトメーター〉は卑しむべき〈ロッテン〉な駄作だと断じた、ホラー映画の続編。映画の舞台裏で起きていることを思えば、ゴーストフェイス、シドニー、デューイ、ゲイルとその一行の、3度目の出番がべっしゃり緑色に潰れたのも不思議ではない。

　90年代ホラー映画の寵児ケヴィン・ウィリアムソンは、『スクリーム3』の脚本を1本書きあげる時間がとれず、代わりにトリートメントを提出、『隣人は静かに笑う』［1998］のアーレン・クルーガーに、肉づけを一任する。スクリーンに最終的に投影されたのは、ウィリアムソンが思い描いたものとは、遠く隔たっ

ていた。1999年後半は、恐怖映画を撮るには時期が悪く、とりわけ高校周辺を舞台にしたものは、コロンバイン高校で起きた事件を考慮すれば、なおさらだった。スタジオは舞台をロサンゼルスに移してウッズボロー高校から遠ざけ、フィルムメーカーはゴアよりもコメディに頼った（ヴァイオレンスは一切映画に盛りこむなと指示されたとき、ウェス・クレイヴン監督は断固反対した）。さらなるドラマが加わる。スケジュール上の問題があり、しばしば撮影当日にキャストと脚本の変更を行った。そうであっても、自分がどんな状況に足を踏みいれようとしているのかをわきまえていれば、コメディは強力な武器になる。とりわけ、パーカー・ポージー演じるジェニファー・ジョリーがいい味をかもした。コートニー・コックス扮するゲイル・ウェザースの役まわりを『スタブ3』で演じるジョリーのポージーは、せわしなく、みていて楽しく、撮影所内でコックスをストーキングしてまわり、共演者の死体が積みあがっていくにつれ、壊れていく。また、ポージーはこの映画でもっとも傑作な場面に顔を連ね、ジョリーとウェザースは冷笑的なスタジオの保管係ビアンカと出会う（味なちょい役でカメオ出演したキャリー・フィッシャーがポスト#MeToo時代に興味深い影を投げかけている）。

　手堅い恐怖もある。クレイヴンがカメラのうしろにいる以上、そうならないわけがない。とりわけ効果的なのが、キャンベル演じるプレスコットが、彼女の故郷のウッズボローを再現した『スタブ3』のセットを探検中、ひとりきりになるシークエンス。ゴーストフェイスが必然的に登場し、秀逸な1作目の恐怖に満ちたこだまを放ち、クレイヴンとウィリアムソンがもし適切な時と場所を与えられ、思いどおりに撮れたとしたら、3作目がどんな姿になっていたかをにおわせる。

オズ **(1985/1986)**
RETURN TO OZ

 **52%**

監督／ウォルター・マーチ
脚本／ウォルター・マーチ、ギル・デニス
出演／ファルーザ・バーク、ニコル・ウィリアムソン、ジーン・マーシュ、パイパー・ローリー、マット・クラーク

　『オズ』はL・フランク・ボームの原作にあった暗い領域に踏みこむ冒険へ乗りだすものの、目を瞠る画面で惹きつけるのはときどきで、先達である名作『オズの魔法使』［1939］のマジックを再現できずに終わる。

[あらすじ]
　めいのドロシーが不眠症になり——というか、遠い土地を冒険したばかりだという妄想をやめられず——心配したエムおばさんは、ドロシーを専門医に連れていく。だが医者には、家族に秘密の実験的な治療プランがあった。謎めいた若い女の子の助けを借りて医者の手を逃れたドロシーは、嵐に運ばれてオズに戻ると、新たな敵——ノーム王——に立ち向かい、危険に満ちた冒険をしながら家を目指す。

[わたしたちが好きなワケ]
　監督初挑戦のウォルター・マーチは、オズの国へ戻ることの危険性を承知していた。おそらくは史上もっとも愛されてきた映画の続編というだけではなく、1作目でひとびとが親しんだ要素を捨てなくてはならない。それはつまり、歌なし、踊りなし、明るい色彩なし、それにマンチキンもなしということ。L・フランク・ボームの2冊の続編——『オズの虹の国』『オズのオズマ姫』——をギル・デニスと共同脚色したマーチは、MGMのミュージカル版よりも、原作の暗いムードにより傾倒した。そのため、赤い靴を鳴らして、金色の道を進む旅を再び体験できると期待して劇場を訪れた観客は、その代わりにヴィクトリア朝時代の精神病棟へ連れて行かれ、そこでは思春期前の少女ドロシー・ゲイル（ファルーザ・バーク）がストレッチャーに固定され、電気ショック療法を受けようとしていた。映画がはじまって、15分足らずのことだ。
　〈ガーディアン〉紙は30年後、デイヴィット・シャイアの歌詞のない、みごとな曲をふり返り、『オズ』は「スクリーンを飾ったディズニー映画のなかでいちばん不気味だ」と評した。その意見に異論はない。これは、インターネット・ミーム（訳注：インターネット上で広がる、画像、ビデオ、文章等のこと）の使い手たちが、ホラー映画に仕立てるために、再編集や再編曲をする必要のない映画だ。精神科病棟を逃げ出したドロシーがひとけのないオズに行きつくと、80年代のファンタジー映画がつくりだしたなかでも屈指のおそろしい生き物が棲んでいる。たとえば、シルク・ドゥ・ソレイユ風のいじわるな軍隊の〝ホイーラーズ〟が、見捨てられ、破壊されたエメラルド・シティをパトロールしている。あるいは、彼らの主人モンビ王女（大部分をすばらしく邪悪なジーン・マーシュが演じる。マーシュはまた、ロン・ハワードの『ウィロー』［1988］でバヴモルダ女王を演じた）は、ガラス容器に何十もの交換用の生首をしまい、ほとんど果てのない廊下に並べ、コレクションしている。旅の途中、ドロシーが出会うもっと友好的な相棒——ティック・トックというロボットと、（『ナイトメアー・ビフォア・クリスマス』［1993］の）ジャック・スケリントンに似た造形のジャック・パンプキンヘッド——は、端役にすぎない。これは、楽しい夢よりも悪夢のほうがずっと長く脳裏に残る『オズ』なのだ。
　ディズニーが気をもむのも無理はない。撮影スケジュールが遅れたあるとき、スタジオ幹部たちは撮影済みのフィルムを上映した。そこに映し出されたマーチの暗いヴィジョンを目にしたスタジオは、リスクが大きすぎると判断、しばらく監督をスタッフからはずした。マーチが映画サイト《Film Freak Central》に語ったところでは、彼の親友、ジョージ・ルーカスが日本から英国へ飛び、フッテージをみたあとディズニーの重役連と面会し、マーチを呼び戻して制作をつづけるよう説得した。ルーカスは『オズ』に、この作品をカルト映画に祭りあげたものと同じものをみたのだ。奇妙で、おそろしく、名状しがたい喜びを与えてくれる。『オズ』の商業的、批評的、両方の失敗のあと二度と映画を撮らなかったマーチは、ルーカスの口添えを「すばらしい厚意」といった。映画にとって、わたしたちにとって、それは間違いない。

13日の金曜日　PART2 (1981/1981)
FRIDAY THE 13TH PART 2

29%

監督／スティーヴ・マイナー
脚本／ロン・カーツ
出演／エイミー・スティール、ジョン・ヒューリー、エイドリアン・キング、カーステン・ベイカー、ステュー・チャーノ、ウォーリントン・ジレット

評者：キャンディス・フレデリック　Candice Frederick

キャンディス・フレデリックはニューヨーク市を拠点にしたフリーランスのテレビ・映画批評家で、〈ティーン・ヴォーグ〉誌、〈ニューヨーク・タイムズ〉紙、〈ハーパーズ バザー〉誌などの様々な媒体に執筆している。

　スラッシャー映画の続編なんて、おくびに出すだけでもばかにされるのがオチだ。この場合、それは1980年につくられた『13日の金曜日』の続編であり、1作目では、マスクをした悪者（ジェイソン・ボーヒーズの母親）が、キャンプの指導員をつぎつぎに惨殺した。幼かった息子を湖に残し溺れ死にさせた者たちの、同類だという理由で。「なぜクリスタル湖のキャンプ場へ戻って、同じ運命にあおうと思う者がいるんだ？」と、批評家は疑問を呈した。「いったいどんなつたないプロットをひねりだして、若者をそこへいかせる気だ？　どれほど〝うんざりするほどやりつくした〟シナリオにわれわれは耐えねばならないのか？」ウェブサイト《DVD Town》の批評家、ジョン・J・プッチオが1981年の続編『13日の金曜日　PART2』のレビューで指摘するように、映画は1作目に起きた事件から5年後の設定で、「新たなキャンプ指導員は、前回の指導員と交換可能だ。なぜなら顔が違うだけで、基本的に同じだから」。

　彼は正しい、もちろん。それでも、登場人物たち（全員が白人で、のんきで、そしてどんどん色気づいてくる若者）は確かに型どおりだが、映画はまた、なじみのあるビートに従いながらも、ある破壊的なことをする──一般的なス ラッシャー映画がまずかえりみようとしないことを。『ＰＡＲＴ2』は、伝説の新たな悪役、復活したジェイソンのおびえた精神状態を文脈化し、そうすることで身の凍るような魅力のある層をもうひとつ、陰惨な設定に積みあげた。

　おどろくべき深みと、ジェイソンの心理状態を最初にのぞかせるのは、映画がはじまって3名の犠牲者が出る頃、新たな悲運の指導員グループがクリスタル湖のキャンプ場に落ちついて、ずいぶん経ったあとだ（彼らはいまだに周囲に転がる死体を発見していない──楽しむことしか頭にない若者たちは、今回もまったくのんきだ）。ポール（ジョン・ヒューリー）ともうひとりの友人と連れだってバーにくりだしたジニー（エイミー・スティール）は、ジェイソンが実在しており、復活して自分たちが全員死ぬまで魂が安まらないんじゃないかと大声で思案しはじめる。結局、とジニーはいう、キャンプの指導員──わたしたちのよう

> ## 『PART2』は、伝説の新たな悪役、復活したジェイソンのおびえた精神状態を文脈化する。

な！──が近くの山小屋でいちゃついているあいだに彼を死なせたのだから。そして1作目の結末で、復讐に燃える母親の首を冷血にはねたのも指導員だ。ジェイソンが突然命を失ったときは、まだほんのこどもだった。母親の死がショックなあまり、成長の止まった少年の心のままでいるのでは？　ジニーはジェイソンを「抑えの効かないうすのろ」だの、「おとなの体にとらわれたこども」だのと呼びさえする。ジニーはひどい寒気におそわれ、びくつく姿に連れが大笑いする。3人のうち、だれが最後のクレジットまで生き残るか、予測を立てるまでもない。

　そのときにいたるまで、ジェイソンの知的能力が考察されたり、言及されたことすら実際にはなかった。このあとの続編映画でも触れられていない。1作目では、愛するわが子が湖のまんなかで溺れているときに、手をこまねいていた連中への復讐を果たすボーヒーズ夫人のなげきに向きあいはしていても、ジェイソ

ンにどれほどのトラウマを精神的にも身体的にも与えたのか、考察しようとしたのはこの続編だけだ。これは、シリーズのファンと、ジェイソンの犠牲者候補の両方に、目覚ましいまでのサスペンスを与えた。こどものときに彼を無視した連中と同じ服装と行動をする者たちが、再び周囲で遊びまわっているのをみて、壊れた男──かつては犠牲者だった狂気の男──はどう反応するだろうと考えるのは、おそろしい。同じことが、ジェイソンの対抗馬たる悪役、『ハロウィン』[1978]のマイケル・マイヤーズにもいえる。彼もまた、自分の心中に捕らわれているからだ。だがジェイソンはマイヤーズに比べて、もろさがある。ただ血を求めているのではない。どういうわけか生き返ったのに、安心感を与えてくれるただひとりの人物は、もうこの世にいない。怒り狂うのみならず、苦悶の淵にいる。

　そのため、この続編の終盤で、シリーズを通じてと

うとうはじめて姿を現したジェイソンは、ジニーがおそれたとおりのぞっとするようなトラウマの化身となっていた。顔はほぼ完全にただれている。おそろしいのと同じぐらい、痛々しくみえる。キャンプの若い住人を襲うとき、動きは遅くとも着実に歩みより、だが冷静ではない。映画の最後、ジェイソンに彼の廃屋のなかへ追いつめられたジニーは、殺人鬼が虐殺の神殿に供えたボービーズ夫人のセーターを身につけ、するとジェイソンの歩みが止まる。トラウマと嘆きを手つかずのまま抱える男は、母親がなぜかよみがえり、再びそばにいるという考えに、動きを止めるのだ。この場面は、映画のなかほどでジニーがめぐらす考察を思えば、とりわけ不気味だ。ジニーのおそれは笑いとばされたが、最後にジェイソンと対決するのはジニーだった。仲間にとってジェイソンは〝ただの伝説〟だが、ここへきて、彼はジニーの最悪の悪夢となって現れる。怒り、痛手を受け、予測がつかず、なたで武装している。

この瞬間の危うさから、どちらにも転びえる（ネタバレ警報。ジニーのプランは功を奏して窮地を脱し、一時的にジェイソンの魔手を逃れる）し、また、シリーズのセックスを過度に強調したレンズをとおして考えれば、共鳴もする。続編の監督スティーヴ・マイナーと、1作目の監督ショーン・S・カニンガムは、

どちらも女性の体を搾取した手口を、正当に批判された。カメラは若い女性のはだかの胸にとどまり、尻にズームアップする。だが、映画の終盤でジェイソンが姿を現す前、わたしたちは彼の視点を強要され、マスクごしの眺めを共有し、その限りでは、彼の死に果たした役割をのぞいて、性欲についての理解は彼になさそうだ。ということは、女性の体へ注がれる視線は、発育の止まった時期と、セックスの無防備をついて殺した母親にまで遡る、魅了され、怒りを覚えるジェイソンの抱いたイメージだ。

そう、『13日の金曜日　PART2』をただのティーン向けスラッシャー映画の1本と書くのは簡単だ。しかも、なお悪いことに、これはティーン向けスラッシャー映画の続編なのだ！　だがそれでは、わたしたち自身の恐怖と分別に、ある意味対をなしてこの映画がよって立つトラウマと狂気、伝説と現実に、いかに効果的に向きあっているかを否定することになる。その複雑さのため、顔のない、正気を失った悪役を、ある程度までは共感のできる、衰弱した人間、こちらがいちばん油断しているときにいともたやすくわたしたちの周囲に潜み、遠くからうかがうことのできる男へと変える。それこそが、ジェイソンが続編につぐ続編で、クリスタル湖のキャンプ場と、わたしたちの心の奥底に出没する理由だ。

[《ロッテントマト》の総評]

『13日の金曜日　PART2』は、あとにつづく続編のひな型をつくり、さらなるティーンの犠牲者、さらなる血なまぐさい見せ場を追求するが、こちらが追いかけつづける理由にとぼしい。

ワイルド・スピードX3　TOKYO DRIFT (2006/2006)

THE FAST AND THE FURIOUS: TOKYO DRIFT

 **38%**

監督／ジャスティン・リン
脚本／クリス・モーガン
出演／ルーカス・ブラック、バウ・ワウ、ブライアン・ティー、サン・カン、ナタリー・ケリー

目を瞠るドライヴィング・シークエンスが、もたついた物語および単調な演技と対をなし、『TOKYO DRIFT』は『ワイルド・スピード』前2作のがっかりな続編となった。

[あらすじ]

トラブルから──それに、トラブルのもとになった高性能車から──遠ざけるため、ショーン・ボズウェルの母親は、息子を東京に住む父親のもとへ送る。だが、思惑どおりにことは運ばない。東京へ到着次第、ショーンはアンダーグラウンドの〝ドリフト〟レースと、地元のギャングリーダーの彼女に惹きつけられる。

[わたしたちが好きなワケ]

『ワイルド・スピード』シリーズが、大きく横滑りしたときを覚えているだろうか──日本まで？　ユニバーサルがブライアンとドムと一味を捨て、ひとりの若者が世界屈指のワイルドな都会を冒険するスピンオフを？　覚えていない？　ピンとこない？　無理もない。『TOKYO DRIFT』は2002年のスタートダッシュ以来、世界興収を席巻した超人気アクションシリーズのうち、最低の収益を記録した。そして、みた者の大半が記憶から削除した。彼らのお気に入りの映画シリーズは、ヴィン・ディーゼルと仲間たちが摩天楼を走り抜け、原子力潜水艦を追い抜く映画、〝ファミリー〟についての映画で、どこかの若いガイジンが、東京の地下鉄に乗って、日本の学校でお昼の行列にならぶ映画なんかじゃない。

だが、とてつもない魅力がこの物語にはある。台湾系アメリカ人のジャスティン・リンにこの企画を監督させたのは、刺激的な選択だった。インディペンデント映画『Better Luck Tomorrow』〔2002・日本未公開〕でブレイクしたリンは、若い俳優から自然な演技を引きだし、ギャングの日常の魅力を、地に足のついた形で描く才能に恵まれ、ここでも腕の冴えを見せている。ルーカス・ブラックは穏やかで感情移入しやすいショーンを演じ、サン・カン（『Better Luck Tomorrow』に出演）が〝善人〟のギャングメンバー、ハンを磁力のような魅力で演じる。ハンは場違いなヒーローに救いの手をさしのべ、車のキーを預ける。人種的なステレオタイプにしても新鮮なほど最低限に抑えられ、冒頭の、東京にやってきた流れ者がとまどうシーンでもやりすぎない。リンはおかしなカラオケバーや、奇妙な料理に好奇の目を向けることに、興味はない。彼の注意は、シリーズの特徴を追求することにある。つまり、ルーカスが新たな〝ファミリー〟に加わる部分だ。彼のドライヴィングへの情熱を理解する、はみ出し者の一家に。

リンは、シリーズがもうひとつ目玉にしている優先事項にも手を抜かない。すなわち、ばかみたいな爆音をたてる器物破損カーチェイスおよび、レースだ。タイトルの〝ドリフト〟は、チェイスシーンにあまり貢献していない（コーナーですこし横滑りし、スローモーションで回りこむ）ものの、アクションは歯牙にもかけず、心臓急停止ものの見せ場をつくる。それはまた、映画のドラマ部分同様、たいていの『ワイルド・スピード』映画より、もっと地に足がついている。フィナーレは、基本的に丘を下るレース──なんだと、氷河はなし!?──だが、ペダルとハンドルと、決然とした表情を切り替えるリンの巧みな編集で、息をもつかせない。スリリングな作品に仕上がり、シリーズへのキーをリンに預けるには、じゅうぶんだった。リンが監督する『ワイルド・スピード』4作目『ジェットブレイク』──リン版ドムとギャングたちの3本目──は、2021年の公開予定だ。

続・猿の惑星 (1970/1970)
BENEATH THE PLANET OF THE APES

 **38%**

監督／テッド・ポスト

脚本／ポール・デーン、モート・エイブラハムズ

出演／ジェームズ・フランシスカス、キム・ハンター、リンダ・ハリソン、デイヴィッド・ワトソン、モーリス・エヴァンス

『続・猿の惑星』は、前作よりアクションが増えた。残念なことに、このシリーズの最高傑作を格上げした要因である社会批判のサブテキストが、そのぶん犠牲になった。

[あらすじ]
『猿の惑星』[1968] のできごとからまもなく、2隻目の宇宙船が禁断地帯に墜落し、最初の探検隊の行方をさがす任を負った宇宙飛行士一行は、孤立無縁になる。ただひとり生き残ったブレントは、禁断地帯に侵入する決意を固めて新たに軍事編成された猿の一団と遭遇し、人類の過去と対峙する。

[わたしたちが好きなワケ]
オリジナル版『猿の惑星』シリーズの、いまもなおつづく神話が真に形をとりはじめるのは、3作目に当たる1971年の『新・猿の惑星』からだ。そこではチンパンジーの科学者ジーラとコーネリアスを現在の地球へ連れていき、最近のリブート3部作をふくめた未来の続編への布石が敷かれる。だがこのシリーズの2作目、『続・猿の惑星』は、1作目の焼き直し（批評家が絶対に感心しない手口）との印象を持たれ、終盤では完全におかしくなり（批評家をしばし困惑させた）、そのため多くのひとびとは、この作品を、不必要な道草として排除してよしとした。最後のシーンでこの壮大な物語の時系列に終止符が打たれたことは、無視した。
『続・猿の惑星』最大の不備は、未来の地球を旅する2度目の冒険に出るテイラー役を、チャールトン・ヘストンに続投させられなかったことだ（『ウェインズ・ワールド2』[1993] のガソリンスタンドのシーンを覚えている者なら、彼の存在——と不在——がどれだけ

の違いを生むか、よくわかっているだろう）。そのためフィルムメーカーたちは、代わりにジェームズ・フランシスカスを雇い、彼の功績を認めるなら、きっちり役目を果たし、自分が根本的にはただの〝廉価版ヘストン〟ではないことを忘れさせてくれた。実際、ひげ面になったときのフランシスカスは、ヘストンそっくりだ。
ブレント役のフランシスカスは、ヘストンのテイラーが1作目で遭遇する物語を、より手っとり早くたどる——知的な猿の発見、リンダ・ハリソンのノヴァとのミート・キュート、ジーラとコーネリアスからの援助の申し出——だが、そこで『続』は悪夢の領域へと90度方向転換し、本格的におもしろくなる。ブレントとノヴァはやがて、ニューヨーク市の地下鉄網の古代遺跡を発見する。線路と老朽化した回転式改札口はすべて何百年もの経年で石灰化し、セットはふさわしい不気味さを漂わせ、想像力をかきたてる。そして、ミュータントが現れる。そのとおり。ミュータントだ。特定すると、人類の末裔で、文字どおり皮膚のスーツをかぶり、超能力を身につけ、核爆弾を崇拝している。完璧に常軌を逸したコンセプトだが、魅力的だ。それはまた『猿の惑星』シリーズの、さらなる伝説への完璧な理屈づけにもなり、おそろしくもカオスな結末へと導いていく。
その後の続編と違い、『続・猿の惑星』は主要なアイディアを深めることへの興味はうすく、第1作の物語を押し広げ、実存的な恐怖を増していくほうに重きをおいた。前作と肩を並べる望みはないが、その必要はない。なぜなら大量破壊兵器の賛美歌を歌い、黙示録的恐怖を呼び覚ます、静脈の浮き出たアルビノのテレパスがいるのだから。もちろん、この映画にはそれ以上のものがあるが、ときにはそれだけでじゅうぶんだ。

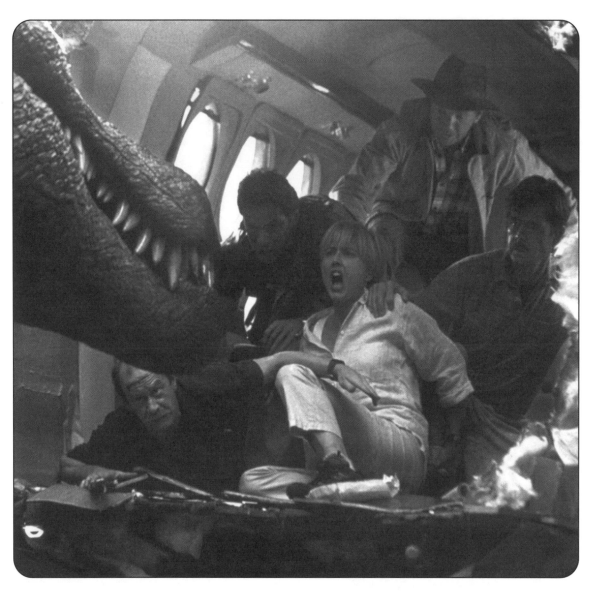

ジュラシック・パークⅢ (2001/2001)
JURASSIC PARK III

 **49%**

監督／ジョー・ジョンストン
脚本／ピーター・バックマン、アレクサンダー・ペイン、ジム・テイラー
出演／サム・ニール、ウィリアム・H・メイシー、ティア・レオーニ、アレッサンドロ・ニヴォラ、トレヴァー・モーガン

『ジュラシック・パークⅢ』は前２作より暗くてテンポが速いが、シリーズが進むにつれ減っていく独創性の、完全な補償にはならない。

［あらすじ］
　気乗りうすなアラン・グラント博士は、仲の悪いでこぼこカップルの甘言につられて、気がつけば、恐竜でいっぱいのイスラ・ソルナ島（ジョン・ハモンドのサイトＢ）にいた。

［わたしたちが好きなワケ］
　スティーヴン・スピルバーグは『ジュラシック・パークⅢ』を監督しないと決め、それは、本編をみればすぐにわかる。彼の手になる『ジュラシック・パーク』前２作を決定づけたスピルバーグ的雄大さが、ほとんどないからだ。なくなったのは、島の堂々たる巨獣たちの身の毛もよだつショット、それにつづいて、口をあんぐり開けてぽかんとみいる人間たちの、きりのないクローズアップ。神を気どる危険性と、遺伝子工学の倫理を説くおしゃべりに割く時間はすくない。シリーズの手綱を握った『ジュマンジ』［1995］のジョー・ジョンストン監督は、師匠スピルバーグを越えようとは賢明にもせず、代わりに贅肉をそぎ落とし（１時間半もない）て、小まわりのきくモンスター映画にした。
　批評家はＢ級路線をとった映画の方向性に対し、半々の反応を示し、前２作の、もっと全面的な野心を惜しむ者もあれば、恐竜の攻撃にもうすこし物語を加えて欲しがる者もいた。〈ローリング・ストーンズ〉誌のピーター・トラヴァースは、彼いうところの映画中の人間たちに示すジョンストンの興味の欠如をなげき、映画は「恐竜のウンコよりくさい」と書いた。
　トラヴァースの臭覚はわたしたちのよりも鋭いのかもしれないが、その意見には賛成しかねる。『ジュラシック・パークⅢ』は、すごくいいクソ映画だ。
　スピルバーグの〝魔法〟をぜんぶはぎとったあとに

残るのは、１作目の記憶で遊ぶ、画期的でサスペンスに満ちたしかけ――ジープ対Ｔレックス場面の二番煎じで、今回われらが主人公たちは緊急着陸したばかりの小型飛行機の機体に閉じこめられている――と、前２作でほんのりにおわせた脅威を拡張した。プテラノドン用のマンモス級にでかい鳥小屋を舞台にしたクライマックスは、全『ジュラシック・パーク』のなかでも最高かつ心底おそろしい場面で、おっかない外見の恐竜が空中から襲いかかるかもしれない脅威を、ジョンストンはあますところなくとらえた（プテラノドンがうなりながら橋にかかる霧から現れるイメージは、そのままスラッシャー映画で通用しそうだ）。
　だが『ジュラシック・パークⅢ』いちばんの脅威は、地上を徘徊する生き物だ。スピノサウルスは――いくつかの調査報告によれば――ティラノサウルスよりも大きかった。それに、背びれがついている！　とはいえスクリーンでの存在感となるとＴレックスの比ではなく、電話を飲みこんで腹が鳴りはじめると、スピノサウルスは図体のでかい、うろこの生えたジョークに成り下がる。それでも、シリーズを進化させようとのフィルムメーカーらの努力には拍手を送るし、一枚上手を行く生物種の導入は、『ジュラシック・ワールド』［2015］、『ジュラシック・ワールド　炎の王国』［2018］でリブートしたシリーズの未来に、大いに影響した。
　〝映画中の人間たち〟については、ティア・レオーニのアマンダとウィリアム・Ｈ・メイシーのポールが新たに登場する。この口げんかばかりの離婚カップルは、行方不明の息子を必死にさがしている。だが、映画の立役者はサム・ニールで、２作目『ロスト・ワールド　ジュラシック・パーク』［1997］を見送ったあと、アラン・グラント博士役に返り咲いた。『ジュラシック・パークⅢ』はむさくるしい、相手の弱点を突くような代物だが、なけなしの厳粛さが、ごま塩頭のニュージーランド俳優経由でもたらされた。つぎの『ジュラシック・ワールド』シリーズ最新作には、彼を呼び戻してほしい、頼んだよ。

潰れ度統計 SPLAT STATS

細かすぎる（ほぼ）〈ロッテン〉なデータ集

平均レビュー数……

| 4,787 | 月 |
| 57,451 | 年 |

最古の〈ロッテン〉映画

レビュー数 20 件

ブロードウェイ・メロディ（1929）

＊ 35%

アメリカ国内歴代興行成績中

耐批評家仕様最強映画

トランスフォーマー リベンジ（2009）

＊ 19%

$402,111,870

〈ロッテントマト〉のレビュー総数

1,223,408

TELEVISION
103,743

FILM
1,119,665

THE AVERAGE

全映画平均〈トマトメーター〉

TOMATOMETER
OF ALL MOVIES

64%

9,996 ROTTEN MOVIES
ロッテン映画総数

スコア 0%映画数
NUMBER OF 0% MOVIES

597

125

スコア 59%映画数
NUMBER OF 59% MOVIES

〈トマトメーター〉スコア総生産数

27,500

TELEVISION	**1,578**
FILM	**25,922**

アルティメット・
サイクロン（2016）

ポイズンローズ（2019）

LONGEST 0% STREAK
最長 0%記録

ギャング・イン・
ニューヨーク
（2018）

ワイルド・レース（2019）

スピード・キルズ（2018）

ジョン・トラヴォルタ
でも『パルプ・フィクション』の
あなたは不滅です！

トマトの本能

だって、笑えるし、悲鳴が出ちゃうし、アガるから

本書には、批評家が不当に甘くみすぎた映画を集めた——鋭すぎて時代が追いついていなかったり、ちいさな欠点が災いし、真価を見逃された映画たち。何作かは、これまで検討してきたように、傑作だ。この章には、そういう映画は出てこない。この章は「仕事をした」映画、それがゆえに、わたしたちが愛する映画——口にふくんだ飲みものを吹いてしまうようなコメディ、座席から飛びあがってしまうホラー、手に汗握る心臓バクバクのアクション。その手の映画はしばしば、ほかにはとくになにもせず、ほとんどがしようともしなければ、それを隠してもいない（ほら、アダム・サンドラーの映画——たとえば『アダム・サンドラーは ビリー・マジソン 一日一善』[1995・日本劇場未公開]。この章でとりあげている——に爆笑したあと、そんな自分を、まぬけに思わないだろうか？ なぜなら、その、すごくばかな映画だから）。基本的な人間の感情に訴えるだけの映画は普通、批評家の心は動かせない。すくなくとも、ほとんどの批評家の心は。ここから先のページでは、勇敢にもおばか映画を楽しむ見識高き批評家たちが、熱をこめてそんな作品を擁護する。〈タイムアウト〉誌のジョシュア・ロスコフは、アダム・マッケイの愉快でこどもじみた『俺たちステップ・ブラザース －義兄弟－』[2008・日本劇場未公開]のために立ちあがる。〈ロサンゼルス・タイムス〉紙のジェン・ヤマトは、マッドハウス、すなわち1980年代のアクション映画『ロードハウス 孤独の街』[1989]に足を踏みいれたきり、出ていきたがらない。そして、ポッドキャスト《Switchblade Sisters》のエイプリル・ウルフは、やすっぽいホラー映画『Dr.ギグルス』[1993]に日の目を当てろと要求する。いっぽうわたしたち《ロッテン・トマト》編集部も、〈ロッテン〉であればあるほど楽しい映画をあと押しし、頭をからっぽにしてわくわくでき、何度でもみたいと思わせる達人たち（ロック様！ ジム・キャリー！ チェヴィー・チェイス！ ヴァン・ダム！）を大いにほめたたえる。

ロビン・フッド　キング・オブ・タイツ (1993/1993)

ROBIN HOOD: MEN IN TIGHTS

 **40%**

監督／メル・ブルックス
脚本／メル・ブルックス、Ｊ・デイヴィッド・シャピロ、エヴァン・チャンドラー
出演／ケアリー・エルウィス、リチャード・ルイス、ロジャー・リース、エイミー・ヤスベック、デイヴ・シャペル、トレイシー・ウルマン

お行儀が悪く、スカトロ趣味で、とことんおばか、しょっちゅううめき声をあげずにはいられないほどくだらない。『ロビン・フッド　キング・オブ・タイツ』はそれでもとっつきがよく、なんでもありなはっちゃけぶりが、カルト作として人気の理由だ。

[あらすじ]

あらすじを話せって？　マジ？　わかった、いいとも。ロビン・フッドと仲間たちが、純潔の乙女マリアンを救う旅に出る。ばか騒ぎのはじまりだ――ときどき、ミュージカル場面も挟まるよ。

[わたしたちが好きなワケ]

『ロビン・フッド　キング・オブ・タイツ』は底抜けにまぬけな映画だ。最低レベルのユーモアに訴えてばかりいる。つまり、だじゃれ（ジョン王子がパントマイム芸人を殺すのをやめたとき、「マイムをむだにするなんてひどい損失だ」という[黒人学校基金連合の有名なスローガン〝マインドをむだにするなんてひどい損失だ〟のもじり]）だ。ＲＨＭＩＴはまた、トーンが固定しそうになると、あわてて逃げだす。1991年の大時代な『ロビン・フッド』のパロディなのか、冒険活劇映画の風刺なのか、それともメル・ブルックスが（いまでは古くさい）ポップカルチャーからなんでもパクり、自分の作品にとりこむためのカンバスでしかないのか？（答えはイエスだ）だが、ロジャー・イーバートがブルックスの『サイレント・ムービー』[1976]評で指摘しているように「メル・ブルックスは笑いをとるためならなんでもする。なんでもだ。彼は恥を知らない」。そしてその厚顔無恥ぶりが、『キング・オブ・タイツ』にはっちゃけたお楽しみを与えている。

ＲＨＭＩＴが1993年に公開されたとき、批評家（とおとな）から総スカンをくった理由を推し測るのはむずかしくない。彼らは『プロデューサーズ』[1968]、『ヤング・フランケンシュタイン』『ブレージングサドル』[1974]に愛着を持って育ち、その後のブルックス作品がそこまでの域に達していないのをみてとる。だが中学生の観客は気にしなかった。彼らは『スペースボール』[1987]とＲＨＭＩＴを気に入った。なぜなら、2本の映画はそれ自体がばからしく、お決まりのもったいぶったジョークを犠牲にせずとも、こどもが賢くなった気になれる引用をしたからだ。「メル・ブルックスの映画は、おとなもこどもと同じ方法でふざけられるのだと気づかせてくれた」と、ウェブサイト《Vulture》のブラッド・ベッカー・パートンは書いている。「ああいうおとぼけは、年をとってもなくさないんだとね」

そのとっつきのよさ、なんでもありなはっちゃけぶりで、ＲＨＭＩＴは人気だ。これは、チャンバラが影絵につかの間中断され、最初は魔女の秘薬と思われたものが、実は全然食欲をそそらないオムレツだと判明し、『ゴッドファーザー』[1972]、アーセニオ・ホール、ＪＦＫ暗殺を引用して、ここが時間と空間の外にあるユニヴァースだと伝える映画なのだ。そして、ミュージカル・ナンバーでは、ロビン・フッドの仲間たちがこう歌う。「おれたちゃ男／おれたちゃタイツをはいた男／闘いを求めて森をうろつく！」

勇敢なるプロフェッショナルなキャストも、ナンセンスぶりを盛りあげる。ひねたニヤけ顔のケアリー・エルウィスは、ケヴィン・コスナーというよりエロール・フリンだ。リチャード・ルイスはあきれ顔部門においてはアラン・リックマンといい勝負で、トレイシー・ウルマンは実に気色悪い役柄を、楽しそうに演じている。そして、本作で映画デビューを飾る19歳のデイヴ・シャペルが、いまではおなじみとなった愛すべきスタイルで、ばかげたてんまつの所感を関心なさそうに述べる。もしこの映画が中世の伝説から著しく逸脱しすぎていると思ったら、ロビン自身が誤解を正してくれる。「ほかのロビン・フッドと違い、ぼくはイギリスなまりでしゃべれるよ」

ファースター　怒りの銃弾 (2010/2011)
FASTER

 **42%**

監督／ジョージ・ティルマン・Jr
脚本／トニー・ゲイトン、ジョー・ゲイトン
出演／ドウェイン・ジョンソン、ビリー・ボブ・ソーントン、カーラ・グギーノ、マイク・エップス

[総評]
　ドウェイン・ジョンソンがエンジン全開のアクションモードに戻ったのはうれしいが、『ファースター　怒りの銃弾』は、タイトルが約束するハイオクタンのスリルをじゅうぶん味わわせてくれない。

[あらすじ]
　強盗罪の刑期を終えて出所した逃がし屋専門ドライヴァーが、兄を殺した裏切りに関わった者全員の行方を追い、暴れまわる。

[わたしたちが好きなワケ]
　ピンクのモスリンに身を包み、フリルのついた羽根をつけた歯の妖精。家出人のためにパパ役をするはめになるタクシー運転手。フットボール場の内でも外でも花形の男が、突然8歳の娘をしょいこむ。将来のアクション・キングとなるべき男にふさわしい役柄にきこえるだろうか？
　2000年代後半の5年間は、ザ・ロックのファンにとって、ダークで、わびしく、笑い（もしくはたぶん、笑おうと努力した）に満ちた時期だった。プロレス業はやめたが『DOOM ドゥーム』[2005]のような駄作（ひどく〈ロッテン〉な19％）に出て、筋肉と恵まれた演技力を『妖精ファイター』[2010・日本劇場未公開]、『ゲーム・プラン』[2007・日本劇場未公開]などの冴えないファミリー向けコメディに振り向ける。基本的に、いってはなんだが、やられ役（ジョバー）を演じていた。
　だが新たな10年がはじまり、心機一転。2010年、『ファースター　怒りの銃弾』でタイヤをきしませながら砂漠の道路を疾走するシボレー・シェベルのごとく、ジョンソンはキャリアをUターンさせ、〝ザ・ロック〟は正式にバックミラーに映る風景の一部とな

り、単身ドウェイン・ジョンソンとしてギラギラした復讐譚に主演する。監督のジョージ・ティルマン・Jrは『ファースター』を70年代回帰映画と呼び、ジョンソンの役を単なる〝ザ・ドライヴァー〟と命名することまでした。それは、ウォルター・ヒルが1978年に監督した作品タイトルにちなんでおり、ニコラス・ウィンディング・レフンが2011年に『ドライヴ』で同じことをやるより1年早い。だが『ファースター』はネオノワール色は抑え、ブラックスプロイテーション色を打ちだして、焼けつくようなソウルのサウンドトラック、ざらついた銃撃戦、道徳を説く伝道師を盛りこんだ。ドライヴァーに穴だらけにされずにすむ悪党は、聖書をひもとく者のみ。信じる者は救われるのだ、諸君！
　『ファースター』が封切られたのは、いわゆる〝シネマティック・ユニヴァース〟、それにシリーズ化した長寿テレビドラマのストーリーテリングが支配的なパワーを握ったことを、映画ファンが完全に認識しはじめた頃だった。単発の先祖返り復讐劇は、このポップカルチャーの背景にあっては単なる邪道だった。プロットが予測のつかない展開をすることはここでは皆無だが、『ファースター』はこの分野において、過剰であればあるほどよくなるたぐいの映画だ。プロットは脳みそのある人間のためにあり、ドライヴァーの脳みそは大部分、裏切りにあった最中に頭蓋骨から吹っ飛ばされた。死の天使として、彼は地下世界をずかずかまかりとおり、あたりを血に染める。ジョンソンの寡黙な演技には、燃えさかるような入魂ぶりがうかがえ、お子様向け映画をつくった罪ほろぼしをしているかのようだ。その後に彼のキャリアが進んでいったブロックバスター・アクション街道を考えれば、すべて許されたらしい。

ブラッド・スポーツ （1988／日本劇場未公開・ビデオ）
BLOODSPORT

 **39%**

監督／ニュート・アーノルド
脚本／シェルドン・レティック、メル・フリードマン、クリストファ・コスビー
出演／ジャン＝クロード・ヴァン・ダム、リア・エアーズ、ドナルド・ギブ、ボロ・ヤン、フォレスト・ウィティカー

[総評]

　ジャン＝クロード・ヴァンダムはこの作品で映画界入りを果たしたが、ブリュッセル産の筋肉男の身体能力以上のこととなると、『ブラッド・スポーツ』はアクション映画をリサイクルしたお決まりの、プロットはなきに等しいトレーニングビデオでしかない。

[あらすじ]

　フランク・デュークスは香港にきていた。アメリカ軍を脱走し、〝クミテ〟の試合に出るためだ。クミテとは、謎めいた、おそらくは命の保証のないマーシャル・アーツの大会のことである。自分よりも強い者を求めてつぎつぎに強いファイターと闘うデュークス。リングの内と外、両方で生き残るために。

[わたしたちが好きなワケ]

　『ブラッド・スポーツ』ではじめに気づくのは、ぎらつくボディオイルにたっぷり予算を割いたことをのぞけば、リング外のプロットのお粗末さだろう。これは、原案と共同脚本のシェルドン・レティックによれば、意図的なのだという。カリフォルニアのサンタ・アナで開かれた30周年記念上映会において、レティックは『燃えよドラゴン』[1973]をはじめとするマーシャル・アーツ映画を挙げ、それらの作品にしても、覆面刑事の捜査や愛する者を殺されたというプロット上のしかけを、アクションの〝正当化〟に使っていると説明した。男を殴る映画が、ただ男を殴る映画であってはいけないのだろうか。『ブラッド・スポーツ』はそう問いかける。これは科学的に証明されていることだが、マーシャル・アーツの大会に参加する大半の人間は、道場で取引しているドラッグ密売一味を逮捕

したいからとか、殺されたベトナム人の義兄弟の敵を討ちたいがために参加するのでない。ファイティング・スピリットのためだ。不屈の精神と身体能力をひとつにして、目の前の敵を叩き潰すためだ。

　もし『ブラッド・スポーツ』が視覚だけで構成された映画だとすれば、成功作といえる。なぜなら、多種多様なマーシャル・アーツが描かれ、スクリーンには活気がみなぎりつづけ──盛りあがっているからだ。闘士はそれぞれ独自の格闘スタイルを持ち、汗と筋肉にまみれた肉体のぶつかりあいを堪能できる。とぼしいストーリー、高いインパクトのコンセプトは1980年後半に流行し、映画以外の創作物をも刺激した。革命的なビデオゲーム『ストリートファイターII』を思い浮かべてほしい。『ブラッド・スポーツ』のいとこみたいだ。その伝でいけば、ジャン＝クロード・ヴァン・ダムがリュウで、ドナルド・ギブはケン（みかけはザンギエフで行動はガイルだが）、ボロ・ヤンはM・バイソン、それから四つ足で闘うあいつは？　ブランカだ。この映画をプレイするジョイスティックがあったらいいのに、と願ってしまいそうになる。

　『ブラッド・スポーツ』はレンガを割り、骨を砕くが、全編をとおしてなぜだか陽気なスピリットを失わない。これは、最小限の予算と努力で、最大限のスリルを求めるB級映画だ。この種の映画が絶滅したため、毎週の封切作からたくさんの個性がすっかり失われ、その手の作品を専門とする会社が破産（キャノン、カロルコ）や合併（ニューライン）によって死に絶え、スタジオを運営するのは情熱と本能を備えた変わり者たちの時代から、表計算、四半期の売上、マーケティングにとって代わられる。

　さあ、ディム・マック<ruby>死のひと突き<rt></rt></ruby>をみせてくれ。

俺たちステップ・ブラザース －義兄弟－ (2008/日本劇場未公開・DVD)
STEP BROTHERS

55%

監督/アダム・マッケイ
脚本/ウィル・フェレル、アダム・マッケイ
出演/ウィル・フェレル、ジョン・C・ライリー、メアリー・スティーンバージェン、リチャード・ジェンキンス、アダム・スコット、キャスリン・ハーン

評者：ジョシュア・ロスコフ　Joshua Rothkopf

　ジョシュア・ロスコフは2004年から〈タイム・アウト〉誌で執筆し、現在は映画部のグローバル編集長をつとめる。ロスコフはトライベッカ映画祭、サラソタ映画祭、ハンプトンズ国際映画祭、フィアーNYCその他の審査員をつとめた経歴があり、現在はニューヨーク大職業研究学部で教鞭をとる。

　批評家が幼児性をほめるのは、都合が悪い。それはわれわれの問題で、『俺たちステップ・ブラザース －義兄弟－』のせいではない。映画は10年とすこし前にシネコンで公開され、それなりの興収をあげ（『タラデガ・ナイト　オーバルの狼』[2006・日本劇場未公開]を下まわる）、いまでは隠れた傑作コメディ扱いらしい。とんでもなく才能ある俳優たちが、これという理由もなく、汗くさくて、騒々しい12歳のように振る舞う——弁護しにくい案件だ。それにはいくつか理由があり、いくつかは正当で、いくつかは違う。批評家たる者、ときにはプロフェッショナルな節度をもってひとを啓蒙し、文脈や歴史や形式やスタイルを進んで掘りさげていく。ばかでいることが、批評家の本懐に利することは決してない。ばかを擁護することは、それとは微妙に違い、危険になりうる。

　なぜ『ステップ・ブラザース』は〈ロッテン〉なのか？　それはただ、《ロッテントマト》上の〈ロッテン〉に過ぎない——パーティで、就職面接で、もしくはだれかが修辞的にこうたずねるどんな状況ででもない。「ぼくたち、たったいま親友になったの？」と。スコアは惜しくも55％だった。多くの評者が正当な評価を下したためで、それにはわたしもふくまれる。だが、批判にまわる者たちが勝利した。いつもはもっと太っ腹な批評家、ロジャー・イーバートが「この映画なりのちっぽけなやりかたで、われわれの文明の教養度を下げている」と、切り捨てた。

　そうだろうか？　ひとは夢みることしかできない。『ステップ・ブラザース』を嫌悪する（イーバートはひとりきりじゃなかった）のは、映画がうまくやったことを無視しているからだ。完璧な明快さで、この映画はある年頃を呼びさます。思春期前の、殴りかかるより泣きだすのを常とした男の子の年頃を（とある際

> **完璧な明快さで、この映画はある年頃を呼びさます。思春期前の、殴りかかるより泣きだすのを常とした男の子の年頃を。**

だったシーンでは、まさしくぶざまに泣きわめく）。
ウィル・フェレルとジョン・C・ライリーが演じるブ
レナンとデールは、40歳すぎの設定だが、なぜだか中
身は若かりし頃にとどまっている。説明はまったくな
し。それぞれ離婚した親同士（メアリー・スティーン
バージェン、リチャード・ジェンキンス）が甘美な中
年の恋愛関係に陥ったとき、ふたりは正面衝突する。

　フェレルとライリーは、アダム・マッケイ監督と一
緒に即興劇のマラソンセッションを演じ、シュールな
ストーリーをつくりあげた。彼らは中学時代の思い出
をぜんぶ、つめこむだけつめこんだ。ガレージでカボ
チャと刀のカラテごっこをやって、まぬけなキックを
くらう。二段ベッドを危なっかしげに積みあげ、事故
が起きるのはみえみえ（「ぼくらの部屋には遊べる空
間がたくさんなくちゃ！」とブレナンは訴え、目上の
者の承認を待つ）。触ったら死刑のドラムセットがあ
る（でも触る、タマ袋で）。俳優たちの身体的な役づ
くりは、ぴちぴちしたブリーフ姿のライリーのうぬぼ
れた歩きかたや、フェレルのすこし内気な心配性の、
かつては神童と呼ばれたこどものデリカシーを感じさ
せる演技からうかがえる。

　これは、トム・ハンクスが『ビッグ』［1988］でか
けられるフィールグッドな魔法でも、ジェイミー・
リー・カーティスが不機嫌なティーンエイジャーに変
身する『フォーチュン・クッキー』［2013］でもない。
『ステップ・ブラザース』は、含蓄のある真理はなに
も学ばない。年代とりちがえに関する教訓は、ジェン
キンスの「おまえの恐竜をなくすな」スピーチに限ら
れる（つまり、チューバッカのお面はとっとけという
意味だ）。ブレナンとデールは、ただおならジョーク
をやって、「全米警察24時　コップス」［1989-2020］を
みて、ひょっとしたらラップ・アルバムを録音する時
間が欲しいだけだ。幼稚な見世物のふりを不遜に振る
舞ってみせるのが、この映画の存在理由だ。『俺たち
ニュースキャスター』［2004・日本劇場未公開］に輪をか
けて、フェレルがお得意の騒々しい男のコメディを体現
している。批評家が『ステップ・ブラザース』に腹を
立てるのは、たぶんそのせいかもしれない。実になる
ものは、ひとつもない。

　だが、フェレルたち気まずい〝こども〟を受けいれ
ろとわたしたちに要求することで——そして彼らのめ
ちゃくちゃな求心力で麻痺したベール[ル]と、自分のなか

> **" ブレナンとデールは、ただおならジョークをやって、「全米警察 24 時　コップス」をみて、ひょっとしたらラップ・アルバムを録音する時間が欲しいだけだ。"**

に潜む12歳のこどもをとおし、わたしたちは受けいれる――『ステップ・ブラザース』は最終的にはおとなをあげつらう。それは、しめやかにして過激だ。おとなになることはそんなに善なのだろうか。もしそれが、ブレナンの弟デレク（アダム・スコット。映画の舌先三寸の秘密兵器）のような、「スウィート・チャイルド・オブ・マイン」のアカペラヴァージョンで家族を抑えつけるナチ風のいけすかないまぬけ野郎に成長することだとしたら？　人間の究極のゴールは、くだらないカタリナ島ワインパーティで大儲けすることでいいのか？

　これらのフレーズを、あなたは知っているかもしれないし知らないかもしれない。どちらにしろわたしはあなたがうらやましい。なぜなら『ステップ・ブラザース』をはじめて経験することになるからだ。人生が変わるぞ。ブレナンとデールが意外なヒーローになり、まゆつばな成熟へ至る道を地に引きずり下ろし、自分たちの硬直した、ぶくぶくふくれたヴァージョンに矯正させられそうになりながら、映画の最後のあごがはずれそうな数分間で、華々しく返り咲く。いったい、ハリウッドはほんとうに、トイレに入ってペーパー切れに気づいたブレナンがバスマットに手を伸ばすシーンに青信号を出したのだろうか（つぎのショットで補充用ペーパーを山と抱えてコストコから出てく

るブレナンが、勝ち誇って拳をつきあげることを知っていれば、この映画に関する知識はじゅうぶんだ）？

　そしていまやもちろん、『ステップ・ブラザース』は――マイク・ジャッジの『26世紀青年』[2006・日本劇場未公開] 同様――予言的な意味あいをさらに獲得した。甘やかされすぎの、かんしゃく持ちの、発育停止のとっちゃんぼうやが、やがては王様になるかもしれない。「デールとブレナンが、ドナルド・トランプを気に入ることにすこしでも疑問の余地があるだろうか？」マッケイ監督は2017年、ウェブサイト《Decider》にそう語った。「それから、ふたりの親がトランプを嫌うことに？」

　いっぽうで、マッケイはオスカー好みの『マネー・ショート 華麗なる大逆転』[2015]、『バイス』[2018] といった映画をのちに撮る。『ステップ・ブラザース』の製作者で当時売り出し中だったジャド・アパトウは、鋭い社会風刺コメディをつくりつづけ、代表的なところでは『ビッグ・シック　ぼくたちの大いなる目ざめ』[2017] やレナ・ダナムの「GIRLS／ガールズ」[2012–2017] がある。ウィル・フェレルとジョン・C・ライリーはその後『俺たちホームズ＆ワトソン』[2018・日本劇場未公開]（みなくてよろしい）で再共演したが、いまだにどんな映画より『ステップ・ブラザース』について、ひんぱんに質問を受けている。

[《ロッテントマト》の総評]
『ステップ・ブラザース』は、愉快で執拗な未熟さにどっぷり浸かるが、早々にフェレルとライリーに愛想をつかした観客はそっぽを向き――ふたりのおふざけを傑作だと思った者は夢心地になる。

見ざる聞かざる目撃者 (1989/1990)
SEE NO EVIL, HEAR NO EVIL

 **28%**

監督／アーサー・ヒラー

脚本／アール・バレット、アーン・サルタン、エリオット・ウォルド、アンドリュー・カーツマン、ジーン・ワイルダー

出演／リチャード・プライヤー、ジーン・ワイルダー、ジョーン・セヴェランス

[総評]

　リチャード・プライヤーとジーン・ワイルダーの共演作のなかでも凡作に入る『見ざる聞かざる目撃者』は、入りくんだプロットでコメディコンビが迷子になり、貴重な笑いが辛うじて２、３あるきりだ。

[あらすじ]

　ニューヨークに建つビルのロビーに入る新聞スタンドで、男が暗殺される。目撃者はふたりの店員、目の不自由なウォリーと耳の不自由なデイヴのみ。これは80年代の作品につき、ふたりは当然殺人のぬれ衣をきせられて逃亡、無実を証明しようとする。

[わたしたちが好きなワケ]

　リチャード・プライヤーとジーン・ワイルダー。ひとりは下品なスタンダップコメディアン、もうひとりは穏やかな話しぶりの俳優。ふたりを一緒にカメラの前に立たせたのは、もちろん〝おかしなふたり〟の組みあわせを期待してだが、ふたりのあいだに、完全には予期しない効果が生まれた。ケミストリーだ。妥当だとはいえ、えもいわれぬほどの、雷と稲妻のようにピッタリ息のあったお笑いコンビとして——批評家がふたりの才能を貶めたと評した、がさつなこの映画でさえそれは健在だ。

　『見ざる聞かざる目撃者』から、ジョークを例にとってみよう。ワイルダーがはだかの女性を盾にして、勃起したペニスを隠す。あるいは、脳動脈瘤が破裂したふりをして、回復したという体のプライヤーが、最初に浮かんだことばをきかれてこう叫ぶ。「プッシー！」

　それにもかかわらず、この映画について語るとき、最初に浮かぶことばは、たぶん「優しい」「気立てがいい」「キュート」だ。〝もっこり〟とことばづかいの

汚さは、完全に80年代の風習のせいだが、スクリーンに登場したときのワイルダーの、ソフトな、掛け値なしの、優しそうな瞳のきらきらは、何者にもくもらせられない。それどころか、汚いことばが彼の口から出るだけでおかしい。

　まだいたずら天使みたいなベビーフェイスをしていた1989年のプライヤーが、口汚いジョークで問題にならなかったわけではない。彼のスタンダップコメディを１分でもきけば、プライヤーがいつでもコメディをより下品にする備え万端で、そのたびに悦に入っているのがわかる。ひるがえって、ワイルダーはひとびとが代価を払って自分に汚いことばをいわせたりさせたりするのをおもしろがり、いらついてもいるようで、だからこそふたりがコンビを組むと、磁力のようなマジックが生まれ——互いに反発しあうが、不自然さは皆無だ。

　そしてふたりの笑いには、社会の緊張した情勢がいつも根底にある。大量投獄を突っついて、からかいのタネにした1980年の『スター・クレイジー』からほどなく、もっとも社会的に弱い者たちが狙われ、収監されはじめたように。または、『大陸横断超特急』[1976]でアフリカ系アメリカ人が、アメリカのいちばん抱きしめたくなるユダヤ人に、ブラックフェイスをさせて立ち居振る舞いを教える——綱渡りのコメディ、マスタークラスだ。『見ざる聞かざる目撃者』は、耳や目の不自由な登場人物が数秒以上スクリーンに映るか、主人公になった最後の映画になるのだろうかとあなたに問いかける。そういうひとたちが下半身ジョークありの低俗なコメディに値しないと、だれにいえるだろう？

　警察の手を逃れ、婦人科医をかたり、愛を求め……もしくはすくなくとも欲望を求めるふたりのドジ人間には、騒々しい威厳がある。プライヤー＆ワイルダーがさらにもう１作、マジックを発揮しただけのこと。

ホット・ロッド　めざせ！不死身のスタントマン （2007／日本劇場未公開・DVD）

HOT ROD

 **39%**

監督／アキヴァ・シェイファー
脚本／バム・ブラディ
出演／アンディ・サムバーグ、ヨーマ・タコンヌ、アイラ・フィッシャー、ビル・ヘイダー、ダニー・マクブライド、イアン・マクシェーン、シシー・スペイセク

[総評]

『ホット・ロッド　めざせ！不死身のスタントマン』には恥知らずなばからしさと、ユーモラスな場面が多少はあるが、無節操すぎて、もっとも鷹揚なドタバタコメディ好き以外は満足できない。

[あらすじ]

　怠け者で、バイクのスタントマン志望のロッドは、義父のフランクから絶えずからかわれ、しいたげられていた。だがフランクが大病に倒れると、ロッドは万にひとつのチャンスに賭ける。リハビリ費用の1万5,000ドルを集め、そののちフランクを負かすのだ。

[わたしたちが好きなワケ]

　いい映画は、いいひま潰しになる。悪い映画は時間の無駄だ。だが、わざとひとの時間を無駄にさせて、薔薇とモーターオイルのにおいをさせながら逃げおおせる映画は？　それが『ホット・ロッド　めざせ！不死身のスタントマン』だ。ある時点で、家族のひとりが大病を患ったことをうち明けて険悪な雰囲気になると、ロッドは自分の〝静かになれる場所〟に逃げこむ。ひとけのない、松の木が並ぶ空き地で、ロッドは『フットルース』[1984]の怒りのダンスシーンの暴力的なパロディとしか呼べない動きをする。酒とたばこもやる。ムービング・ピクチャーの「ネバー」が森に鳴り響く。鞍馬がわりの丸太が揺れる。

　そのあと、ロッドはつまずく。それから転がる。もうひとつ転がる。さらに転がる。男はゆうに1分は岩だらけの山肌を、叫びながら転がり落ちていく。最初はおかしくて、つぎにそこそこおかしくなり、そのうちおかしくなくなる。どうなってるんだ？　ついには

この転がり落ちる場面全体が、すごく、ほんとうに痛そうだと思う。これは実際に、崖から身を投げて、急な斜面を跳ねながら落ちていくのを一生の天職とする男たちによる、昔ながらのスタントなのだ。それどころか、『ホット・ロッド』のスタントはすべてがはっきり映り、固定したショットで撮られ、編集は最小限に抑えてある。スクリーンから、ざくざく音をたてる愚かしさの衝撃を実感する。その努力は称賛に値する。そして、コメディという太陽をまわるジョークのごとく、ロッドがまだ山を転がり落ちているのに気がつく。それはやっぱりそこそこおかしい。つぎに愉快になり、そのうち爆笑する。

　まるで、『ホット・ロッド』の背後にいるコメディ集団《ロンリー・アイランド》が、どんな期待——スタジオの重役からの、興行成績予測からの期待、あるいは映画には〝必須〟のお約束からさえも、完全に開放されて撮った映画みたいだ。《ロンリー・アイランド》の3人組が、この映画の製作者であるローン・マイケルズのカウチクッションのすきまに落ちていた200万ドルをみつけると、「いいぞ、好きにしろ」とお墨つきをもらう光景がまざまざと思い浮かぶ。

　『ホット・ロッド』は、自身のプロットからもがき出るときが、もっとも輝く。『フットルース』のパロディが忍耐テストに変わり、歌のモンタージュがストリートの暴動に発展し、涙の再会の最中に「クールビーンズ」なるフレーズを、場当たり的なラップでリミックスするような、中断したり寄り道をするときが。「シンプソンズ」[1989-]のサイドショウ・ボブが、熊手で顔を9回つづけて殴られて以来の、とんでもなく優雅さにかける穴埋めネタだ。

感覚をはぎとられ、ふたりで互いを補完しあって。

キング・アーサー (2017/2017)
KING ARTHUR: LEGEND OF THE SWORD

 **31%**

監督／ガイ・リッチー

脚本／ジョビー・ハロルド、ガイ・リッチー、ライオネル・ウィグラム

出演／チャーリー・ハナム、ジュード・ロウ、アストリッド・ベルジュ＝フリスベ、ジャイモン・フンスー、エイダン・ギレン、エリック・バナ

[総評]

『キング・アーサー』は、昔話にど派手な現代風アクションを山とつめこみ──アーサー王伝説が古典とされるそもそものゆえんの大半を押し出した。

[あらすじ]

ガイ・リッチー版のアーサー王伝説において、英雄は泥にまみれ、辛らつなセリフをやりとりする世慣れた荒くれ者に書き直され、そのほか物語のはずせないプロット（かんこつだったい）は、換骨奪胎される。

[わたしたちが好きなワケ]

ガイ・リッチーが目をつけたヨーロッパの古典のうち、現代の客層に合わせてフーリガン化できない作品はない。『シャーロック・ホームズ』［2009］をはじめ、ええと、『スウェプト・アウェイ』［2002］にいたるまで。本作では、監督は同じ偶像破壊メソッドをアーサー王伝説に適用している。結果？　『シャーロック・ホームズ』と、その、『スウェプト・アウェイ』のあいだのどこかだ。この映画には、ランスロットとグイネヴィアは出てこない。代わりにバック・ラック、ヴォーティガン、グースファット、チャイニーズ・ジョージがいる。敬意や騎士道精神よさようなら。売春宿の残骸、ＣＧ製の動物と怪物の群れ、敬語知らずのパンチの効いた現代的な会話よこんにちは。アーサーが岩から剣を引き抜くときは、デイヴィッド・ベッカムがそばにいる。『キング・アーサー』と題された映画に期待するものは、なにひとつ出てこない。この伝説を、カビの生えた前世紀の遺物だと思うなら、それはいいことだ。

どんな伝説だろうと、自分でつくりあげる伝説よりも上に置くつもりのないリッチーは、小気味よく骨太な彼の語り口を曲げてまで、6世紀の物語を尊重することを拒み、代わりにこれまででもっともガイらしく（！）、もっともリッチーらしい（！）映画を撮る。『キング・アーサー』には、リッチーのトレードマークが刻まれている。すなわち、タフな男たちと必要最小限の女たち、過剰なほどの緩急、早送りやスローモーション、カメラを俳優にとりつけて背景をブレされる〝スノーリカム・ショット〟、さらに登場人物が輪になって計画を練る場面では、フラッシュバック、フラッシュフォワード、脱線話と、リッチー得意の3とおりの描写もそろっている。

壮大なファンタジー・アクションにふさわしいヴィジュアルスタイルを駆使して、リッチーは戦闘場面を良好な視界で俯瞰（ふかん）できるようにカメラをひんぱんに上に打ちあげ、そのあと激突せよとばかりに剣、弓、この世の地獄で燃えさかる魔法の炎へと寄っていく。もし、あなたのアーサー王伝説に関する知識がおもに90年代のミニシリーズ「エクスカリバー 聖剣伝説」［1998］を通じて蓄えられたのであれば、ヴォーティガンを知っているだろう。ここでの彼は、いちばんの悪役に格上げされ、ジュード・ロウが狡猾（こうかつ）で冷徹に演じている。さらに、ダニエル・ペンバートン作曲の骨をも砕く音楽が、暗黒時代を呼び覚ましたいとでもいうようにとどろきわたる。

目のまわるようなカメラワークがＣＧで描かれた風景を駆け抜け、騒々しいサウンドトラックが流れ、登場人物は現代的な言動をする中世の英雄物語だと？　批評家の一部（オーケー、おそらくは大部分）は、鼻で笑った。ほかの者（オーケー、わたしたちほんの一握り）にとっては、歴史書からページを破りとり、丸めて火をつける映画の登場だ。共感しかない。

2000人の狂人

（1964／日本劇場未公開・ビデオ　＊DVDタイトル「マニアック2000」）

TWO THOUSAND MANIACS!

 **43%**　脚本・監督／ハーシェル・ゴードン・ルイス
出演／ウィリアム・カーウィン、コニー・メイソン、ジェフリー・アレン

[総評]

初期のスプラッター映画ファンをおどかすのは、それほどむずかしくはない。『2000人の狂人』は、甲高いサウンドトラック、入門レベルの演出法と、肉の裂けるベタな残酷描写でそれを証明した。

[あらすじ]

その日は深南部（ディープサウス）の町プレザント・ヴァレーの100年祭だった。住人は祝いかたを心得ており、メイン・ストリートのパレードを皮切りに、北部からの旅人をひとりずつ誘いこんでは捕まえ、血祭りにあげていく！

[わたしたちが好きなワケ]

わたしたちは映画館まで足を運び、ホラー映画にお金を払い、同胞たるひとびとが拷問され、切り刻まれ、潰され、刺され、溺れさせられ、吊（つる）され、めった打ちにされ、感電させられ、縛られ、磔（はりつけ）にされ、斬首され、肉をそがれ──2本のジェイソン映画の場合は──寝袋ごとオダブツになるさまを鑑賞する。それがどんなに奇妙なことか、立ちどまって考えたことはあるだろうか？　いや、考えなくていい。なぜならそれはいたって普通のことで、なにも悪くはないし、腐ったモラルとうすれゆく光明のこの世界への原始的な反応だと、ほのめかしているのでは絶対にないから、やめておこう、ね！

かつて、映画のなかでは、歌って踊って問題を解決した。ひとびとは体のどこも損なわずに物語を終えた──運動もたっぷりして。事情が変わるのは、低俗映画の監督、ハーシェル・ゴードン・ルイスが1963年に『血の祝祭日』を公開したときだ。『Boin-n-g!』『Goldilocks and The Three Bares』［共に1963・日本未公開］など、エロティックな〝ヌーディー・キューティー〟映画を撮ってきたルイスは、市場にかげりがみえはじめてきたため、別の路線を必要とする。はだかの女性の痴態をみる（ゲットオフ）ために男が金を払うのは当然だが、ひとびとが消される（ゲットオフ）のをみるために、財布のひもを緩めるだろうか？　ドライヴインシアターで『血の祝祭日』を上映する手法は大当たりをとり、財布のひもを緩めることが立証され、そうして新たな分野の映画が誕生する。そのおもな目的は、血と残酷描写で観客にショックと興奮を与えることだった。

『血の祝祭日』は、はじめてつくられたスプラッター映画だ。その精神的な続編『2000人の狂人』は、鑑賞に耐えるはじめてのスプラッター映画だ。ゴードン・ルイスの作品が、こなれておらず乱暴な感じがするのは、よく知られていた。それは、もちろん、生々しく、色あせない映画の魅力の一部だ。『2000人の狂人』の当たり前のように無秩序な状態は、南部の湿地から持ってきたかのごとき雰囲気を与える。その地域に住むひとびとを住民役に雇い、南部の温かいおもてなしに、極端な偏見を添えて提供し──腕をもぎ、男を馬で引き裂き、ひとりは祭りのダンク・シュート競争で大岩の下敷きになる。

『2000人の狂人』は、当時持ちあがり、60年代後半にはアメリカの中心的な問題となる社会の分断を、嬉々（こんこん）として誇張してみせた。この映画は、北部へ向ける混沌（とん）とした南部の、赤裸々な怒りを描いた最初の一本だ。ナイフと切断された体をみせつけて、それまでに例をみないほど、徹底して暴力への欲求を満足させた。

オルカ (1977/1977)
ORCA—THE KILLER WHALE

 **7%**

監督／マイケル・アンダーソン
脚本／ルチアーノ・ヴィンチェンツォーニ、セルジオ・ドナティ
出演／リチャード・ハリス、シャーロット・ランプリング、ウィル・サンプソン

[総評]

みえみえの野心に反し、恥ずかしいほどわざとらしい『オルカ』は、断じて『JAWS ジョーズ』[1975]にはなれない。

[あらすじ]

アイルランド生まれの漁師が誤ってシャチ（オルカ）のつがいの相手を殺してしまう。ニューファンドランド島まで漁師のあとを追ってきたオルカは、その地で大暴れ、ついには北極海で命がけの対決となる。

[わたしたちが好きなワケ]

およそあらゆるスタジオとインディペンデント系の製作者が『JAWS ジョーズ』[1975]の成功にあやかろうとした時代、『オルカ』は印象的なレベルの質と技巧をかい間みせた——クライマックスで文字通り、映画が沈没するまでは。だが災厄が襲う前に、楽しむ時間ならある。

伝説的な映画製作者のディノ・デ・ラウレンティスは、脚本・製作のルチアーノ・ヴィンチェンツォーニにホオジロザメより〝凶悪な魚〟をみつけてこいと命じる。ヴィンチェンツォーニの解決策は、もちろん、とある哺乳類だった。映画は多大な苦労を払って、たとえ鋭い歯がニョッキリ並んでいなくても、この生き物が危険なのは知能の高さであって、それはほぼ人間のそれに匹敵すると、観客に納得させようとした。

もしその主張がリチャード・ハリス演じるノーランの知能に基づいているとすれば、確かに真実かもしれない。ノーランは海洋生物学者（シャーロット・ランプリング）の警告を無視し、オルカを捕まえて、願わくば水族館に売りつけようと危険を犯したからだ。オルカに復讐（ふくしゅう）するだけの知性があるのを認めると——映画に出てくる海洋生物は、ひどく感情的だ——ノーランは罪悪感と、かつて自分の身に起きた似たような悲劇のいまだに癒えない心の傷から、じょじょに狂気を帯びていく。ハリスはノーランを興味深い、カリスマ的な人物に仕立て、観客が共感できるようにした。またエイハブ的な狂気に陥っていくさまは、映画終盤の制作上の問題にもかかわらず、いっそう胸に迫る。

ノーランに焦点をおいたことで、『オルカ』は『JAWS ジョーズ』の二番煎じ仲間から一頭地抜けた。ほかの類似作品は、しばしば登場人物の掘りさげを怠り、スターを大勢雇って短いカメオ出演をさせた。ランプリングとウィル・サンプソンの役柄は、ノーランほどの深みはないものの、ふたりの演技は『ジョーズ』志願の映画群にはめったにみられない献身ぶりを感じさせる。

さらに、マイケル・アンダーソン監督と制作チームは、このコピー商品ジャンルのなかではめずらしく質の高い職人技を維持し、シャチの連れあいの死——とその前のつらい流産——は、とりわけむごく、おそろしい。映画制作が息切れしはじめても、『オルカ』はノーランの狂気を基調として、死亡数が増えていくにつれ、正統的なエンターテインメントとばかげたスリルの両方を提供する。確かにメイクアップとエフェクトは、一部の助演陣の演技と同じほど悲惨だし、流氷を模したつもりの心底ひどいセットはお笑いぐさだが、混沌ぶりもまた一興だ。

批評家はうさんくさい話だと切り捨て、いまだに低評価をつけているが、もし正しい心構えで鑑賞すれば、『オルカ』は——このフレーズを、脚本へのトリビュートとみなしてほしいが——すごく楽しい時間（ホエール・オブ・ア・タイム）を過ごせる。

デッドフォール (1989/1990)

TANGO & CASH

 **31%**

監督／アンドレイ・コンチャロフスキー
脚本／ランディ・フェルドマン
出演／シルヴェスター・スタローン、カート・ラッセル、テリ・ハッチャー、ジャック・バランス

[総評]

　すさまじく暴力的で、苦痛を覚えるほどに退屈。ありきたりな刑事コンビスリラーは〝ひどすぎてイケてる〟の域に達するほどの楽しさもない。

[あらすじ]

　ロサンゼルスの刑事レイ・タンゴとガブリエル・キャッシュは優秀な成績をあげていたが、地元のボスにはめられ、ＦＢＩ捜査官殺しの犯人にされてしまう。友人とはいいがたいタンゴとキャッシュだが、協力しあって汚名をはらさなくてはならない。

[わたしたちが好きなワケ]

　『デッドフォール』は角をつきあわせてばかりいる主人公同士のように、自分自身と競争している映画だ。その緊張感が魅力を生む。たとえ、スリラー・コメディ映画にはなり損ねたとしても。

　『リーサル・ウェポン』[1987]にあやかろうと、製作のジョン・ピータースは、ワーナー・ブラザースの刑事コンビもののヒット作を越える映画をつくる道をさがした。だがアンドレイ・コンチャロフスキー監督は、この映画を製作者とは違う目でとらえ、よりリアルな感覚を持たせようとした。その結果、トーンの衝突が起きる。ジャック・バランス、Ｚ級映画のレジェンドたるロバート・ツダール、そしてブライオン・ジェイムズのような俳優が、Ｂ級映画の極みに徹するいっぽう、タンゴ役のシルヴェスター・スタローンとキャッシュ役のカート・ラッセルは――すくなくともシーンによっては――登場人物に深みを与えようとした。

　だが、リアルさについては、タンゴとキャッシュが裁判にかけられるはめになって以降、ほとんど完全に

霧散する。その時点から、『デッドフォール』はアクション場面や〝コメディ〟のつもりらしいシークエンスごとに、自分をしのごうとする。爆発しまくる採石場をタンゴとキャッシュがダンプカーで走り抜けながら悪者と闘う頃には、ほんの45分前にあった刑務所でのリアル志向の場面は忘れているかもしれない（テリ・ハッチャー演じるタンゴの姉がキャッシュの傷の手当てをしているとき、タンゴがふたりはセックスをしていると誤解するシーンは、字面ほどおもしろくない。なによりひどく場違いだ）。

　ふたりの演技については、ラッセルとスタローンは盤石ぶりを示す。基本的に、自分自身を演じているのだから。確かに映画の冒頭では、ふたりは実際に〝演技〟をしているが、ある時点でふたりとも、観客がみたいのは単に、ふたりがリッグスとマータフと同じノリで爆発を逃れるのをみたがっているだけなのを受けいれた。ふたりの顔さえみせておけば――当時ふたりは世界的な大スターだった――なにをしようと問われなかったが、それにしても、どうかというほど多くの場面で、ただ登場人物の後頭部が映り、ポストプロダクションでスタローンたちがたたきあう笑えない軽口を追加してお茶をにごしている。

　ふたりはクロースアップでも軽口をたたきああい、ラッセルは心底笑えないセリフをなんとか売りこもうとする。主人公ふたりの漫才嗜好は、コンチャロフスキーが望んだ臨場感や緊張に水を差すと同時に、観客の笑いを無理やりとろうとして映画にうわついたムードを与えた。とうとうユーモアが生まれるが、コンチャロフスキーやピータースの意図した形でではない。『デッドフォール』が笑いを誘うのは、つくり手の思惑を裏切りどおしだからだ。

Dr. ギグルス (1992/1993)
DR. GIGGLES

 **17%**

監督／マニー・コト
脚本／マニー・コト、グレイム・ウィフラー
出演／ラリー・ドレイク、ホリー・マリー・コム、クリフ・デ・ヤング、グレン・クイン

評者：エイプリル・ウルフ　April Wolfe

エイプリル・ウルフはロサンゼルスに住むライター、映画批評家、フィルムメーカー。ウルフは《Maximum Fan》ネットワークでポッドキャスト番組《Switchblade Sisters》を持っている。

マニー・コトの『Dr. ギグルス』は、こどもの頃、わが家のカルト映画だった。ある晩、当時の継父がビデオ店から借りてきて、地下室にこもるとひとりで鑑賞しはじめた。家族の残りは２階で寝ていた。だが真夜中あたり、母と姉とわたしは、階段をどたどた駆けあがってくる足音に起こされた。大柄でがっしりした継父——戸棚にＮＲＡ（全米ライフル協会）のロゴのステッカーを貼った銃をしまっている——が、この映画にふるえあがって暗闇におびえ、階段を駆けあがってきたのだ。

その後、わたしが『Dr. ギグルス』をみたときに、ひときわすばらしく思い、大好きになったのは、単に怖いからというだけでなく、このスラッシャー・コメディが意外なほどおかしく、感動的で、古典ホラー映画屈指の美しい場面、とりわけジェームズ・ホエールの『フランケンシュタイン』［1931］を想起させるからでもあった。『Dr. ギグルス』というタイトルは、そ

のような美麗な撮影やデザインも、名祖のドクターを演じるラリー・ドレイクの多面的な演技も要求しないが、それでもそうなのだ。

『Dr. ギグルス』は、不気味なクスクス笑いをする少年の物語だ。1950年代、町医者の父親は、妻が病気を患ったせいで、正気を失う。父親が彼の妻に適合する新たな心臓を求めて町民を数名殺害すると、町民が押しかけて死ぬまで医師に投石し、家を破壊する。ところが医師の息子はどこにもみあたらず、秘密の通路をこっそり抜け出したと思われた。すっとばして現在。不気味なクスクス笑いをする狂気の男が、精神科病棟の職員に〝手術〟を施して脱走する。ドクター・ギグルス（ドレイク）はこども時代の家に戻ると、父の復讐のため、お茶目な決めぜりふを吐きながら、デイヴィッド・クローネンバーグの『戦慄の絆』［1988］の残りものようにみえるおそろしい医療器具で町民に罰を与えていく。ジェニファーという若い女性（ホ

> **批評家たちは、死にゆくジャンルの最後の一息としか受けとめず、新たなジャンルの再生だとはみなさなかった。**

リー・マリー・コム）に心臓疾患があるのを知ると、ドクター・ギグルスはジェニファーに関心を向け、捕まえて、本人にとっては悪夢の心臓移植をしようとする。

当時の批評家は、完全にコトの意図を誤解した。アメリカのホラー映画は1980年代のスラッシャー・ブームを脱したばかりで、批評家たちはこの愚にもつかないが、奇妙に落ちついた医療ゴアの1作を、死にゆくジャンルの最後の一息としか受けとめず、新たなジャンル、つまり自覚的なメタ・ホラー・コメディとしての再生だとはみなさなかった。留意すべきは、『スクリーム』が公開されるのはこれよりまだ4年先（1996

年）で、ウェス・クレイヴンが小手調べに撮った『壁の中に誰かがいる』［1991］はすでに批評家から厳しい評価を受けていたという点。コトは、集団の先を行く一握りのひとりだった。

〈ロサンゼルス・タイムズ〉紙のケヴィン・トーマスだけが、コトの意図に気づき、「展開が早く、ゴアとギャグがしょっちゅう陽気に衝突し、賢く、洗練されたエクスプロイテーション映画づくりの偉業」と書いている。コトははっきりと映画の伝統を踏んだ仕事をし、ホエールへの敬愛を明確に打ちだす。とりわけ、森のなかをとぼとぼ歩くドクター・ギグルスがシルエットとなって、謎めいた照明に背後から照らされ、

“
まさかクスクス笑いで自分がびくっとなり、それから笑い、そして涙するサイクルを１分のあいだにするとは思わなかった。 "

霧がまわりにまといつき、ジェニファーのだらんとした体を抱えた腕を前に伸ばしたシーンによく表れている。ギグルスは、モンスターなのだ。場面場面をじっくり見れば、美術も古典映画を踏襲しているのがわかる。だが、あるシーンはことさら注意しなくても、映画史上もっとも実験的な瞬間を巧みに模倣しているのに気づく。オーソン・ウェルズが『上海から来た女』[1947]でやった鏡のシークエンスだ。

　編集、撮影、演出、アクション、どれをとってもこのシークエンスでは卓越している。ジェニファーが、カーニヴァルのびっくりハウスに迷いこむ。ボーイフレンドが学校のイケイケ女といちゃついているのを目撃し、その場を逃げだしてきたのだ。ボーイフレンドとイケイケ女はあとを追いかけ、3人は知らないが、ドクター・ギグルスが彼らの間近に迫っていた。きらびやかでクラクラする雰囲気のグランギニョール・ホラーの典型が続き、おもしろおかしいビザールな殺人がはさまるが、なぜだか純粋芸術の枠組みをはみ出すことなく機能している。イケイケ女はドクター・ギグルスがたまたま医療用バッグに入れていた特大サイズのバンドエイドで窒息死させられる。

　悪漢ドクターとして、演じるドレイクの感情は揺れ動き、重複する。苦痛、恐怖、満足、そして狂気が、彼の声にははっきりと、ときには同時に現れる。まさかクスクス笑いで自分がびくっとなり、それから笑い、そして涙するサイクルを1分のあいだにするとは思わなかった。あらゆるモンスター映画の古典から、激しい音楽を拝借したブライアン・メイのぜいたくでメロドラマ風な曲が加わり、この映画は抗しがたい魅力を放つ。

　『Dr. ギグルス』のプロットを説明し、90年代屈指の芸術的なホラー映画だというと、普通は相手の目がどんよりする。だが『Dr. ギグルス』は、改めてみなおす価値がある。もっとも興味深いのは、コトは映画界では決して正当に評価されていないが、その才能は「新アウターリミッツ」[1995]、「ストレンジ・ワールド」[1999-2000]、「24 —TWENTY FOUR—」[2001-2010]、「デクスター　警察官は殺人鬼」[2006-2013]などのテレビ界で開花したという事実だ。2018年、コトは「アメリカン・ホラー・ストーリー」[2011-]の制作チームに加わり、それは驚くにはあたらない。何年も前に彼自身が開拓したホラーの傾向をまっすぐ受けつぐシリーズなのだから。

[《ロッテントマト》の総評]
ほぼ、タイトルにある医師に扮するラリー・ドレイクの錯乱した演技のみが、『Dr.ギグルス』を他のスラッシャー映画仲間から隔てている。

悪魔の棲^すむ家 (1979/1980)
THE AMITYVILLE HORROR

 **29%**

監督／スチュアート・ローゼンバーグ
脚本／サンドール・スターン
出演／ジェームズ・ブローリン、マーゴット・キダー、ロッド・スタイガー

　退屈で残念なできの『悪魔の棲む家』について、ほめられることといえば、その後量産された続編やリメイク作の基準を低く設定したぐらいだ。

[あらすじ]

　実話と称するこの物語では、殺人事件があったという事実を無視し、新婚夫婦が新居に引っ越してくる。すぐに、夜となく昼となく物ががたがた揺れるのを一家は経験し、やがては災難の元凶が、予想よりもずっとおそろしいことを発見する。

[わたしたちが好きなワケ]

　『悪魔の棲む家』がたくさんの続編を生んだのは、〝とり憑かれた家が家族を苦しめる〟映画のなかでも、とくに強い印象を残すからだ。この作品の映像は、何10年ものあいだひとびとを怖がらせつづけ……もしくはすくなくとも、あまりに象徴的な存在になったため、人口過密ぎみのこのジャンルの映画が比較されるのは避けられない。家自体の、ふたつの光る目玉——もとい、窓——と悪名高い血の流れる壁は、いまどきの観客ならば、必ずしも原典がなにかを知らなくても、目にしたことがあるはずだ（もしくは「シンプソンズ」の〝ハロウィン・スペシャル〟第1回で見知っているかもしれない。これは『悪魔の棲む家』をもとにした特番シリーズで、『ポルターガイスト』［1982］がちょっぴり混じっている）。

　この手の映画ではしばしばそうであるように、プロットはシンプルで、展開も早い。開始早々、キャシー（マーゴット・キダー）とジョージ・ラッツ（ジェームズ・ブローリン）夫妻の不動産屋とのやりとりをとおし、ニューヨーク州北部の新居には、謎めいた過去があることがほのめかされる。その過去——と現在への影響——が話の中心になるにつれ、こちらの予想どおりの展開になるものの、視覚的な技巧と斬新な発想でなされ、当時の批評家の大半はその点を見過ごした。

　この映画について書くときは、長所にはあまり触れず、問題点と、それよりさらに多くの焦点を裏話に当てがちになる。ジョージ・ラッツは実在し、映画で描かれたことの多くは、実際に家族の身に起きたと主張する。彼の体験談は1977年のベストセラーになり、映画スタジオはこぞって映画化したがった。ほんとうに起きた話なのか？　信憑性は？　批評家は、かつてアメリカが夢中になったのと同じ質問をした。だがいちばん妥当な質問は、「ほんとうだろうとなかろうと、この映画は怖いのか？」だ。その問いに関して批評家の意見は割れたが、『悪魔の棲む家』を怖くない、単調だと切り捨てた者は、一部のイメージがこれほど長く生きながらえるというあと知恵の恩恵を受けなかった。

　脚本には微妙なタッチが効いている箇所がいくらかあるいっぽう、俳優の渾身の演技が、映画のできを本来よりもずっと良質にした。ジョージの様子がどんどんおそろしくなり、狂気にとりつかれ、韓国映画のもっとも有名な幽霊のみが匹敵しうるほど顔面蒼白になるにつれ、キャシーは気をしっかり持とうと奮闘する——神父への電話が雑音にかき消され、弟の結婚式のケータリング費用がどこかへ消えうせようと。ひとつだけでも、どんな母親だろうとキレるのにじゅうぶんなのだが。ジョディという名前の幽霊が、ベビーシッターをクローゼットに閉じこめる断片的なシーンでさえ、あまりにハラハラして、制作者側がそこまでの反応を狙ったのか、疑問に思うほどだ。

　心底胸の悪くなる、不穏な恐怖要素——2階の窓の外で光る目、神父にたかるハエ、こどもの手をはさむ窓、もどす尼僧、地下室の壁をつるはしで壊すディナー客——を盛りこめば、2時間はゆうに埋まり、みたあとは、自宅のものかげを二度見するようになる。

ポリスアカデミー (1984/1984)
POLICE ACADEMY

 **54%**

監督／ヒュー・ウィルソン
脚本／ニール・イズラエル、パット・プロフト、ヒュー・ウィルソン
出演／スティーヴ・グッテンバーグ、キム・キャトラル、G・W・ベイリー、ババ・スミス、ジョージ・ゲインズ、レスリー・イースターブルック、マイケル・ウィンスロー

[総評]

　お手本にしたパロディ作品群と違い、『ポリスアカデミー』は無神経すぎ、独創性に欠け、印象に残らない。

[あらすじ]

　警察官の人員不足を解消しようと、新任の市長が新たに敷いた政策により、一般の、規格はずれの市民が警察学校に入学して大混乱を起こし、訓練を受け持つベテラン教官の頭痛のタネになる。

[わたしたちが好きなワケ]

　R指定のコメディにしては『ポリスアカデミー』はずいぶんおとなしいが、最初からそうだったとは限らない。製作をつとめたポール・マスランスキーの原案では、はるかにいかがわしく、無意味なヌード、ぞっとしないユーモア、人種とジェンダーについての無知な描写が満載だった。観客が目にしたのは、マスランスキーのヴィジョンと、「かっとび放送局WKRP」[1978-82]のヒュー・ウィルソン監督の妥協の産物だ。監督は、脚本のきわどい要素をできるだけうすめようとした。あとからふり返っても、より卑猥なヴァージョンの『ポリスアカデミー』のほうが批評家受けしたとはいいがたいが、6本（そう、6本）の続編は、アダルト要素をさらに削りこそすれ、はるかに盛大に、さらに悪い評価を受け――シリーズ最後の4作は〈トマトメーター〉で0％のスコアを出した。いいかえれば、シリーズ全体が、こどもじみた低俗趣味のユーモアでできたお粗末な集合体だが、1作目を完全に切り捨てるのは、芸がない。

　パロディ主体のコメディ作品は伝統的に、コントと独立した場面で構成された、でたとこまかせの成果物

だ。『ポリスアカデミー』はこのジャンルの名作群よりもジョークの打率は低いかもしれないが、うまくいったときは、活きのいいキャストの功績による。主演のスティーヴ・グッテンバーグは当たり役となった本作で最高の愛想をふりまき、気のきいたセリフを吐いては、のちに『コクーン』[1985]、『ショート・サーキット』[1986]、『スリーメン＆ベビー』[1987]で目にするのと同じ少年のような魅力で、スクリーンを明るくする。ハリス警部役のG・W・ベイリーはあまりに不愉快なため、本作有数の傑作ギャグの、警部が馬のケツに頭から突っこむ場面では、観客は他人の不幸を喜ぶのに忙しすぎて、ばからしさを疑問に思うひまがない。こわもての男たらし、キャラハン警部補役のレスリー・イースターブルックは、基本的にブリジット・ニールセンの原型を演じ、マイケル・ウィンスローは効果音コメディの持ちネタには唯一適切な役をもらい、ただただピーピーキーキー音を立て、ジョージ・ゲインズ演じる愚鈍なラサード校長は、『裸の銃(ガン)を持つ男』[1988]のフランク・ドレビン（レスリー・ニールセン）と『フライングハイ』[1980]のスティーヴ〝シンナーをやめるには不向きな週を選んでしまった〞・マクロスキー（ロイド・ブリッジス）と、いい勝負をしている。

　不必要な俗悪さ、下ネタ、どたばた、人種とジェンダーの下品なジョークの数々で、『ポリスアカデミー』はおとな向けを装った、こども向けコメディといった趣きが多少ある。ある種えげつなく、すこしばかり不快で、自分がどこに向かっていて、なにをしているのかを常にわきまえてもいない。だが、そうかと思うとなにか傑作なことをして、観客はひとしきり笑ったあと、気をとり直したのちに前のめりになり、こういいたくなる。「もう、冗談ばっかり！」

サボテン・ブラザース (1986/1987)

¡THREE AMIGOS!

 **46%**

監督／ジョン・ランディス
脚本／ローン・マイケルズ、ランディ・ニューマン、スティーヴ・マーティン
出演／スティーヴ・マーティン、チェヴィー・チェイス、マーティン・ショート、アルフォンソ・アラウ、パトリス・マルティネス

[総評]

『サボテン・ブラザース』は才能あるコメディアン3人組と、愉快でおばかなユーモアセンスに恵まれているが、間のびしたストーリーの途中で3人はしばしば立ち往生し、爆笑シーンもすくなすぎる。

[あらすじ]

無知なサイレント映画のスター3人が、大予算の映画撮影だと思ってメキシコへ旅立つ。彼らを待っていたのは、3人組をほんもののヒーローと誤解し、テロリスト集団から救ってくれると期待する村人だった。

[わたしたちが好きなワケ]

「これ、こどもの頃を思い出さないか？」
「『サボテン・ブラザース』のスティーヴ・マーティンとチェヴィー・チェイスを思い出します」
「ありがとう、オスカー。うれしいよ」

テレビ番組「ザ・オフィス　The Office」[2005-13]のこのやりとりは、マネージャーのマイケル・スコットが、従業員のためにメキシコをテーマにした職場復帰歓迎パーティを開いたときのものだ。マイケル・スコットのような、無頓着だが愛すべきキャラクターなら、この映画が好きになるはずだ（それからオスカーの、あまりさりげないとはいえないあてこすりに注目）。『サボテン・ブラザース』はあけすけで陽気でからしく、うんざりするおやじギャグを連発するような人間に愛されるたぐいの映画だ。

ジョン・ランディス監督（『狼男アメリカン』[1981]、『アニマル・ハウス』[1978]、『ブルース・ブラザース』[1980]）の『サボテン・ブラザース』は、1986年当時、興行面（それと批評面）でつまずいたが、俳優が現実の危機に直面するという、『ギャラクシー・クエスト』[1999]と『トロピック・サンダー　史上最低の作戦』[2008]をふくむ非公式な3部作の1作目でもある。『サボテン・ブラザース』をあげつらうのは、簡単（それに正直正しい）だ。キャリアの再起を図り、メキシコへ南下するハリウッド俳優3人組の珍道中を追うこの作品は、厚顔無恥といえる。だが、覚えておいてほしい。場違いなラ・ラ・ランドの3人は愚か者で、ジョークはまぎれもなく常に、彼らに向けている（俳優たちが〝悪名高い〟の意味をとり違え、不運な南への旅に出たいきさつをみればわかるはずだ）。

笑いが不発気味な『サボテン・ブラザース』は、確かに印象に残らない失敗作だ。だが3人の主役は、それぞれ互いの感性に敏感に反応しあう。マーティン・ショートはこれが2本目の長編出演作となり、びっくりまなこと無邪気さを武器に、なまぬるいコメディと寄席芸人の出し物用のスローガンを、これみよがしに唱える。チェヴィー・チェイスの辛口ないいぐさは絶好調で、「メキシコ料理以外の食べものはないの？」といったきついセリフを投げかける。スティーヴ・マーティンはグループのリーダー格で、ものわかりの悪い自己中なショウビズ人間をノリノリで演じている。さらに、共同脚本のランディ・ニューマンの歌が、この企画に古き良きハリウッドの魅力を与えている。

「自然は芸術を模倣する」を地で行くような珍事があった。ショートは共演者から映画のプレミアにマリアッチっぽい宝石ジャラジャラのコスプレでくるようにいわれたが、もちろんそれはショートをコケにするためで、その扮装で現れたのはショートひとり。いうことなしだ。

サラマンダー (2002/2003)
REIGN OF FIRE

 **42%**

監督／ロブ・ボウマン

脚本／ケヴィン・ペテルカ、グレッグ・チャボット、マット・グリーンバーグ

出演／クリスチャン・ベール、マシュー・マコノヒー、イザベラ・スコルプコ、ジェラルド・バトラー

[総評]

『サラマンダー』はパイロテクニクス（火工術）を使ったアクションと、けぶるほど〝キャンプ〟なマシュー・マコノヒーによっていいところまで舞いあがるが、独創性のない脚本と、立ち消えになる視覚効果で翼をもがれる。

[あらすじ]

ロンドンの街並みの地下深く、太古の昔から埋もれていた恐怖をひとりの少年が目覚めさせてしまい、ドラゴンの炎が世界に終焉をもたらす。数年後、少年は人里離れた廃墟の城に身を寄せあうわずかな人類のリーダーとなっていた。あるとき、無謀なアメリカ人がやってくるとともに、阿鼻叫喚の地獄絵図がはじまる――もういちど。

[わたしたちが好きなワケ]

『サラマンダー』はドラゴンが登場する長い映画史に、21世紀を持ちこんだ。ロブ・ボウマンが監督した本作は、おそろしい生き物を、並はずれて巨大、世界を滅ぼす空飛ぶ大蛇として現代の西欧社会に投げこむ。映画は、つぎのような問いに対する答えだ。「もしドラゴンが実在し、たったいま目の前に現れたとしたら？」

だれもがばかでかい悪役を愛するが、『サラマンダー』は空飛ぶ脅威を描く以上のことをした。すさまじい冒頭のシーンで、ドラゴンは掘削現場を地獄絵図に変え、作業用エレベーターを潰し、逃げ損ねたアリス・クリッジ（カレン・アバクロンビー役）を殺す。それは〝さっさと座って映画に集中しろ〟という合図であり――あなたは指示に従う。

「新スタートレック」［1987-1994］、「X-ファイル」［1993-2018］など、SFテレビドラマの名手ボウマンはまた、評価のふるわなかった1998年の『X-ファイル

ザ・ムービー』や、マーベルのスーパーヒーローもので、スーパーずっこけた2005年の『エレクトラ』を監督した。『サラマンダー』はボウマン得意のSF・ファンタジー路線にしっくりはまるが、監督の長編映画としては、〈トマトメーター〉中央値より下を記録する。そうだとしても、ボウマンのもっともスリリングな――そして確実にもっとも印象的な――長編映画に違いない。

カメラのうしろから前に目を向けると、映画はキャリア上、大きく異なる地点にいる俳優たちが、最悪のタイミングで顔を合わせたかのようだ。公開当時、クリスチャン・ベールは『バットマン ビギンズ』［2005］に向かってキャリアの上昇気流にのっていた。いっぽう共演のマシュー・マコノヒーは、このドラゴン物語を皮切りに、『10日間で男を上手にフル方法』［2003］、『サハラ 死の砂漠を脱出せよ』［2005］、『恋するレシピ ～理想のオトコの作り方～』［2006］などの〈ロッテン〉映画がひとしきり続き、有名な〝マコネッサンス〟前時代を迎える。そして、ジェラルド・バトラーの名前がまだ広く普及していなかった前『３００』時代を覚えているだろうか？　バトラーが吸血鬼の親分格として主演した――〈ロッテン〉ファンの諸君が大好きな――『ドラキュリア』［2000］は？　これら〈ロッテン〉な娯楽作品に出演したときの夢みる瞳のバトラーは、『３００〈スリーハンドレッド〉』［2007］とその時代と比べるとまったく違う生き物で、『サラマンダー』においてはホットなイケメン男優の三位一体を完成させる。

冒頭15分にあるベールの汗じみた上半身はだかの採鉱シーンや、かわいい『スター・ウォーズ』［1977］の寸劇から、マコノヒーの劇的な犠牲まで、『サラマンダー』はテストステロンを山とくべ、燃え盛りながらスリリングに駆け抜ける――ドラゴンの口のなか目がけ、まっしぐらに。

タイタンの戦い (2010/2010)
CLASH OF THE TITANS

 **27%**

監督／ルイ・レテリエ
脚本／トラヴィス・ビーチャム、マット・マンフレディ、フィル・ヘイ
出演／サム・ワーシントン、リーアム・ニーソン、レイフ・ファインズ、ジェマ・アータートン、アレクサ・ダヴァロス

[総評]

　1981年のオリジナル作への愛情ほとばしるリメイク『タイタンの戦い』は、脚本のふくらみ不足を埋めあわせるだけの視覚的なスリルにとぼしい。

[あらすじ]

　冥界の無情なハデス神は、半神ペルセウスが愛する人間の家族を殺し、巨大な海の怪物クラーケンを解き放つと脅す。アルゴスの都とアンドロメダ姫を救うため、ペルセウスは立ちあがる。

[わたしたちが好きなワケ]

　フランス人監督ルイ・レテリエのプロとしての初仕事は、『エイリアン4』［1997］でつとめたジャン＝ピエール・ジュネ監督の制作アシスタントだった。レテリエは『トランスポーター』シリーズ２作［2002・2005］と、エドワード・ノートンが主演した2008年の『インクレディブル・ハルク』を監督する——両作とも、アクション・スペクタクル大作だ。そうであれば、彼の『タイタンの戦い』リメイクが、1981年に撮られたオリジナル作品のスターたち（ハリー・ハムリン、ローレンス・オリヴィエ、バージェス・メレディス、マギー・スミス）および、伝説的なクリーチャー・メーカー、レイ・ハリーハウゼンへの燃えあがるラヴレターになったとしても、意外ではあるまい。2010年版の『タイタン』は、デズモンド・デイヴィス監督版から学び、エフェクトにしっかりと重点を置いて、キャスト、キャスト、キャスト、それからキャストにこだわった。

　レテリエはまず、オーストラリアの若手有望株サム・ワーシントンを主役に抜擢。ワーシントンは、スペシャル・エフェクトといえばはずせない、ジェームズ・キャメロン監督作『アバター』［2009］と、クリス

チャン・ベールと共演したマックGの『ターミネーター4』［2009］に出演している。つぎに、世界中の映画ファンにすでに知られているか、いないとしても、早晩そうなるであろうスターを起用した。ワーシントンに加え、リーアム・ニーソン、レイフ・ファインズ、ジェマ・アータートン、アレクサ・ダヴァロス、そのほかマッツ・ミケルセン、リーアム・カニンガム、ジェイソン・フレミング、ポリー・ウォーカー、ピート・ポスルスウェイト、ルーク・エヴァンス、ニコラス・ホルト、イザベラ・マイコ、アレクサンダー・シディグ、ダニー・ヒューストン、ルーク・トレッダウェイ、エリザベス・マクガヴァンが出演。これだけそろえば、あらゆる映画ファンの胸躍らせる名前が、すくなくともひとつはみつかるだろう（とはいえ、映画に有色人種を求めない限り。『タイタン』はおもにエーゲ海が舞台の物語を、ホワイト・ウォッシングしているとの正当な批判を受けた）。スター総出演の唯一の欠点として、俳優によっては、最終的に出番が削られた。マクガヴァンは全体でたったのふたことしかしゃべらない。中味のあるセリフがあったとすれば、彼女の見せ場は編集室の床に落ちているのだろう——もしくはほら、編集者のパソコンにインストールされた《ファイナル・カット・プロ》の、「DVD特典」フォルダのなかに。エヴァンス、ホルト、ヒューストン、マイコらも皆、同様の憂き目に遭った。

　だが、だれそれがなにをしなかったという文句はもういい。本編のスペクタクルは結果的に神々とモンスターをたっぷり提供し、ファンタジー・ファンの新世代を惹きつけるだけの冒険譚をつくりあげた。『タイタンの戦い』は『ロード・オブ・ザ・リング』ではないかもしれないが、スリリングなオマージュとして十二分な仕事をした。

　クラーケンを放て！

ロードハウス　孤独の街 (1989/1989)
ROAD HOUSE

 **38%**

監督／ローディ・ヘリントン

脚本／R・ランス・ヒル（デイヴィッド・リー・ヘンリーの別名義）、ヒラリー・ヘンキン

出演／パトリック・スウェイジ、ケリー・リンチ、サム・エリオット、ベン・ギャザラ

評者：ジェン・ヤマト　Jen Yamato

　ジェン・ヤマトは〈ロサンゼルス・タイムズ〉紙の映画レポーター＆批評家。ヤマトは《The Daily Beast》、《Deadline Hollywood》等でハリウッドおよびエンターテインメント業界の記事を執筆、それ以前は《ロッテントマト》で編集主任をつとめ、映画批評と、映画にとり憑かれたキャリアをスタートさせる。

　殴りあいを求めてうずく鍛え抜いた二頭筋よろしく、保管室から出してくれと懇願している1980年代のお宝アクション映画のうち、『ロードハウス　孤独の街』ほど、映画史において特別な位置を占める作品はない──ケンカ、おっぱい、ロックンロール、パーティ好きでサファリ・ハンティングをたしなむサディスティックな地元の大物、そして、しなやかなライオンみたいな、スウェイジ史上最高のパトリック・スウェイジが、天上まで積みあがった映画だ。

　1989年の夏に公開されると、『ロードハウス』は批評家からはコケにされ、チケットセールスはそこそこ、ゴールデン・ラズベリー賞5部門にノミネートされる。時の経過と高回転のホームビデオレンタルだけが、この映画の名作カルトとしての評価を確立させた。それは、クールガイの資質とオイルを塗りつけたムキムキボディで、男らしさの極みを脱構築したスウェイジの、熱心な役づくりに大部分を負っている。2年後、先鋭的なアクション・ブロマンス『ハートブルー』[1991]でスウェイジ

が再訪する領域だ。

　だが『ロードハウス』を〝ひどすぎてイケてる〟のベールをとおしてしか楽しめない者は、作品にあだをなしている。たとえ不発に終わろうと、映画はすべてにおいて過剰で──それ自体が、創造的過程における人間的な限界を、ほほえましくも露呈する行為だからだ。

　『ロードハウス』は、映画がどれだけ人間らしくなれるかの範をたれている。平和と暴力のバランスをあぶなっかしくさぐるいっぽう、同時に楽しいやりすぎ映画でもあり（ローディ・ヘリントンというふさわしい名前の男が監督している）、セクシーなムキムキの平和主義者が、敵ののどをかっ切らずにはいられないらしき事実におびえる（まあ、彼を非難できるだろう

> ## いなか町を救うため、アスコットタイを締めたあこぎないかさま師ののどを、ふたつみっつかき切らなくちゃいけないときもある……よね？

か？　いなか町を救うため、アスコットタイを締めた
あこぎないかさま師ののどを、ふたつみっつかき切ら
なくちゃいけないときもある……よね？）

　同時にいろんなものになれることが、『ロードハウ
ス』のユニークな詩情を生みだす鍵だ。

　R・ランス・ヒルとヒラリー・ヘンキン（『蜘蛛女』
[1993]、『ウワサの真相　ワグ・ザ・ドッグ』[1997]）
の手になる西部開拓時代に目配せした脚本によって、
『ロードハウス』は、変わりゆくアメリカで経済的一斉
射撃を浴びる中部地方のちいさな村社会を舞台にして
いる。ここミズーリ州ジャスパーにて、太極拳の型を
おさらいするダルトン（スウェイジ）は、暴力的な過
去と、ニューヨーク大でとった哲学の学位を有する用
心棒のお助け人だ。荒くれバイカー、ストリッパー、
酔っ払い、私腹を肥やすバーテンダーで青息吐息の無
秩序な場末の酒場《ダブル・デュース》を大そうじし
に、大都会からやってきた。

「親切にしろ、親切をやめるときまで」といったえせ
仏教の格言を、とうとうと説く不思議な禅の実践者ダ
ルトンは、寄せあつめの用心棒どもを仕込み、腐った
卵を放りだして《ダブル・デュース》を人気スポッ
トに変え、町医者エリザベス〝ドック〟クレイ（ケ
リー・リンチ）と恋に落ち、その間ずっと、カウン
ターのとまり木から夜ごとの客をコーヒー片手に油断
なく見張り、常にトラブルの一手先を行く。

　だがそれも、シカゴのリッチなくそったれ、ブラッ
ド・ウェスリー（滋味あふれるベン・ギャザラ）に町
民が脅かされているのをダルトンが発見するまでで、
それ以降『ロードハウス』は中西部の決闘に様変わ
りし、われらがヒーローに試練が訪れる。ダルトンは
ウェスリーを阻止し、ジャスパーの町を救えるだろう
か――さらなる敵ののどもとをかき切らずに？

　意気のあがる無表情な争いは、『ロードハウス』の
数ある魅力のひとつだ。すばらしく好都合な地理（悪
の親玉ウェスリーは、納屋を改装したダルトンの独身
寮の対岸に居を構え、ヒーローの重力を無視したラヴ
シーンをのぞきみ可能）も、そのひとつ。

　かくも活気のあるキャストを集めた手腕は、称賛に
値する。プロレスラーのテリー・ファンクとパンク
バンドXのジョン・ドウが、悪の手下役に抜擢され
る。ブルース・ロッカーのジェフ・ヒーリーは《ダブ
ル・デュース》のバンドリーダー役をつとめる。地元
ミズーリ州の伝説的な〝ビッグフット〟モンスタート
ラックが、車の販売代理店をまかりとおってぶっ潰す
シーンは、実現に50万ドルかかったといわれ、撮影は
明白な理由から1度きりしか許されなかった。

　たほう、ジャスパーの怒り心頭の町民役には、ケ
ヴィン・タイ、レッド・ウェスト、サンシャイン・
パーカーらカリスマ俳優たちを連れてきて、キャス
リーン・ウィルホイト、それから〝またたきしたら見

> ## ダルトンはスウェイジにしかできない役で、犠牲者の数がうなぎのぼりになり、モラルの羅針盤が内部崩壊するにつれ、神々しいほどの熱が入る。

逃してしまう。キース・デイヴィッドが、スウェイジを囲むアンサンブルの仲立ち役にまわる。ダルトンの魅力的な師匠、ウェイド・ガレット役のサム・エリオットは、町にふらりと現れると弟子を助けてウェスリーの子分と手合わせし、ほぼ場をさらいかける用心棒の兄貴分だ。

80年代アクション映画のファンにはたまらないスローモーションの爆発、酒場の大乱闘、骨をも砕く格闘シーンのすべてを、撮影監督ディーン・カンディ（『バック・トゥ・ザ・フューチャー』[1985]、『ジュラシック・パーク』[1993]）が肉々しい躍動感をこめてレンズに収めた。ジョエル・シルヴァーの製作するすべての作品同様、13歳の男の子が夢想する材料でつくられている——よくも悪くも。もっとも魅力的なのは、『ロードハウス』が自分自身と闘っているように見えるときだ。

サルーンでの乱闘とマッチョな決めぜりふでいっぱいの、最初の2幕が大はしゃぎで進むのにかかわらず、ダルトンが再び血の味をしめるなり、『ロードハウス』は猛スピードで道をそれる。ダルトンのたががはずれるにつれ、映画もはずれる。『ロードハウス』のやりすぎな3幕目ほど、極端に走る映画もすくなく、監督のヘリントンが本気で気炎を上げるのはここからだ。

変遷の過程は、スウェイジのどんどん激高していく顔に表れる。映画としてスクリーンに映されたもののうち、最速ペースで混乱の度合いが深まっていく。あるときはふわふわヘアーの哲学者にして格闘家ダルトンが、ジム・ハリソンのペーパーバックを月明かりの下で読む——スウェイジが『ダーティ・ダンシング』[1987]で演じた憧れのアニキ役から、それほど隔たってはいない。もしジョニーが離婚女性にちょっかいを出す代わりにバーのけんかを仲裁する才能に恵まれていれば。そうかと思えば、汗くさい、シャツを脱ぎ捨てた狂気の男ダルトンが、猛スピードで走るバイクから相手にタックルし、ダンサーのつま先立ちの正確さで回しげりをかます。ダルトンはスウェイジにしかできない役で、犠牲者の数がうなぎのぼりになり、モラルの羅針盤が内部崩壊するにつれ、神々しいほどの熱が入る。さらに衝撃的なことに、警察の手のおよばない殺人がこのミズーリの田舎町で発生し、ダルトンおよび映画自身が〝もうじゅうぶん〟の真の意味を悟る。

映画の前半でダルトンがいったように、「痛みでは傷つかない」。とはいえその知恵は、実存主義的な応用が効かないのでは、と気づくかもしれない。時とともに『ロードハウス』のばからしい活きのよさは、誇らしげに帯びる戦いの勲章となった。自分で雨あられと落としたやりすぎ爆弾の生き残り——ひどすぎてイカすのではなく、特別になろうと大胆にも挑戦した、偉大な作品なのだ。

『ロードハウス』が単にひどい映画なのかひどすぎてイケてる映画なのかは、観客がスウェイジに好感を持つかどうかに大きくかかる——それから、すさまじくやすっぽいアクションへの忍耐度と。

ラストサマー (1997/1998)
I KNOW WHAT YOU DID LAST SUMMER

 **42%**

監督／ジム・ギレスピー
脚本／ケヴィン・ウィリアムソン
出演／ジェニファー・ラヴ・ヒューイット、サラ・ミシェル・ゲラー、フレディ・プリンゼ・Ｊr、ライアン・フィリップ

10年遅れてきた紋切り型のスラッシャー映画『ラストサマー』は、だいたいにおいてケヴィン・ウィリアムソンが脚本を担当した『スクリーム』[1996] のだらだらした二番煎じといったところで、このジャンルの熱心なファンなら惹きつけられるかもしれない。

[あらすじ]

謎めいた男を地元近郊の道路で轢いてしまった4人の友人が、警察に事故の届け出をする代わりに死体を海に捨てる。1年後、防水コートとかぎツメを好む謎めいた人物が彼らの周囲に——それからベッドルームと、ロッカールームに——出没し、4人の大きな秘密を知っているぞと伝える。

[わたしたちが好きなワケ]

『ラストサマー』の問題点は、だれもが——ファンも批評家も等しく——脚本家のケヴィン・ウィリアムソンがラストウィンターになにをしたか、知っていたことだ。

1996年12月、『ラストサマー』が公開されるほぼ1年前、ウィリアムソンが執筆し、ジャンルの巨匠ウェス・クレイヴンが監督した『スクリーム』が大当たりし——10年で数本あるかないかの記録的なヒットだった。批評家は、彼らの大半が毛嫌いするジャンルの徹底したメタぶりを気に入った。〝ゴーストフェイス〟をとり巻く若者が、うんちくを語るホラー映画ファンの知ったかぶりなのを気に入り、最初の10分で大物スターのドリュー・バリモアを抹殺する面の皮の厚さを気に入った。ウィリアムソンは1996年の〝注目株〟であり、次回作は大きな期待で注目を浴びる運命にあった。スラッシャー映画を復活させた男は、つぎになにをしかけてくる？

その答えが保守的な、ほとんどひねりのないスラッシャー映画——彼が八つ裂きにしたばかりの種類の映画そのもの——だったとき、ほとんどの批評家は、2年目のジンクスだと失望して肩をすくめた。だが、ファンはみたものを気に入った。

ティーンエイジャーにまっすぐ狙いをつけた派手なスラッシャー映画をハリウッドがつくるのは久しぶりで、期待以上の成果をあげた先達の影から抜け出す仕事を『ラストサマー』はやり遂げた。ヤングアダルト向け小説家クリストファー・パイク風のプロットは、緊張感のある見せ場を嬉々として並べ、細いひもから順に吊してみせただけで、最高の場面はサラ・ミシェル・ゲラー扮する美人コンテストの女王ヘレン・シヴァースが、映画の舞台であるノースカロライナ州の港町の、あらゆる片隅に追いつめられるくだりだ。殺人鬼がビニール製のコートをすっぽりかぶり、じっとたたずんでヘレンに飛びかかるチャンスをうかがうシーンは、1990年代でもっとも刺さるジャンプスケアで——まじめな話、ヘレンの不器用な姉が妹を店に入れる瞬間は、飲みものを下ろしたほうがいい。ジェニファー・ラヴ・ヒューイットとゲラーは『ラストサマー』で真に迫った絶叫クイーンとしてブレイクし、それは想定内といえる。ヒューイットの有名な「なにを待ってるのよ？」場面の、郊外の路上でくるりと回り、天に向かって無意味に叫ぶ姿は、ひんぱんに——愛情をこめて——パロディになり、ゲラーはテレビ版「バフィー 〜恋する十字架〜」[1997-2003] や『スクリーム2』[1997]、2004年の『呪怨』のアメリカ版リメイクに主演する。

映画がつまずくのは、おもに『スクリーム』を反映しようとしすぎたためだ。犯人さがしの要素と、自意識過剰なセリフの数々は、別の、もっと野心的な映画に属している印象を受ける。ウィリアムソンとギレスピーが暴力的な見せ物をたたみかけて80年代スラッシャーのヴァイブを強調してみせたとき、『ラストサマー』はハロウィンにくり返しかける定番の座についた。

サンゲリア (1979/1980)

ZOMBI 2

 **42%**

監督／ルチオ・フルチ
脚本／エリザ・ブリガンティ
出演／ティサ・ファロー、イアン・マカロック、リチャード・ジョンソン、アル・クライヴァー

[総評]

『サンゲリア』は途方もなくどぎつい描写のゾンビ映画で、血なまぐさいシーンは伝説となったが、シーンとシーンのあいだには、ほぼなにもない。

[あらすじ]

　ニューヨークの港内を漂流する船が発見されるが、乗船しているのはゾンビだけだった。船主は何カ月も行方不明のため、最後に消息の確認された地へ、彼の娘がさがしに向かう。そこは熱帯の島で、ブードゥーの研究が行われていた。

[わたしたちが好きなワケ]

　もしあなたが、ビデオレンタル店全盛の時代に育ったとしたら、ホラーコーナーと、そこから発するいまにも触れそうな魅惑的な恐怖と、おそろしい通路を行き来したことを覚えているだろう。その死の谷、ＶＨＳケースの並ぶ棚──サイコや殺人鬼がいっぽうに、食屍鬼やおぞましい生き物がたほうに──を歩けば、ケースの墓石のひとつひとつが、R指定の秘密を掘ってみろと多感な心に誘いかける。「一般客向けじゃないぞ……」彼らがささやく。

　映画のなかでなにが起きるのか、あなたはうわさを耳にしはじめる。神話づくりがはじまる。ホッケーマスクをかぶった殺人鬼が、なた一本で少年を真っぷたつにする。帽子を被ったやけどの被害者が、文字通り悪夢となってとり憑く。『ゾンビ』[1978]、『スキャナーズ』[1981]の爆発する頭。『食人族』[1980]の生々しいスナッフフィルム。もしくは『サンゲリア』の目玉殺し。どんな性根の持ち主が、そんな残酷な映像をみたがるんだ？

　ルチオ・フルチ監督は、すてきに無意味なスプラッタ嗜好を持ちあわせ、そう、そのとおり、かの有名な、『サンゲリア』の身も凍る、悲惨な目玉のシーンが、実に延々と引きのばされる。犠牲者は医師の気の毒な妻で、家にひとりでいると思ったら、ゾンビがドアをつき破って頭をむんずとつかみ、破られたドアの木片のほうへゆっくり引きよせる。妻の抵抗むなしく破片に向かって顔面がじりじりと進み、右目の防護用のジェルを突き破って眼窩から後頭部へ貫通する。フルチ監督がコーンシロップと赤い染料でおおいたいと思わない穴はこの世に存在しない。

　『サンゲリア』の残りは、このジャンルの最初期にゾンビの起源とみなされた孤島のブードゥー教の呪術と、うすよごれた1970年代後半のニューヨークが舞台のシーンが交錯する──おびただしい〝アンデッド〟が、車の行き交うブルックリン橋を撮影許可なしで歩くショットをふくめて。海底でサメにパンチをかますゾンビまで出てくる。この手の映像のわくわくするような描写がビデオ店から発信されて、遊び場や公園に広まっていき、予告編やマーケティングが飽和する前の時代、そんなふうに誇大宣伝は形成され、ヨーロッパではこの作品が1978年の『ゾンビ』の続編と（いつわって）喧伝され、かくして『サンゲリア』はB級のクズ映画転じて伝説となる。

エース・ベンチュラ (1994/1994)
ACE VENTURA: PET DETECTIVE

 **47%**

監督／トム・シャドヤック
脚本／トム・シャドヤック、シャック・バーンスタイン、ジム・キャリー
出演／ジム・キャリー、コートニー・コックス、ショーン・ヤング、ウド・キアー、トーン・ロック

[総評]

ジム・キャリーがピクピクけいれんする動きとむかつくユーモアを全開にして、これでもかとみせつける『エース・ベンチュラ』は、彼独特のお笑い芸のファンにはうれしいかぎりだが、それ以外の者には不満が残りそうだ。

[あらすじ]

仕事にあぶれた私立探偵は、行方不明の動物を型破りな方法でさがすのをなりわいとし、消えたマイアミ・ドルフィンズのマスコット捜索に雇われる。

[わたしたちが好きなワケ]

1980年代全般にわたってジム・キャリーは数本の映画に出たが、彼の過剰なおふざけ芸にアメリカの観客がいちばん親しんだのは、ＦＯＸ局のスケッチコメディシリーズ「In Living Color」[1990-2006]をとおしてで、ビル消防署長やヴェラ・デ・マイロのようなキャラクターがファンには人気だった。番組の最終シーズンで放映が減っていった時期に『エース・ベンチュラ』が封切られ、キャリーは難なく映画界へと進出を果たし、その年（1994年）は『マスク』『ジム・キャリーはMr.ダマー』をふくむモンスター級の当たり年となった。3本ともキャリーの機転の速さと体を張ったお笑い芸頼みだったが、なかでも『エース・ベンチュラ』は彼の特色を全面に押しだして、キャリーのキャリアを成層圏まで打ちあげた。

映画がなっていたかもしれない姿をかんがみれば、主演がジム・キャリーだったからこそヒットした理由が明確になる。キャリーがキャスティングされる前、

ベンチュラ役はリック・モラニスに振られ、彼が断ると、製作者たちはアラン・リックマン、ジャド・ネルソン、さらにはウーピー・ゴールドバーグをあたった——全員がそれぞれすばらしい才能の持ち主だが、彼らのひとりとして、キャリーが持ちこんだのと同じだけの熱量を映画にもたらせると想像するのはむずかしい。例を挙げれば、トーン・ロック相手にお尻のほっぺたで叫ぶスネイプ先生をあなたは想像できるだろうか？　うん、できないと思った。

キャリーはまた、脚本の改稿を手伝って、彼の役柄に2、3の変更を要求した。つまり、もうほんのちょっとだけ知性を下げて（とち狂っているのはそのままに）、限界までむちゃをさせる。結果は、常人離れした演技がスクリーンから飛びだして、無数のものまねやパロディをしろと迫り、まさしくそうなった。ジム・キャリーが演じたなかで、エース・ベンチュラほど寿命の長い役はおそらくないだろう。「よーしきたあ」が公式にポップカルチャーの辞書に加わり、トレードマークのハワイアンシャツと赤パン（もしくは風になびく髪型とピンクのチュチュでも可）は、いまでもハロウィンの鉄板衣装だ。

わかっている。ジム・キャリーは万人向けじゃない。それに加え、『エース・ベンチュラ』はＬＧＢＴＱコミュニティをダシにした時代遅れのジョークが何点かあり、多くの鑑賞者にとっては弁解の余地がないのも承知している。だが時代のあだ花・キャリーが大量消費の旬を迎え、お笑いを極めようとした時期の『エース・ベンチュラ』は、純然たるワンマン・ショーの1作であり、わたしたちがいくつも目にしてきた新鮮な才能を、もっとも大胆に披露した1作でもある。

オーバー・ザ・トップ (1987/1987)
OVER THE TOP

 **27%**

監督／メナハム・ゴーラン
脚本／スターリング・シリファント、シルヴェスター・スタローン
出演／シルヴェスター・スタローン、ロバート・ロッジア、デイヴィッド・メンデンホール、スーザ
ン・ブレイクリー

[総評]

アームレスリングをするトラック運転手の映画のうち、『オーバー・ザ・トップ』ほど自分をまじめに受けとめている映画はなく、シルヴェスター・スタローンのむき身のスターパワーでさえ、おなじみのテーマをベタベタに料理した甘ったるさには歯が立たない。

[あらすじ]

長距離輸送のトラック運転手リンカーン・ホークは死期の迫る妻に頼まれ、疎遠だった10歳の息子マイケルを陸軍幼年学校から家に連れ戻すため、コロラドからカリフォルニアへの長い車旅に出る。ふたりは道中で絆を結びはじめるが、マイケルの祖父がふたりを引き裂こうと、あらゆる手段に訴える。

[わたしたちが好きなワケ]

1987年に『オーバー・ザ・トップ』が公開される頃には、シルヴェスター・スタローンはヴァイオレンス嗜好の、名前が1単語だけのアクションヒーローを演じて順調なキャリアを築いてきた（『ロッキー』[1976]、『ランボー』[1982]、『コブラ』[1986]を参照のこと）。そんな彼がすこしばかりソフト路線を開拓したいと思ったとしても、非難はできない。たとえそれが、アームレスリングに特化した才能を持つトラック運転手の形をとったとしても。『オーバー・ザ・トップ』は、スタローンがはじめて本格的にファミリー層にアピールしようとした作品であり、彼が脚本を共同執筆したことを考えれば、『ロッキー』の負け犬物語に、『ロッキー5　最後のドラマ』[1990]の父と息子のドラマを混ぜあわせたような印象をちょっぴり受けるのも、不思議はない。もしその組みあわせがお涙頂戴話にチーズをたっぷり乗せてつくった、世界一でっかいケサディージャの特盛りにきこえたとしても、間違いじゃない。だが、わたしたちの話しているのはチーズといっても、グルメチーズだ。

カメラのうしろには、メナハム・ゴーランが控える。ゴーランは『サンダーボルト救出作戦』で1978年にオスカーの外国語映画賞にノミネートされた。ま

た、たまたま彼は製作チーム、ゴーラン=グローバスのゴーランそのひとでもあり、キャノン・フィルムズを買収すると、悪名高い三流映画製作会社にしてしまい、『アメリカン忍者』[1985]、『ブレイクダンス2　ブーガルビートでT.K.O！』[1984]、『マスターズ　超空の覇者』[1987]のようなカルト映画を世に送りだした。ゴーランの『オーバー・ザ・トップ』の世界では、なんのへんてつもないトラック専用サービスエリアはがちむちの男たちが集まってシルヴァーバックゴリラみたいに互いに挑戦しあい、アームレスリングのトーナメントの開かれるうす汚いサウナ風呂と化し、そこではアームレスリングのトーナメントが世界でいちばん重要なことなのだ。意味がとおるはずもないのに、外国人がアメリカ文化にせいいっぱい近づけてつくったかのように映画を撮るゴーランのおかげで、完全に意味がとおる。

なにより、映画は1980年の相反する要素をいくつか一緒くたに抜きだして、極めて奇妙だが誠実なプレゼンテーションとして混ぜあわせた、驚くべきタイムカプセルになっている。かたや、てらてら光るスライ・スタローンが、「欲しいものが向こうからやってくると思うな！」といった決めぜりふをもごもごとつぶやき、バックではサミー・ヘイガーが映画のテーマソングをがなりたてる。こなた、こんがり赤銅色に日焼けしたロバート・ロッジアが〝性悪な金持ち〟の役を仰々しく演じる。もし、映画の懐メロサウンドトラックがエイジア、ケニー・ロギンス、エディ・マネーのヒット曲をまき散らしていなければ、シンセサイザーの巨匠ジョルジオ・モロダーの荘重な音楽（ちなみに傑作だ）を流してグルーヴしているかもしれない。

『オーバー・ザ・トップ』は、セルロイドに焼きつけられた父と息子のブロマンス映画の最高作ではないものの、80年代文化を代表する風物を幅広く融合しているといえ、アームレスリングの試合を通じて心の琴線に触れるようにつくられた唯一の作品だ。そんな珍品、みなくてどうする。

アダム・サンドラーはビリー・マジソン 一日一善 （1995／日本劇場未公開・DVD）

BILLY MADISON

 **40%**

監督／タムラ・デイヴィス
脚本／ティム・ハーリヒー、アダム・サンドラー
出演／アダム・サンドラー、ブリジット・ウィルソン＝サンプラス、ダーレン・マクギャヴィン、ブラッドリー・ウィットフォード

[総評]

　アダム・サンドラーの好戦的でコミカルなエネルギーを楽しめる者は、『アダム・サンドラーはビリー・マジソン 一日一善』で、笑えるほど気に障る役を演じる彼に満足かもしれないが、スターにあやかったぺらぺらなプロットの映画は、主役のまわりを攻撃的なほど凡庸な内容で固めている。

[あらすじ]

　甘やかされた20代のぐうたら息子が、ホテル王の父親に、自分にはあとを継ぐ資格があると証明してみせなくてはならない。どうやって？　小学校から高校まで、ぜんぶの教育課程をきちんと修了して。

[わたしたちが好きなワケ]

　1シーズンの短命に終わったドラマシリーズ「Undeclared」[2001-03]で、大学1年生のマーシャルが、キャンパスでのギグを終えたアダム・サンドラーにつめより、彼の大ファンを名のってから『ビリー・マジソン』は「パンクロックだ」というと、サンドラーは礼儀正しく微笑み、するとマーシャルがこうつけ加える。「だけど、そのあとにやったことはぜんぶ……気にくわない。わかる？」

　わたしたちはわかる。サンドラーはそれ以前にも映画に顔を出していたが、『ビリー・マジソン』が本格的な主演作となり、わたしたちがアダム・サンドラー映画について語るとき、第1章としてとりあげる作品だ。すなわち、未熟で、騒々しく、粗野で、おばかで、思春期前の男の子たちが休憩時間に引用しあうのに、おあつらえ向きだということ。『ビリー・マジソン』は、そのすべてに当てはまる。また、すごくおかしくて不条理な面があり、（前述したジャド・アパトゥ

の番組を引用すれば）パンクロックほど扇情的でないにしろ、反骨精神があり、サンドラーが〝こども〟を演じたほかの作品よりも一枚上手だ。

　この映画の製作に青信号を出したお偉方にしてみれば、『ビリー・マジソン』は単に、サンドラーが「サタデー・ナイト・ライヴ」[1975-]でばか受けしていた芸をみせびらかすための、大予算のカンヴァスにすぎなかったのだろう。つまり、意味不明なおしゃべり、赤ちゃんことば、誇張した表情、無邪気、突発的なマッチョイズム——どれも『ビリー・マジソン』にはそろっている。だが、ただそれらを〝こども〟が義務教育をやり直して、とうとうおとなになるというありふれたストーリーにぶちこむのではなく、映画は暗くて風変わりな横道に、嬉々としてそれる。脈絡のないいくつものコントから抜粋すると——バスの運転手（クリス・ファーレイ）がペンギンにマスターベーションをしてもらう。いじめっ子の一家が「オドイル家は最高！」と一斉に叫びながら崖から飛びおりる。ビリーの宿敵（すばらしいブラッドリー・ウィットフォード）が生きながら焼かれる。小学3年の同級生の女の子から、ビリーがなまめかしいヴァレンタインカードをもらう。ピエロが頭をかちわるのをちびっ子が笑いながら見物する。それに上等のサウンドトラック（ラモーンズの「ビート・オン・ザ・ブラット」、エレクトリック・ライト・オーケストラの「テレフォン・ライン」）と、神がかったちょい役（とくに、スティーヴ・ブシェミ演じる折り目正しい連続殺人犯）を投げこめば、楽しまずにいるのはむずかしい。

　独特のねじまがったやりかたで、なにはともあれ、ところどころは「『ビリー・マジソン』は最高！」だ（『俺は飛ばし屋　プロゴルファー・ギル』[1996・日本劇場未公開]も悪くない）。

恐竜小僧（ジュラシック・ボーイ）（1994／日本劇場未公開・ビデオ）
CLIFFORD

 **10%**

監督／ポール・フラハーティ
脚本／ジェイ・ディー・ロック、ボビー・ヴォン・ヘイズ
出演／マーティン・ショート、チャールズ・グローディン、メアリー・スティーンバージェン、ダブニー・コールマン、リチャード・カインド

[総評]

まずい思いつきの、死ぬほどつまらない『恐竜小僧（ジュラシック・ボーイ）』は、（40歳の）マーティン・ショートが10歳の男の子役で主演している。読み間違いではない。冗談きついわ。

[あらすじ]

いたずらな10歳の少年が、アミューズメントパーク《恐竜王国》に行きたくて策を弄するうち、成功者のおじの生活をぶち壊し、おじのフィアンセの愛情を勝ちとる。

[わたしたちが好きなワケ]

ロジャー・イーバートは『恐竜小僧』を評して「とてつもなくおもしろくない」し、「救いようがないほど笑えない」とも、「決してつくられるべきではなかった映画」とも書いた。アイタタ。だが、このマーティン・ショートのスター映画を笑えると思っているわたしたちも、イーバートの最後の指摘には一理あると考える。『恐竜小僧』は、すでに破産していたオライオン・ピクチャーズに引導を渡した。〈シカゴ・サンタイムズ〉紙の批評家の酷評は、少数意見とはいいがたい。ひとびとはこの映画を憎んだ。『恐竜小僧』の公開時、一般客がとまどったのは、一部にはこのＰＧ指定のコメディが、だれに向けた映画なのかという点だった。こども向けとはいえない——ペドフィリア（小児性愛）ギャグ、体型への揶揄、それに全体をとおしてねっとりした、シニカルな波長が流れ——加えて、ショートが『サボテン・ブラザーズ』[1986]、『花嫁のパパ』[1991]で発揮した軽妙さが影を潜めている。なんとも……奇妙な映画だ。

だが『恐竜小僧』のとことん奇妙に徹しているところは、ほとんど称賛に値する。主役のクリフォードは意図的に洗練されたスーツの上着を着て、ネクタイを締め、ローファーを履き、小学校の制服のショートパンツをはいて、AC／DCのアンガス・ヤングをほうふつさせる。この服装で、「親切なお年寄りのお坊様がくれたんだよ、パパ」とか、「ご親切にどうもありがとう、おじさん」といったカビの生えたものいいを、10歳の子には絶対に達成できない厳粛さをもって、心得顔のウィンクをしながらぽんぽんいい放つ。（控えめにいって）へんてこな、おとな（チャールズ・グローディン）と婚約者（メアリー・スティーンバージェン）とクリフォードの疑似三角関係がある。それから、主人公の父親で、がみがみ屋のリチャード・カインドは発作寸前（それをクリフォードが無神経にからかう）で、母親はアル中なのが（たぶん、察するに、息子のせいで）みてとれる。おそらくはひとびとが明るい問題児コメディと受けとったであろう映画に、たくさんの醜いおとなの事情がつめこまれている。

コメディ・センスのバックアップがなければ、『恐竜小僧』は単に、ふらちな珍作で終わっただろう。だがショートと、グローディン（エレイン・メイ監督の『ふたり自身』[1972]でものにした、にっこり笑ってうそをつくキャラに戻って）のやりとりはとんでもなくおかしく、くり返しみる価値がある。驚くにはあたらないが、酷評を浴びたこの映画は、その後、一部のコメディファンのあいだでカルト映画の地位を獲得した。擁護派のひとり、ポッドキャスト《The Best Show》のホスト、トム・シャープリングは、この映画のすばらしさを定期的に蒸し返し、クリフォードの服をオークションで競り落としさえした。イーバートは容赦なくこきおろしたレビューで、こうも書いた。「あまりに変わっているため、ほとんどみる価値が出そうだ。二度とお目にかかれないだろうから。願わくば」まったく同意見だが、「願わくば」の部分はのぞく。

GLOSSARY
用語集

《ロッテントマト》で映画の話をするとき、すごく特殊な使いかたをする用語がいくつかある。それで、ちょっとした用語集が役立つだろうと考えた。計算がでてくるが心配ご無用——単純だから……だいたいは。

〈トマトメーター〉

　何百人もの映画批評家の意見にもとづく〈トマトメーター〉スコアは、批評上のオススメ指数だ。1作の映画につける〈トマトメーター〉スコアは、全体的なレビュー総数のうち、〈フレッシュ〉なレビューの本数を計算する。もしくは単に、作品への肯定的なレビューの割合を計算する。例えば、計200件のレビューのうち100件の〈フレッシュ〉なレビューがあれば、〈トマトメーター〉スコアは50%だ（ほらね、単純な計算だっていったでしょ）。

〈フレッシュ〉

　肯定的な映画レビューと、〈トマトメーター〉スコアが60%以上の映画の両方に使う。〈フレッシュ〉な映画は、〝赤い完熟トマト〟で表現される。

〈フレッシュ〉保証

　全国公開された映画のうち、80件以上のレビューがあげられ、〈トマトメーター〉が一定して75%以上のスコアであれば、〈フレッシュ〉保証される。限定公開の映画については、しきい値を40件とする。

〈ロッテン〉

　否定的な映画レビューと、〈トマトメーター〉スコアが60%未満の映画の両方に使う。〈ロッテン〉映画は〝潰れた緑色のトマト〟で表現される。

総評

　1本の映画に対する批評家たちの反応をとりまとめたステートメント。《ロッテントマト》のスタッフが、複数のレビューから要点を抜き出して書く。

観客スコア

　バケツ入りポップコーンで表示される。映画に肯定的な評価をしたユーザーの割合。

〈トマトメーター〉承認批評家

　批評家ならだれでも〈トマトメーター〉スコアの計算に数えるわけではない。〈トマトメーター〉承認批評家の人数は増えており、認定基準はわたしたちのウェブサイトで確認できる。

全国公開

　アメリカ全土ですくなくとも600館以上の劇場で公開された映画。

限定公開

　アメリカ全土で600館未満の劇場で公開された映画。

ACKNOWLEDGMENTS
謝辞

《ロッテントマト》は、世の映画批評家なしには存在しえず、それは、この本についても同様だ。〈トマトメーター〉のスコアは批評家の考えやことばをもとに生成されるからこそ、映画ファンに安心と信頼のオススメができる。そのため、まず第一に、エンターテインメント関連の話題を豊かにすることに情熱を注がれているライターやキャスターのかたがたに感謝を述べたい。

　とりわけ、本書の一部となり、愛する〈ロッテン〉映画の洞察に富んだエッセイをご執筆いただいた16名の批評家のかたがたにお礼を申しあげる。以下、掲載順に、モニカ・カステロ、クリステン・ロペス、レナード・マルティン、ジェシカ・キアン、K・オースティン・コリンズ、ネイサン・ラビン、エリック・コーン、テリ・ホワイト、ビルゲ・エビリ、デイヴィッド・ストラットン、デイヴィッド・フィアー、エイミー・ニコルソン、キャンディス・フレデリック、ジョシュア・ロスコフ、エイプリル・ウルフ、ジェン・ヤマトの各氏。

《ロッテントマト》の熱心な編集部員は、本書に掲載する映画のリストを厳選し、多数の項目を執筆した。ジャクリーン・コーリー、デビー・デイ、ライアン・フジタニ、ジョエル・ミアレス、ティム・ライアン、アレックス・ヴォーは皆、あなたがいま手にしている本が、なぜ〈トマトメーター〉の緑側に目を向けるべきなのか、熟考を重ねたオススメ理由と、洞察と、熱意ある主張でいっぱいになるように念を入れた。《ロッテントマト》の寄稿執筆者であるエリック・アマヤ、ティム・ロウリー、エイプリル・ウルフ諸氏には、多分に助けていただいた。

《ロッテントマト》の他部門のスタッフも、本書を世に出すべく大勢が尽力してくれた──ＰＲ、マーケティング、ソーシャルメディア各部の全員が、〈トマトメーター〉スコアの集約と生成を管理する疲れ知らずのキュレーション部の説得に力を貸してくれた。デザイン部は、スコアに視覚的な命を吹きこんでくれた。彼らの手がけた３種類の図版を、楽しんでいただければ幸甚だ。

　最後に、批評家のかたがたと等しく、わたしたちの仕事のよすがである２種類のグループのかたがたに、感謝を捧げたい。そのグループとは、フィルムメーカーと映画ファンだ。

　わたしたちは《ロッテントマト》のあらゆる映画を愛している──〈フレッシュ〉なのも〈ロッテン〉なのも、大作も小品も、考えさせ、自分たちの視野を広げ、元気づけ、椅子にくぎづけにする映画たちもひっくるめて。それらぜんぶをちょっとだけ味わわせてくれる映画を、心から愛している。本書に掲載された作品の、多様で才能あるフィルムメーカー、それから《ロッテントマト》が歩んできた21年間、わたしたちを触発してくださったフィルムメーカーのかたがたへのトリビュートに、この本がなっているといいのだが。ひとりのフィルムメーカー、ポール・フェイグには、格別の感謝をしたい。序文を寄せてくださり、映画が公開されるまでに起きるさまざまなできごと、そして、批評家、〈トマトメーター〉、ファンの反応を受けとめるときの心情を追体験させてくれた。

　ファン──このなかには自分たちもふくめる──のため、映画と恋に落ちる101通りの理由と、将来の議論や話しあいに備えて、たくさんの素材を本書が提供できることを願って。

INDEX

日本劇場未公開＝日本において劇場では公開されなかったが、テレビ・DVD・Blu-ray、ストリーミングサービスなどで公開されたもの。

日本未公開＝日本においては、どのメディアにおいても公開されなかったもの。

TVS＝テレビシリーズ

【人名】

【訳】有澤真庭　Maniwa Arisawa

千葉県出身。アニメーター、編集者等を経て、現在は翻訳業。主な訳書に『自叙伝 ジャン＝リュック・ピカード』『自叙伝 ジェームズ・T・カーク』『幻に終わった傑作映画たち』（竹書房）、『スピン』（河出書房新社）、『ミスエデュケーション』（サウザンブックス社）、字幕に『ぼくのプレミア・ライフ』（日本コロムビア）がある。

ABOUT ROTTEN TOMATOES
《ロッテントマト》とは

　なにをみるか迷ったとき、批評家とファンによるオススメのつまった《ロッテントマト》は、あなたの強い味方だ。〈トマトメーター〉（批評家の意見を集めた世界一信頼の置けるバロメーター）と観客スコア（ファンの温度を数値化）、オリジナルの記事、ビデオ、ソーシャルコンテンツをふんだんにとりそろえ、映画とテレビ界にまつわる情報をファンが発見し、討論し、意見を交わしあう総本山。rottentomatoes.com

CONTRIBUTORS
寄稿執筆者

ジョエル・ミアレス | アレックス・ヴォー | ライアン・フジタニ | ジャクリーン・コーリー |
デビー・デイ | ティム・ライアン | エリック・アマヤ | エイプリル・ウルフ | ティム・ロウリー

いとしの〈ロッテン〉映画たち
映画批評サイト「Rotten Tomatoes」がおすすめする
名作カルト、過小評価された傑作、ひどすぎてイケてる映画たち

2021 年 1 月 28 日　初版第一刷発行

著　《ロッテントマト》編集部
訳　有澤真庭
日本版デザイン　石橋成哲
組版　IDR
発行人　後藤明信
発行所
株式会社 竹書房
〒 102-0072
東京都千代田区飯田橋 2-7-3
電話 03-3264-1576（代表）
03-3234-6244（編集）
http://www.takeshobo.co.jp
印刷所
株式会社シナノ

ISBN978-4-8019-2532-8　C0097
Printed in Japan